JN313125

日中旅行史30年

1949－1979

大谷育平

日中青年友好大交流記念写真（1965年8月26日、人民大会堂）

（中央部分　1）

中国の党と政府の指導者

毛沢東（中国共産党中央委員会主席）、**劉少奇**（国家主席、国防委主席、党中央副主席）、**周恩来**（総理、党中央副主席）、**鄧小平**（副総理、党中央総書記）、**彭真**（人民代表大会常務委員会副委員長、北京市長、党中央政治局員）、**賀龍**（副総理、元帥、国防委副主席、党中央政治局員）、**康生**（人民代表大会常務委員会副委員長、党中央政治局候補委員）、**郭沫若**（人民代表大会常務委員会副委員長、科学院院長、文学芸術界連合会主席、中日友好協会名誉会長）、**劉寧一**（人民代表大会常務委員会副委員長、総工会主席、А・А団結委副主席、党中央委員）、**廖承志**（А・А団結委主席、中日友好協会会長、党中央委員）、**南漢宸**（中国銀行理事長、国際貿易促進委員会主席、А・А団結委員会常務委員）、**楊海波**（共産主義青年団書記、А・А団結委員会副主席）、**章蘊**（婦女連合会副主席）、**趙安博**（А・А団結委員会副主席、中日友好協会秘書長）、**胡啓立**（青年連合会副主席、共産主義青年団常務委員）の各氏が、日本の23の青年代表団ならびに北京在住の名士**西園寺公一**氏および我々第一次学生参観団などあわせて四百数十名に接見したときの記念写真である。（　）内の肩書きは当時の資料による。（『斉了！ちいら！』斉了会発行　2002年9月21日）

(向かって左　2)

(向かって右　3)

（向かって左　4）

（向かって右　5）

1964年10月2日、旅行合作の「契約書」調印式。(於:北京国際クラブ)

日中旅行社社長・菅沼不二男と中国国際旅行社総経理・袁超俊が署名。国際旅行社副総経理(副社長)巫競放、李権中、尤尚文、席振寰、趙培元、陳蕙娟等が参加。また、日中双方から西園寺公一、趙朴初、趙安博など立ち会った。

　　　　　　　　　写真提供:米田征馬(元・日中旅行社社長)

　注:この調印式は中日旅行社間での最初の調印式であった。
　　　契約は富士国際旅行社が一番であったが、調印式はおこなわれなかった。
　　　　　　　　　　　　　　　　　　(李毅…元中国国際旅行社総社幹部)
　　　また、日本側は「契約書」といい、中国側は「議定書」という表現を使った。
　　　　　　　　　　　　　(陳蕙娟…調印式の通訳、元中国国際旅行社総社幹部)

序

　2010年は私ども社団法人日本中国友好協会にとって創立60周年を迎える記念すべき年であります。このような年に『日中旅行史30年』が刊行される運びとなりました。誠に喜ばしいかぎりです。1949年～79年までの日中往来の記録ですが、当時の中国を知る人はますます少なくなってきました。そのころの渡航の目的は「観光」ではなく「友好」が主目的の時代でした。

　1964年4月、日本中国友好協会の第14回全国大会で中国旅行を専門に取り扱う旅行社の設立が決議されました。大谷瑩潤東本願寺連枝が創立委員長をつとめ、(株)日中旅行社が誕生いたしました。いわば、我が協会が中国旅行の生みの親と言えるでしょう。設立の目的は"相互理解と友好の増進"を謳っています。多くの人たちが中国を訪ね、理解を深めていただきたいとの思いがありました。

　1964年の訪中者は1844名でしたが、65年に3806名になりました。中国国際旅行社総社を通じて訪中する人が増えた結果です。今では、中国を訪れる人は一年に400万人を超えるに至ったとのことです。もちろん、中国専業旅行社だけでなく、1970年代後半から中国旅行を取り扱いはじめた大手旅行社の努力もあったのでしょう。

　残念ながら、(株)日中旅行社は2008年に解散しました。中国専業旅行社で残っているのは日中平和観光(株)と(株)新日本国際の2社だけになりました。両社には引き続き、頑張って欲しいと願っています。

旅行社の仕事は、芝居にたとえれば、裏方さんです。決して表に出ない、小道具の係であり、照明係です。華やかな舞台で演じられる芝居の裏で、いかに役者が引き立つか、観客に楽しんでもらうかを考えています。著者の大谷氏は、裏方さんの視点にたち、「人の動き」を見ています。

　訪中団のスケジュールがたくさん掲載されていますが、そのスケジュールは訪中者の「見たいもの」と中国側の「見せたいところ」との共同作品なのです。私も経験がありますが、中国に入国するまではスケジュールは白紙です。何も決まっていません。現地で日本側の希望を伝え、中国側もその希望をできるだけ組み入れようとした努力の産物でした。

　最後に、『日中旅行史30年』で私がもっとも印象に残っているのは、廖承志中日友好協会会長のことです。私が訪中したとき、また廖承志さんが来日されたとき、何度もお会いしています。早稲田大学で学んだ中国きっての知日家であり、親日家でした。日本には廖承志さんにお世話になった多くの老朋友がいます。残念ながら、廖承志さんは1983年にお亡くなりになりました。その廖承志さんがこの著書で最初に登場するのは1953年です。日本赤十字社・日中友好協会・平和連絡会の3団体の代表者たちが、中国に残っていた3万人に及ぶ日本人の帰国について中国側と協議を行ったとき、中国紅十字会の代表として廖承志さんが出てこられました。そして廖承志さんの口から、

　　「帰国を希望する在留日本人の困難に配慮し、居住地を離れてから乗船までの、食費、宿泊費、旅行費（50kgの荷物運賃を含め）を、中国紅十字会が負担する」

と、思いがけない提案がなされました。その言葉を聞いた日本の代表者たちは自分たちの耳を疑ったことでしょう。中国全土に散らばっていた

日本人を乗船する港に集めるのに、莫大な労力と費用がかかります。その一番の難問がいとも簡単に解決したのです。皆の感激・感謝はいかほどだったのでしょうか。日本人たちが帰国できなかったのは、けっして中国政府のせいではありません。日本の敗戦後、在留日本人の帰国作業が行われましたが、途中、共産党と国民党との内戦が勃発しました。そして新中国成立後、日本と中華人民共和国の国交正常化がはかられなかったからです。

　この本にはこのような話がたくさん載っています。どのようにして今の良好な日中関係が築かれたのか、忘れてはなりません。旅行記録も日本と中国の交流史のひとつなのです。

2010 年 8 月 20 日

社団法人日本中国友好協会
理事長　村岡久平

まえがき

　2008年1月、株式会社日中旅行社の解散が発表された。わたしが1978年から1989年まで勤めていた会社である。日中旅行社は1964年に創立された日中関係で最も古い旅行社であった。日中平和観光（株）、（株）新日本国際、（株）関西国際旅行社、（株）日本旅行開発など1960〜70年代に活躍した旅行社で現在残っているのは唯一日中平和観光のみとなってしまった。関西国際旅行社、日本旅行開発は2000年前後に倒産や閉鎖をしてしまい、新日本国際はインバウンド（訪日団）に特化した。

　わたしが「日中旅行史」を著すきっかけとなったのは、ある一枚の写真であった。それは縦9センチメートル、横55センチメートルの細長い写真で、毛沢東・劉少奇・周恩来・鄧小平などとともに日本人の青年たち四百数十名が一緒に写っている。1965年夏、人民大会堂で撮られた「日中青年友好大交流」の一場面であった。
　わたしの先輩たちはこのような交流の事務方として、数々の重要な場面に立ち会っていたのである。周恩来総理、陳毅副総理、郭沫若科学院院長、また四人組の王洪文などとの会見記録もある。歴史の一ページに出てくるような人たちと、どのような場面で、また、何を話し語ったのであろうか。

　中国旅行の草創期を経験した人は現役ではほとんど残っていない。1960年代の中国旅行に携わった人は、もう10人にも満たないであろう。なんとしても、これらを記録に残さなければと思い、古い先輩たちを尋ね歩いた。人によってはかなり記憶に差があり、新聞や書籍をひもとき、できるだけ正確なものを残すように努めた。

多くの文献の中で、『日中友好運動五十年』(社団法人日中友好協会編、東方書店)の年表が大いに参考になり、本書の土台にさせていただくことをご了承いただいた。また、『斉了！ちいら！』(斉了会編集委員会編)は旅行を実施するまでの流れ、旅行記として、当時の学生たちの想いがつづられている。貿易関係では、『黎明期の日中貿易』(日中貿易逸史研究会編著、東方書店)が実務者たちの体験談を豊富に載せ、わたしが諸先輩から聞いた話を思い出させてくれるものであった。
　1974年から81年までの中国旅行情報誌『中国旅行』(日中平和観光刊行)1号から29号(21号は欠号)が残存していた。この会誌は、当初、隔月に発行されていたが、のち年に3回くらいの発行となった。『中国旅行』は、渡航者にあらゆる情報を提供した。パスポートやビザのみでなく、交通、ホテル、生活、統計資料など必要と思われるものなど、刻々と変化する情報をタイムリーに流した。

　旅行史は交流史に通じる。旅行社ができる前は、どうしていたのだろうか。大きな世界の流れの中、誰が、何の目的で中国専門の旅行社をつくったのであろうか。それを探るには、中華人民共和国の建国当時に目を向けなければ理解できない。

　近くて最も遠い国が中国であった。北京に行くために、まずはヨーロッパに行き、そこからモスクワ、そして北京にたどり着いた人もいた。日本政府が中国行きの旅券を発給しないため、まず最初は目的国に行き、その後、北京に入る。"横すべり"と言っている。また、漁船を雇い、密航紛いの荒技で訪問した人。あるいは、中国人に化けて香港から中国に入ったものなど、現在では考えられない行動で日中の道を切り拓いた。日本政府の度重なる妨害にも挫けずにそのような人たちの想いが日中国交正常化へ導いた。貿易を通じて経済交流を図るもの、中国との友好を願うもの、歴史・文化を通じて交流をするもの、それぞれ目的は違うが、中国と仲良くしなければならないと懸命であった。

高良とみ参議院議員は人権派の国会議員で、当時シベリアに抑留されていた日本人、中国に残っている日本人を帰還させようと考えていた。彼女はフランス行きの旅券で、パリに行き、その後モスクワを経由して北京に渡った。旅券法に違反するような行動である。しかし、その効果はあった。高良とみ、衆議院議員の宮腰喜助、帆足計の3氏の勇気ある行動で、第1次日中民間貿易協定は調印され、在華邦人の帰国への道が開かれた。

　1964年、日中友好協会の第14回全国大会で中国旅行を専門とする旅行社の創立が決議された。この年に日本人の海外旅行が自由化されたため、一般の日本人も中国に行けるよう旅行社をつくったのである。それまでは、限られた人たちだけしか中国へ行けなかった。しかし、中国には当時、多くの人たちを受け入れるだけの施設や人材が整っていなかった。ホテル、車、飛行機、そして圧倒的に少なかったのが通訳である。
　また、1966年から始まったプロレタリア文化大革命が日中の交流に大きく影響した。それを打破したのが1971年の「ニクソン・ショック」と言われている、ニクソン米大統領の訪中計画の発表であった。ただ、1970年頃から世界の潮流、特に西側諸国は中国との国交樹立に向け動き出していた。1970年にカナダ、イタリア、1971年に国連で中華人民共和国政府の代表が国連における中国の唯一の合法的な代表と承認され、1972年にオランダ、西ドイツなどと国交を樹立した。もちろん、ベトナム戦争の問題もあったろうが、ニクソンやキッシンジャーもその動きに気づいていたはずで、米国はその流れに乗ったのにすぎない。
　ニクソン・ショック以降、日本で中国フィーバーが起こった。各界各層の人たちが中国詣でをしようと先を争った。また、中国からの代表団は特別の目を向けられた。
　大きな流れの変化で、日中旅行社などは社員を増やし対応したが、中国側の受け入れ態勢の問題で、訪中団の許可がなかなか下りなかった。3年、4年と中国の許可が下りるのをひたすら待たなければならなかった。

では、中国専門の旅行社はどのような仕事をしていたのであろうか。大きく分けて3つある。1つは友好訪中団を組織、派遣することである。もう1つはビジネスマンの渡航手続きで、最後は、渡航者への情報提供である。当時、中国の情報は少なく、初めて訪中する人たちは不安であった。旅行準備にはじまり、風俗・習慣が違い、社会体制を説明する必要があった。そもそも、どのホテルに宿泊するのか、着くまで分からないのが中国旅行であった。

　1972年の国交正常化までは、中国渡航用の一次旅券を取得しなければならなかった。中国は未承認国のため、一般の必要書類以外に「渡航趣意書」なるものが必要であった。当然、中国のビザをとる必要があったが、日本には大使館がないので香港で取得した。一次旅券、航空券、香港でのビザ・ホテル・列車と手配することが多かった。とにかく北京までの道は遠かったのである。

　友好訪中団の場合は、その団体の責任者に訪中希望者の人数を確認して、訪中団名、人数、目的などを中国国際旅行社総社に申請をした。許可がおりてから、数回の勉強会・説明会を催した。日本と中国は社会体制も違えば、風俗・習慣も違っている。わたしなど経験はないが、プロレタリア文化大革命中のときは『毛沢東語録』を勉強して、有名な語句は暗記もしたそうだ。もちろん、赤いポケットサイズの『毛主席語録』は旅行には欠かせない必携品であった。

　友好訪問団の目的は「友好」である。1978年までは、人民公社、工場見学、労働者住宅など見学して、時間が余れば「万里の長城」など参観が可能となる。とにかく、中国に到着しなければ、詳しい日程など分からないのだ。もちろん、ホテルがどこになるやら出たとこ勝負なのである。

2010年1月1日
大谷育平

目 次

序―――社団法人日本中国友好協会理事長　村岡久平

まえがき―――大谷育平

対日政策決定の過程（張香山著『日中関係の管見と見証』より）　11
周恩来総理と日本人との会見数　14

第1章　交流のあけぼの（1949～1963） ……………………………… 15

　　日本中国友好協会準備会（1949年）　17
　　　在華邦人への手紙の出し方（1950年）　18
　　日本中国友好協会綱領（1950年）　19
　　中国国際旅行社総社、設立に至る経緯（1951年）　21
　　高良とみ、帆足計、宮腰喜助ら3氏の中国到着までの流れ
　　　（1952年）　22
　　鈴木一雄と中日貿易（1952年）　24
　　日中貿易草創期のころ―――白水實さんに聞く（1952年）　26
　　中国学術文化視察団（団長・安倍能成）訪中スケジュール
　　　（1954年）　33
　　中国の教育事情（1954年）　42
　　　中国への旅行費（1954年）　45
　　中国初の訪日団「中国紅十字代表団」（団長・李徳全）訪日ス
　　　ケジュール（1954年）　47
　　学生時代の思い出「李徳全女史の来日」（1954年）　49
　　桑原武夫の「四川紀行」（1955年）　52

梅蘭芳の京劇芸術と日本の交流（1955年）　55

「中国科学代表団」（団長・郭沫若）訪日スケジュール（1955
　年）　56

上記グループの日本側記録（1955年）　64

日本公演後の梅蘭芳の手記「中日国民の厚い友情」（1956年）
　70

「稲垣喬正氏──54年前の思い出を振り返って」（1956年）　74

日中交流の人数統計（1956年）　77

日本考古学訪中視察団敦煌までの行程（1957年）　81

野上弥生子『私の中国旅行』から（1957年）　82

「演劇家代表団」（団長・久保田万太郎）訪中スケジュール
　（1957年）　83

公務員として、初めての訪中（1957年）　87

石橋三原則（1959年）　90

重要文書の飛脚便（1959年）　91

石橋湛山の卓見（1959年）　92

第3回日本文学者代表団（団長・野間宏）訪中スケジュール
　（1960年）　94

周恩来総理、日中貿易三原則を語る──新中国を学んだ滞在
　50日の記録（1960年）　100

友好商社（民間契約）の手順（1960年）　116

廖承志のシンク・タンク（1960年）　118

第2章　一般人への門戸を開く（1964～1972） ……………………… 122

　　原田修氏の「初訪中」（1964年）　123
　　　　　　「ホテル」（1964年）　130
　　　　　　　　「日本食レストラン『和風』」（1964年）　132
　　日中旅行社初代社長・菅沼不二男（1964年）　139

中国旅行の滞在費を4等級に分ける（1964年）　143
「『日僑飯店』の日々」から（1964、67年）　144
日本最初の観光団「第一次訪中日本友好参観団」スケジュール（1965年）　149
第一次訪中学生友好参観団スケジュール（1965年）　152
日中青年友好大交流（1965年）　155
旅券闘争（1965年）　157
斉了会（訪中学生参観団）の編成まで（1965年）　161
　中国旅行新コース紹介（1966年）　165
日中友好協会がおくる訪中旅行団の計画（1966年）　167
旅行業における文化大革命の影響（1966年）　169
文革の嵐（1966年）　170
内外の危機に際し再び日中友好の促進を国民に訴える（1966年）　172
日本共産党の妨害により訪中を取りやめたグループ（1967年）　174
影山氏の渡航手続きの流れ（1968年）　176
「第五次訪中学生友好参観団」（128名）の出発までの流れ（1969年）　179
「第五次訪中学生友好参観団」訪中スケジュール（1969年）　183
あの頃の中国と『斉了会』と私（1969年）　189
持ち出し外貨（1969年）　189
「初の直行便と藤山愛一郎」（1972年）　197

第3章　地方への交流拡大（1973～1979） ……… 199

伊藤俊彦氏の「北京新僑飯店25年ぶりの宿泊」（1973年）　204
中国旅行の定期情報誌『中国旅行No.1』発行（1974年）　215

直行便開通時の日中航空時刻表および運賃（1974年） 217
「労働者・教員訪中団」訪中スケジュール（1974年） 218
日本人の中国渡航人数（1970～74年）統計 220
「横浜市民の翼（団長・小泉富太郎助役）友好訪中団」訪中ス
　ケジュール（1975年） 225
「友好の船」「友好の翼」一覧（1976年） 232
来日団一覧（1976年） 233
国家旅游管理総局と外交部の関係（1978年） 236
中国主要旅行遊覧城市と地区（1978年） 238
中国旅行の種類（1978年） 238
　　1979年頃の航空券予約状況と査証 241
当時のビジネスマンのレポート（1978年） 243
　　旅行者番号を導入 256
日中国際旅行について（1978年） 256
募集旅行の開放（1978年） 257
　　郵便・電報・電話（1978年） 259
大平首相の訪中（1979年） 261
「友好往来―その回顧と展望」菅沼不二男（1978年） 262

中国指導者たちとの会見記録 …………………………………… 271

陳毅（副総理）（1968年8月23日） 271
王洪文（中国共産党第九期中央委員）（1969年8月18日） 280
郭沫若（全国人民代表大会常務委員会副委員長）（1969年8月
　30日） 291
郭沫若（全国人民代表大会常務委員会副委員長）（1970年8月
　28日） 300
周恩来（総理）（1971年3月13日） 310

資料集……………………………………………………………… 333

 日本と中国の往来　333

 「邦人の海外渡航」　334

 「昭和27年（1952）以降旅券発給状況」　335

 広州交易会参加状況及び輸出成約額　335

 資料1　「旅券法（抜粋）」（昭和26年）　337

 資料2　「第1次日中民間貿易協定」（昭和27年）　341

 資料3　「旅券法の一部を改正する法律案」第61回国会外務委
  員会　342

 資料4　第63回国会予算委員会第二分科会　345

 資料5　「周恩来中国首相の対日貿易3原則に関する談話」　348

参考文献・資料……………………………………………………… 352

おわりに……………………………………………………………… 355

装　　画……木村美鈴
題　　字……大谷容子
デザイン……秋山　智

 カバーデザインの書名、著者名は、意図的に天地を切っています。これは、表紙全体を30年の永きにわたる時間の広大さ、さらに続いていく時間として表現したいと思いました。（秋山　智）

日中旅行史30年

1949〜1979

対日政策決定の過程

　さて、新中国の対日政策を探る上、貴重な文献が残されている。中国外交部の顧問を長く歴任した張香山氏の著書である。『日中関係の管見と見証』（訳・構成：鈴木英司、三和書籍）には1950年代の対日政策決定の過程が紹介されている。

　——1950年代になると、中国は対日政策の総方針を策定し、その方針に従って対日関係を展開した。われわれは1952年から積極的に日本の民間との往来を進め、日本の各界各層の訪中団を受け入れた。また、われわれは代表団を日本に派遣して日本との民間貿易を行い、民間貿易協定と漁業協定に調印した。戦争で中国に残っていた3万人の日本人俘虜を帰国させたり、また一部の戦犯を特赦したりもした。それらの仕事を通して、私たちは対日関係を進めるための経験を積み重ねたが、その他に解決しなければならない問題もまだ多くあった。
　1954年の年末に吉田内閣が終わり、鳩山内閣が成立した。総理大臣になったばかりの鳩山は、中国と引き続き発展させたいという意向を表明した。当時中国には国際活動指導委員会があったが、その主任は中聯部部長を兼任している王稼祥であった。彼は中日関係の発展に従って中国の状況や対日方針を知るために中国を訪れようとする日本人が大勢いるという実情を知ると、日本側が中国の方針を理解するために、周総理が1954年10月に日本の国会議員代表団・日本学術文化代表団と会見した際の内容と、1955年1月に村田省蔵氏と会見した際の会談の概要を発表するよう、新華社に提案した。
　それに対し、張聞夫（張聞天？）外交部副部長等はその提案を検討した結果、その二回の会見の内容は、必ずしも総合的に対日政策を説明する文書ではないため、これとは別に、対日政策を総合的に説明する文書を策定する必要があるという意見を提出した。そして張副部長は王稼祥

が責任者としてその文書を起草すべきだと提案した。周総理の同意を得て、王稼祥部長はすぐ対日関係に関する部門の責任者を集めて検討を行い、一ヶ月ぐらいかかってその文書を起草した。そして周総理の指示に従って政治局で検討され、1955年1月に可決された。

その文章のテーマは「中共中央の対日政策活動についての方針と計画」であった。それは、これまでの対日政策の総方針を肯定し、引き続きその総方針に従うということを表明したものであったが、とくに、以下に五点について詳しく説明されていた。

第1、吉田内閣の失敗の原因についての分析
第2、鳩山内閣と吉田内閣の対外政策における相違点と共通点
第3、中国における対日政策の基本原則
第4、これからの対日政策と対日活動の方針と計画
第5、今後の情勢に関する予測

その文書は、わが党が初めて総合的に対日政策を説明した文献であり、日本との外交だけでなく、日本との関係について各方面にわたって検討が加えられたものであった。例えば、そこに明記されているわが国の対日政策の基本原則は、

第1、米軍が日本から撤退することを主張するとともに、米国が日本に軍事基地を建設することに反対する。
第2、平等互恵の原則に基づいて中日関係を改善し、段階的に外交関係の正常化を実現させる。
第3、日本国民を味方に引き入れ、中日両国の国民の間に友情を打ち立て、また日本国民の現状に同情すること。
第4、日本政府に圧力を加え、米国を孤立させ、日本政府に中国との関係を見直させる。
第5、間接的に日本国民の反米と日本の独立、平和、民主を求める運動に影響を与え、これを支持すること。

等である。また、文書は新しい情勢の下で行うべき7点を提起した。それは、

　①中日貿易
　②漁業問題
　③文化友好往来
　④中日両国の議会間の往来
　⑤日本の中国に残した遺留民と日本の戦犯の問題
　⑥中日国交正常化の問題(その点において特に戦争の賠償問題と戦争状態の終結の問題はこの段階では出さず、国交正常化のあと、それらの問題を解決する方が良いということを強調した)
　⑦世論喚起について

等であり、その7点について実行性の高い計画をも詳しく規定したのであった。

　私の知る限りでは、1955年に作られたその文書は、新中国の建国以来、対日政策についてのもっとも総合的なものであり、政治局の検討によって可決された初めてのものであったと思う。

　　張香山(1914～2009)浙江省寧波生まれ。天津中日学院で学び、34年東京高等師範(現筑波大学)に学ぶ。32年天津左翼文学連盟書記を務める。その後東京に於いて同文学連盟東京支部の活動を経て37年に帰国。同年八路軍に参加し、38年中国共産党入党。〈中略〉
　　新中国成立後は中国共産党中央対外連絡部秘書長、同副部長、中国アジア・アフリカ団結委員会副主任、中日友好協会副会長、外交部顧問、中央放送事業局長、中国共産党中央宣伝部副部長、日中友好21世紀委員会中国側首席委員、中国国際交流協会副会長を歴任。第5~7期中国人民政治協商会議常務委員。

(張香山著、鈴木英司訳・構成『日中関係の管見と見証』、三和書籍、2002年)

周恩来総理と日本人との会見数

「周恩来総理と中日関係（中）生誕110周年にあたって」というコラムがインターネットで紹介されていた。周恩来総理の日本人に対する姿勢が紹介されている。

　新中国が成立してから、周総理は多くの時間と精力を割いて、訪問してきた日本の友人と会見した。「周総理と中日民間外交」を専門に研究しているある学者の統計によると、1953年7月1日から1972年9月23日（中日国交正常化の前夜）まで、周総理は全部で日本の客人と287回会見し、延べ323の代表団（あるいは大勢の客人）と会った。周総理が会見した外国の客人の中で、日本の客人の数がずっと1位を占めていた。

　周総理は日ごろから「外交の仕事とはまず人を扱う仕事です。友人は多ければ多いほどよい」と私たちを教育した。周総理が会見した日本の客人の中には、各界の要人や有名人もいれば、手にまめがいっぱいの普通の農民もいるし、まだあどけなさの残る若い学生もいる。周総理は彼らと話をするときはいつも、話す相手の違いに対応することに注意し、ねんごろに諭し導き、道理を以って人を説得し、相手を尊重し、自分の意見を人に強引に押し付けるようなことを一度もなく、そのため人々は口先だけでなく心から敬服したのだった。

　周総理は時々、こうした友人を通じて日本国内の情況や変化を理解した。時には7、8時間も話をしたことさえある。周総理の話はいつも客人に深く、忘れられない印象を残し、人々は得るところが大きい、と感じるのであった。

（人民中国インターネット版）

第1章　交流のあけぼの（1949〜1963）

　いよいよ、新中国の誕生を迎え、日本の中で対中国への期待がふくらんできた。最も敏感に反応したのは経済界であった。『日中友好運動五十年』によれば、
　――敗戦に至るまで、日本は経済的に中国と、良きにつけ悪しきにつけ、切っても切れない関係にあった。日本の対外貿易は、中国が三分の一を占めていた。
　中国の対外貿易の統計（1929〜1931年）『中国近代経済史統計資料選輯』によると、日本へは全輸出の26.2％、全輸入の23.4％を占める最大の貿易相手国であった。
　巨大マーケットを有している中国は、日本にとって、戦争で荒廃した国土を再建するためには経済の発展で欠かせない最重要課題であった。
　また、中国との友好を求める動きも活発になった。政治、文化界の一部の人たちも積極的に運動を広げた。まずは3万人以上残っている在留邦人の帰国問題を早急に解決しなければならなかった。ただ、帰国するだけでは問題の解決にならない。家族と生き別れた者、空襲などで住居を失った者、また身寄りのない者など問題は山積した。
　日中の国交が正常化してない状態で、政府間の交渉は望むべくもない。朝鮮戦争など国際的な対立が起こり、日米と中国との関係は最悪であった。
　このような時代でも多くの人たちが中国との友好を望んだ。著名な政治家も文化人たちも訪中し、毛沢東や周恩来と会談した。情報が少ない時代の会談は、多くの著名人たちの執筆意欲をそそった。それらの記録は多くの著書に残されており、その一部を本書で取り上げるようにした。

1949年

1月31日　《中国人民解放軍、北平（北京）入城》
（日中友好協会編『日中友好運動五十年』、東方書店）、（ＡＰ＝共同）
＊中国図書進出口総公司編訳『中国現代史年表』（図書刊行会）に《２月１日中国人民解放軍北平入城》とあるが、『東北日報』（民国38年２月２日）、《１月31日北平入城》とある。

5月4日　中日貿易促進会（平野義太郎会長。その後日中貿易促進会）発足。

　　　　主要メンバー：北条道雄（日本交易社長）、内山完造（呉山貿易商社社長）、新関八州太郎（第一物産社長）、西野邦三郎（八州光学工業会長）、白水実（東邦商会社長）、平野義太郎（中国研究所所長）、林炳淞（留日華僑総会会長）、李在東（朝鮮人商工会長）、石田退三（トヨタ自動織機社長）、また、大山郁夫、和田博雄など学者、政治家など。
　　　　　中日貿易促進会総務部長…高橋庄五郎
　　　　　業務部長…鈴木一雄

5月24日　中日貿易促進議員連盟（苫米地義三会長・帆足計幹事長）発足。衆参両院の超党派の国会議員90人が集まる。
6月20日　中日貿易協会発足。
10月 1日　《中華人民共和国建国》
10月 2日　《ソ連政府、中華人民共和国を公式に承認》
10月10日　日本中国友好協会（日中友好協会）準備会発足。
10月17日　《廈門華僑服務中心（世界の華僑を接待）設立》
11月 2日　《中央政治局、民航局を設立》

日本中国友好協会準備会

　1949年10月10日、東京・千代田の共立講堂に2000人が集まり、新中国成立の祝賀会が開かれた。席上、新中国と日本との友好を促進するための団体の結成が提案され、準備会設置することを申し合わせた。
　1950年1月12日、永田町の参議院会館第一会議室で団体結成準備会の発起人総会を開く。出席者は、

　豊島与志雄、内山完造、帆足計（緑風会参院議員）、細川嘉六、大山郁夫（早稲田大学教授、平和運動家）、倉石武四郎（東京大学教授）、実藤恵秀（早稲田大学教授）、吉田秀雄（電通社長）、石河京市、立野信之（作家）、謝南光（前中国駐日代表部代表）ら幹事を含め200人。実藤氏提案の「日本中国友好協会」と決定。上記以外の幹事は、

　根本龍太郎（自由党代議士）、川崎秀二（改進党代議士）、成田知己（のち社会党委員長）、佐々木更三（同）、浅沼稲次郎（同）、野坂参三（共産党参院議員）、佐々木良作（のち民社党委員長）、北山愛郎（花巻町長、のち社会党代議士）、武者小路実篤、佐藤春夫、谷崎潤一郎、川端康成、菊田一夫、久米正雄、林芙美子、丸岡秀子、服部之総（歴史学者）、清水幾太郎（哲学者）、入江啓四郎（国際法学者）、武谷三男（物理学者）、高木建夫（評論家）、稲葉秀三（経済評論家）。
　　　　　　（日中友好協会編『日中友好運動五十年』、東方書店、2000年）

　1950年末までに、東欧諸国、朝鮮民主主義人民共和国、モンゴルなどの社会主義国、インドネシア、インド、ビルマ、パキスタン、アフガニスタン、などのアジア新興諸国、またイギリス、オランダ、スイス、北欧三国などの西欧資本主義諸国計二十五カ国が新中国を承認した。
　　　　　　（小島晋治・丸山松幸著『中国近現代史』、岩波新書）

1950年

1月　　　《『人民中国』英語版創刊》
1月6日　《イギリス、中華人民共和国を承認》
1月12日　日中友好協会発起人総会開催。
1月14日　《中国が北京のアメリカ総領事館を接収》
2月14日　《中ソ友好同盟相互援助条約調印》
2月20日　日中友好協会の機関紙『日本と中国』創刊。
　　　　　購読料50円（半年）、100円（1年）
4月8日　日中友好協会準備会、「花岡事件」に声明発表。

在華邦人への手紙の出し方

　日本赤十字本部では中共地区にいる日本人との通信について6日、次の通り発表。

　封書は20グラムまで24円の切手を貼り外国郵便としてだす。

1．瀋陽に在留するもの……瀋陽行政委員会日僑管理委員会
　　　　　　　　　　　　趙安博副委員長気付
2．哈爾濱市……哈爾濱市紗紋頭街15号　哈爾濱日本人会気付
3．安東市……安東市安東日本人会気付
4．長春市……長春市政府外僑科轉交　甲野正男気付
5．人民解放軍に参加しているもの……瀋陽東北解放軍総衛
　　　　　　　　　　　　　　　　　生部轉交
6．中国全土に転戦していると判っているもの
　　　　　　　　……中国解放軍第四軍衛生部轉交

7．居住の判らないもの……瀋陽行政委員会日僑管理委員会
　　　　　　　　　　　　趙安博副委員長気付
　　　　　　　　　　　　　　　（『日本と中国』1950年4月20日）

6月25日　《朝鮮戦争》
7月17日　『毎日新聞』、日中友好協会をスパイ集団とするデマ記事掲載。
8月1日　《新中国民航、天津—広州、天津—重慶の2路線、正式に開通》
8月1日　日中友好協会内に、「東北（満州）在留邦人『尋ね人』係」設置。　　　　　　　　　　　　　　（『日本と中国』1950年8月1日）
10月1日　日本中国友好協会創立。
10月25日　《中国人民志願軍、朝鮮戦争に出動》
11月1日　「花岡殉難四百十六烈士追悼会」（華僑総会主催）浅草東本願寺で開催。
11月15日　米占領軍、「人民日報配布事件」を起こし日中友好協会を弾圧。
12月4日　周恩来総理、対日講和問題について8項目の主張を発表。
12月6日　日本政府、米国の指令により対中国輸出全面禁止。

日本中国友好協会綱領

日本中国友好協会結成大会で、結成主旨に基づき、四項目の綱領を決定。

　　綱領

1. 本協会は、日本国民の誤った中国観を深く反省し、これが是正に努力する。

2. 本協会は、日中両国人民の相互理解と協力をうちたてるため、両国文化の交流に努力する。
3. 本協会は、日中両国の経済建設と人民生活の向上に質するため、日中貿易の促進に努力する。
4. 本協会は、日中両国人民の友好提携により、相互の安全と平和をはかり、もって世界平和に貢献する。

　会長…（当面空席、のちに松本治一郎氏が就任）
　副会長…豊島与志雄（文学者、日本ペンクラブ幹事長）、原彪（社会党代議士）、平野義太郎（中国研究所所長）、林炳淞（華僑総会会長）
　理事長…内山完造
　理事…72名（各界各層にわたる人材）

会費…入会費10円、会費10円（月）を決定。
　　　　　　　　　　（日中友好協会編『日中友好運動五十年』、東方書店）

1951年

1月4日　《中国人民銀行、対米ドル・レート引き上げ》
　　　　　　1米ドル＝27,440元→25,160元
1月30日　《国連総会、中国を「侵略国とする決議案」を採択》
2月20日　中国各都市で日本再武装反対大会開催。
5月7日　周恩来総理、対日講和で米英中ソ4カ国会議開催を要求。
5月18日　《国連総会、「中国向け禁輸勧告」を決議。ココムの下にチンコム設置》
8月1日　《日本航空（株）設立（資本金1億円、会長・藤山愛一郎、社長・柳田誠二郎）》
8月15日　周恩来総理、対日講和条約米英案に反対表明。
8月24日　日中貿易促進労組協議会結成。

9月 4日　郭沫若、「日本人民への公開状」発表。
9月 8日　《サンフランシスコ対日講和条約、日米安保条約調印》
9月17日　GHQ、日本政府に対中国輸出の許可移譲の覚書手渡す。
9月18日　周恩来総理、中国不参加の対日講和は無効と声明。
10月　　　日中友好協会、各地で日中貿易促進について講演。
11月28日　旅券法施行（資料1）。
12月14日　中国人民銀行総裁・南漢宸、石橋湛山らに対しモスクワ国際経済会議への参加を呼びかける。

中国国際旅行社総社、設立に至る経緯

　――新中国成立初期、国民経済が迅速に発展するとともに、世界各国の人々や海外華僑から新中国を訪れたいとの要求が日増しに高まった。1952年初め、中国人民銀行行長・中国国際貿易促進委員会主席の南漢宸がモスクワで催された国際経済会議に出席しており、ソ連国際旅行社の接待業務に深い感銘を受けた。同年、中国人民保衛世界和平委員会秘書長劉貫一がモスクワの世界和平理事会執行委員会に招待されたとき、ソ連国際旅行社の責任者と歓談し、旅行社の業務状況を理解した。帰国後、外国からの賓客の食・住・行・遊の専門機関を設立すべく、関係部門に中国国際旅行社の創立を進言した。

　1953年6月18日、中共中央国際活動指導委員会主任委員王稼祥が政務院に「国際旅行社設立に関する問題の報告」を上程した。6月20日、周恩来総理はその報告に同意し、即関係部署に指示をした。中国国際旅行社設立準備委員会は廖承志、斉燕銘、劉貫一、劉少文、范長江、徐子栄、武競天、雷任民、范醒之、劉偉、朱熙照、宋秋潭の12名で組織された。斉燕銘が主任委員、劉貫一・徐子栄が副主任委員、宋秋潭・王超北が副秘書長に任じられ、具体的に作業が進められた。

　王稼祥の上記報告により、1953年9月、北京で中国国際旅行社総社の

設立に向け、また、上海、天津、瀋陽、漢口、広州、満洲里、杭州、南京に分社の設立の準備に入った。1954年4月15日、中国国際旅行社総社は北京で正式に設立され、その後、ソ連から国際列車の代理販売権を中国国際旅行社が譲り受けたため、結果的には南寧、大連、安東、ハルピンを加え、12の都市に分社が設立された。

(『輝煌50年、中国国際旅行社総社簡史』、中国旅游出版社、2004年)

1952年

1月16日	日米両政府、日本政府は蒋介石政権と講和するとのダレス宛吉田書簡を発表。
1月27日	国際経済懇談会（石橋湛山・村田省蔵・北村徳太郎・風見章）発足。
4月3日	モスクワ国際経済会議開催（～12日）、日本から高良とみ参議院議員が参加。
4月12日	日中友好協会第2回全国大会。吉田書簡に反対し、中国との講和実現のための運動方針を決定。
4月28日	サンフランシスコ条約発効。「日台条約」調印（8月5日発効）。
5月5日	周恩来総理、サンフランシスコ条約と「日台条約」を否認。
5月14日	中国国際貿易促進委員会（南漢宸主席）設立。
5月15日	高良とみ、帆足計、宮腰喜助の3氏が北京に到着。
5月22日	日中貿易促進会議（山本熊一常任議長）結成（1954年に日本国際貿易促進協会に名称を改める）。

高良とみ、帆足計、宮腰喜助ら3氏の中国到着までの流れ

参議院議員の高良とみ、前参議院議員の帆足計、衆議院議員の宮腰喜助が招きに応じて北京を訪れ、中国側と最初の中日民間貿易協定に正式

に調印した。これ以後、中日両国間の民間往来の扉が開かれた。

51年12月　中国人民銀行の総裁である南漢宸から石橋湛山・風見章・北村徳太郎らにモスクワでの国際経済会議への参加を呼びかけ。
52年2月　同会議の目的を具体的に説明する書簡が届く。
　　　　　（日中貿易を促進させるための方策について協議したい）

　帆足らは日中貿易諸団体の関係者と相談し、「国際経済懇話会」を結成。日本政府は、訪ソが「日本に不利益な行為を行うおそれがある」との理由で旅券の発給を認めなかった。
　帆足ら少数の政治家がいったん第三国へ出国し、第三国を経てモスクワに入る計画を立てる。むろん、密航ではないが、旅券で決められた目的地以外への旅行"横すべり"ということになる。

高良とみのモスクワまでの過程

・緑化運動の関連でパリ行きの旅券を取得。
・3月21日に東京を出発。知人の在パリ日本政府在外事務所長（大使にあたる。当時はまだ大使館が開設されていなかった）にモスクワ行きを打ち明ける。
・知人の助言に従い、デンマークに入り、そこからヘルシンキを経てモスクワへ。
・4月5日、モスクワ到着。9日に日本代表として演説。

　帆足・宮腰は旅券取得に手間取り、デンマーク経由でモスクワに着いたのは4月29日であった。

　3人はモスクワで、中国政府貿易部副部長の雷任民と会談。日中貿

易促進のため、具体的な方法の協議は北京で行うこととし、3人は5月15日、空路、北京に入る。

6月 1日　第1次日中民間貿易協定調印（資料2）。
6月 3日　アジア太平洋平和会議第一回準備会議北京で開催。
　　　　　オーストラリア、ビルマ、セイロン、インドネシア、蒙古、パキスタン、ニュージーランド、ベトナム、インド、ソ連、アメリカなど19カ国が参加。日本代表として高良、帆足、宮腰の3人も参加した。

「鈴木一雄と中日貿易」

　この年の5月、中国国際貿易促進委員会（南漢宸主席）が設立されるとすぐに、高良とみ（参議院議員、緑風会）、帆足計（前参議院議員、同）、宮腰喜助（衆議院議員、改進党）といった3人の政治家が中国を訪れた。49年の新中国成立後、初の日本人の中国訪問である。3人はモスクワ経由で中国入りし、6月には第一次中日民間貿易協定の調印を行って、世界の注目を集めた。しかし協定調印後も、具体的な交易は始まらない。9月になってやっと、民間商社「巴商事株式会社」の責任者と第一回目の契約書調印を行うが、中日国交正常化がなされるまだだいぶ前の話である。日本政府はまったく関与せず、ほとんど門前払いの扱いだったといえる。

　新中国成立後初の日本人招請、第一次民間貿易協定、第一回契約書調印、これらは戦後、難航した中日関係を切り開いた特筆すべき出来事である。しかし、どのように交易を始めるか、輸出入のルートを築くかは至難のわざだった。鈴木氏は日中貿易促進会の責任者として、インドネシア華僑に扮して香港経由で広州入りし、北京に到着。七カ月間滞在して、具体的な問題の解決をはかった。

彼は、国際貿易促進委員会の臨時の招待所となった市の中心部・西交民巷入り口の旧大陸銀行ビル（現・中国銀行営業所）に住み込んだ。ビルの屋上は西洋風の時計台になっており、天安門からも南に望むことができる
　しばらくして山本熊一、国分勝範、白水實などの日本の貿易関係諸氏もここに住み、ともに中日貿易交流を具体化するため奔走した。

（『人民中国』2001年1月号）

6月20日　関西日中貿易促進会議結成（のちの日本国際貿易促進協会関西本部）。
7月1日　《羽田空港接収解除、東京国際空港として発足》
　　　　1945年11月、GHQ、航空禁止令公布。
7月3日　帆足・宮腰両氏の歓迎大集会（3日大阪、5日京都、6日名古屋）。
7月15日　《日本、航空法制定》
7月17日　《中国人民航空公司、天津で成立》
9月13日　第1回日中友好文化会議開催。
9月15日　和平賓館（西楼）開業。（アジア・太平洋地域平和会議開催のため）
10月2日　北京でアジア太平洋平和会議開催（〜13日）、日本政府の旅券不許可に抗して日本人代表多数参加。
　　　　　60名の代表が参加予定であったが、日本政府が例によって旅券を発給しない。だが、政府の妨害にもかかわらず、13名の日本代表が参加。一部の人は他のヨーロッパ行き旅券で横すべりして北京へ。また、一部は漁船などを使って潜行した。

　　　　　参加者は、中村翫右衛門（前進座）、南博（一橋大学教授）、金子健太（世界労連、全金属）、亀田東伍（日本平和委員会）、

黄鳳九（在日朝鮮人代表）、戸田国夫（学生代表）、伊藤清（青年代表）、羽田太郎(犠牲者救援会)、福井駿平(全学連)、小倉金吾（青年祖国戦線）、児島博基（官労連）、小沢清（産別会議）、櫻井英雄（巴商事）。

日本を代表して、亀田東伍が日本の平和運動について報告。満場の感動を誘った。

10月22日　中国政府、日本船の天津・上海入港を許可。
11月5日　和光交易設立（社長・国分勝範　ニチメン出身）。
12月1日　中国政府、新華社を通じ在華邦人の帰国援助方針決定。
12月16日　白水實（東邦商会社長）が香港経由で初めて日本の旅券を使用して中国へ入国。

「日中貿易草創のころ―白水實さんに聞く」

――49年の1月〔ママ〕（3月25日）に毛沢東は北京に入った。いよいよ時機到来だと思いましたね。

10月1日、中華人民共和国が成立。貿易をやる公司もできて、対外的な貿易を始めたと新聞には書かれているが、細かいことはわからない。新しい政府機関に何度か手紙を出してみたものの、届いたかどうかさえわからない。

それが、ある日突然英文の電報が飛び込んできました。50年の初め頃だったか。取引をしたいという上海経由のものでね。返事をしようと大阪の電報局に行ったが、扱ったことがないと断られた。それで、電報を持って東京の中央電信局まで行きましたよ。上海経由できてるんだから、上海電報局止めで打てば必ず着くはずだと頼み込んでね。

そうしたら、続いて中文の手紙が来た。50年3月の日付で、中国進出

口公司からでした。「白水實先生、貴下が中日友好のために積極的に活動されていることを感謝します。ついては下記引合を見積もり願いたし」とあった。50馬力のモーター300台・削岩機・電線・レール・薄鋼板・綿布・衣料品・DDT・トラック用タイヤなど、いろいろありました。モーターは三菱重工が引き受けてくれましてね。「これが成立すれば、長崎造船所の首切り問題も片付く」と大歓迎されました。

〔決済の方法・船積み〕

そのころは、「レッドチャイナ」の信用状なんか日本の銀行は相手にしないし、資金繰りには困りました。メーカーなんかには前渡し金を払わんわけにはいかないし。

インドネシア銀行というフランス系の銀行の大阪支店に、日本人マネージャーがいてね。この人は上海にいたこともあって、中国大好きという人でした。事情を訴えて助力を頼んだら、あまり調べもせずに金を貸してくれました。決済については、香港経由で中国と取引するという方法を採ったらいいと、アドバイスしてくれました。

香港にジャーディン・マゼソンという大会社があります。これは昔の東インド会社の仕事を継承しているんですね。ここを仲介にして、ジャーディンと中国との間には保証書を入れ、ジャーディンが東邦に信用状を開くという方法にしたんです。相手がジャーディン・マゼソンなら、日本では文句なしでしたから。

船はその後もしばらくパナマ船を使いました。ここの船は共産圏だろうとどこだろうと、大手を振って航行していましたから。

どうにかこうにか軌道に乗り始めたなという矢先、GHQが「中共資産凍結令」を出しました。朝鮮戦争のさなかだったからね。中国との直接取引は全面禁止。商品や決済金など関連資産を全部凍結しちゃった。日本を出て航海中の船でも戻ってこいって、あのときは徹底してました。

〔戦後初の訪中〕

朝鮮戦争も休戦会談が始まって一段落。帆足計さんや高良とみさんたちがモスクワから北京入りしたという、その52年の10月に中国進出口

公司から「取引の話し合いをしたいので北京に来られたし」という招請電が入りました。

もちろん日本から直接の旅券は出ない。まず香港まで来い、そこからは手配するという中国側の言葉に従って、11月21日、日本を出発しました。行ってみると、中国人に化けて、中国人の旅券で行けと言うんですね。

私は少し生意気な考えをおこして、これじゃ能がなさすぎる。中国との関係を発展させていくには、一回の北京行きじゃすまない。これからのためには正式なビザをとろうと思いました。香港政庁の移民局へ行って、当たって砕けろで交渉しましたが、相手は歯牙にもかけない。北京との貿易データーや、このときの招請電や、ジャーディン・マゼソンの身元引受証を見せたり、談判に談判を重ねて、とうとう香港・北京の往復ビザを出してくれた。このために香港滞在は延々25日間に及びました。

〔ついに中国に入る〕

1952年12月16日。これが最初の新中国入国の記念すべき日です。

緊張するし、胸は躍るし、複雑な気持ちで羅湖で汽車を降りて出国審査。中国語も英語もわからんと言ってたら、日本語のできる審査官がきた。その係官がびっくりしてね。香港政庁の再入国ビザつきで、しかも日本の旅券を持ってたから。新中国になって、日本人としてここを通過したのはあなたが最初だと言って、荷物はろくに見ないで、握手して別れていきましたよ。対岸の小山の上に赤い旗がいっぱいひるがえって、きれいだった。

深圳からの列車では、和光交易の社長だった、亡くなられた国分勝範さんがいて、互いにびっくり。国分さんは華僑の身分で入ったからすんなり帰れなくて、北京で用が済んだあと、私より2ヶ月遅れてモスクワ[ママ]経由で帰ってきました。

（『しにか』1990年6月号、大修館書店）

＊ 国分勝範氏の帰国に関しては、北京の英国大使館では日本人として扱

われ、香港に戻ることができなくなってしまった。やむなく翌年3月、中国に寄港していたデンマーク船で帰国した。
(日中貿易逸史研究会編著『黎明期の日中貿易』、東方書店、2000年)

——1952年12月、中国政府は「中央人民政府関係筋が『中国在住の日本居留民に関するさまざまな問題』について新華社記者の質問に答える」を発表し、中国政府が中国の法律を順守している日本居留民を保護し、帰国を願う日本居留民の帰国に協力する一貫した立場を明らかにした。

また、1953年2月15日、中国紅十字会は残留日本人について日本代表団と3回会談を行い、3月5日に「日本居留民の帰国に協力する問題をめぐっての話し合いに関するコミュニケ」を発表した。日本への帰国援助で一致。

1953年

1月26日　日本赤十字社・日中友好協会・平和連絡会の3団体代表が、在華邦人帰国問題打ち合わせのため訪中。

団長・島津忠承日赤社長、工藤忠夫(日本赤十字社)、内山完造・加嶋敏雄(日中友好協会)、平野義太郎・畑中政春(平和連絡会)、高良とみ(参議院議員)と随員6名の計13名。

＊渡航先国…初めて中華人民共和国と明記。(公用旅券)

「右の者は日本国民であって、中共赤十字社と日本人引揚げ打合せのため中華人民共和国(香港経由)へ赴くから通路故障なく旅行させ且つ必要な保護援助与えられるよう、その筋の諸官に要請する。」　昭和28年1月21日
(『日本と中国』1966年2月21日)

中国側の対応で、日本側を感動させたのは廖承志代表の発言であった。
「帰国を希望する在留日本人の困難に配慮し、居住地をはなれてから乗船までの食費、宿泊費、旅行費（50kgの荷物運賃を含め）を、中国紅十字会が負担する」

(『廖承志文集（上）』、徳間書店)

2月17日　日中友好協会・仏教連合ら14団体、中国人俘虜殉難者慰霊実行委員会（会長・大谷瑩潤東本願寺連枝筆頭、参議院議員）結成。
3月7日　日赤など3団体と中国紅十字会、「日本人居留民の帰国援助問題に関する共同コミュニケ」を北京で発表。
3月23日　帰国船第一便「興安丸」、舞鶴に入港。
　　　　　1953～1954にかけて、29,000人余りの日本人の帰国完了。

　　　　　＊「興安丸」に乗船した3団体の関係者には、パスポートは発給されずに、「船員手帳」で中国に渡った。

(『日本と中国』1966年3月1日)

4月6日　日中貿易促進会議、日中貿易促進全国大会開催。
4月27日　日本船中国向け初就航。
5月22日　中日貿易促進会→日中貿易促進会（議長・平野義太郎）成立。
5月30日　日中友好協会第3回全国大会、松本治一郎を初代会長に選出。40都道府県に支部あるいは設立準備会が結成される。
6月1日　北京で『人民中国』日本語版創刊。
6月9日　《人民航空公司、中国民用航空局に合併》
6月20日　日中貿易促進地方議員連盟、全国協議会を結成。
7月1日　中国人殉難者遺骨送還船「黒潮丸」、舞鶴を出港。

7月12日　中国人民救済総会、日本の九州地方水害被災民に1800万円の見舞金を送る。
7月27日　《朝鮮休戦協定、板門店で調印》
7月29日　衆議院、全会一致で日中貿易促進決議案可決（参議院は31日）。
8月21日　日中貿易国民会議準備会開催。
9月　　　通商視察代表団訪中。
　　　　　団長・池田正之輔（国会議員13名、経済人12名）。
9月12日　《日本、国際民間航空機構に加盟》
9月28日　周恩来総理、大山郁夫氏に日中国交正常化につき所信表明。
10月1日　《日本航空、特殊会社へ改組》
10月29日　第2次日中民間貿易協定、北京で調印。

1954年

3月9日　政務院の許可を得て、中共中央国際活動指導委員会は中国国際旅行社総社の設立を批准。
4月15日　周恩来総理が北京、上海、西安、桂林など14都市に外国人の食・住・行・遊などの接待機関として中国国際旅行社の設立を指示。
　　　　　任務は政府代表団以外の関係機関・団体からの委託を受け、外国人客の世話、国際列車の代理販売。
　　　　　　　　　　（『中国旅游業50年』、中国旅游出版社、1999年）
5月3日　中国人民対外文化協会、設立。
5月27日　衆議院、邦人帰国援助に感謝して「中国紅十字会代表招請に関する決議」を採択（参議院は29日）。日中問題に関する初の国会決議。
8月　　　新僑飯店（648ベッド）開業。
8月3日　日本外務省、日赤の中国紅十字社代表招待を承認。

8月19日　中国政府、日本旧軍人戦犯417人の特赦を発表。
9月15日　《中華人民共和国第一期全国人民代表大会第一回会議北京で開幕》
9月20日　《中華人民共和国憲法採択》
9月22日　日中貿易促進会議　→　日本国際貿易促進協会発足（会長・村田省蔵）。
9月27日　《中華人民共和国第一期全国人民代表大会第一回会議で毛沢東が中華人民共和国主席に選ばれる》
9月27日　日中友好協会、初の中国学術文化視察団（団長・安倍能成一行15名）、超党派国会議員団（山口喜久一郎、鈴木茂三郎、杉山元治郎一行25名）、このほか、婦人（団長・神近市子一行13名）、労働者（団長・相沢重明総評副議長一行34名）各代表団など合計100人近くが国慶節5周年に招かれ訪中。

「中国学術文化視察団」の一員であった大谷瑩潤氏が著した訪中記録がある。

　　大谷瑩潤（おおたにえいじゅん1890～1973）東本願寺第22世法主・大谷光瑩伯爵（現如）の十一男として生まれる。妻の喬子は旧千束藩主小笠原子爵家の出身。1910年に同派函館別院住職となる。1941～1945年には宗務総長を務めた。1953年、真宗大谷派の他の僧侶らと「中国人俘虜殉難者慰霊実行委員会」を設立。会長として、日中戦争で日本に連行され現地で没した中国側捕虜の遺骨の送還をすすめた。2000年5月、この事績を顕彰する石碑が山西省交城県の玄中寺境内に建立された。
　　1947年、衆議院議員。1950年、参議院議員（～1962年）。

1964年、大谷瑩潤氏は㈱日中旅行社の初代会長に就任し、その後、四男の大谷武氏が同社会長を継ぎ、日中の人事往来に貢献した。

「中国学術文化視察団」訪中スケジュール

中国学術文化視察団メンバー（五十音順）総勢 15 名 〔ママ〕

安倍能成（団長、学習院院長、元文相）
阿部知二（作家）
奥野信太郎（慶應義塾大学教授）
大谷瑩潤（参議院議員、中国人俘虜殉難者遺骨慰霊実行委員会委員長）
貝塚茂樹（京都大学人文科学研究所所長）
風早八十二（政治経済学者）
戒能通孝（東京都立大学教授）
倉石武四郎（東京大学教授）
近藤日出造（漫画家）
小沢正元（日中友好協会副会長）
菅原昌人（日中友好協会大阪支部理事長）
硲伊之助（画家）
吉野源三郎（『世界』編集長）
和達清夫（中央気象台台長）
藤田敬三（大阪市立大学教授）

9月27日　16時、旅券交付。
　　28日　01時、パン・アメリカン航空に乗り、香港へ。
　　　　　09時45分、香港到着。
　　　　　香港駅から汽車で羅湖へ（所要1時間）出境手続き。
　　　　　深圳、入境の中国人の子供たちに、医師が種痘。
　　　　　賀法嵐、魏淳の両氏が出迎え。
　　　　　汽車に乗り、広州へ（所要4時間半）。
　　　　　広州駅に、欧陽山（華南文化芸術会連合会主席）、孟波

(対外文化協会理事)、黄谷柳（居家…小説家）など出迎え。

夜、文化協会会長主催の夕食会。

20時30分、ホテルの部屋に入る。　　　愛群大廈泊

29日　05時20分、特別機で北京へ（漢口経由）。

湖南省上空で、機長がわざわざ席から出て来て、「今、毛沢東主席の生地上空を通過中」と説明した。揚子江付近で大規模な洪水を目撃。

09時15分、漢口着陸。待合室で天候の回復を待つ（2時間あまり）。

待合室には肖像画…マルクス、レーニン、スターリン、マレンコフ、ブルガーニン、毛沢東、朱徳、周恩来など……、徳田球一もあった。

18時、北京南苑飛行場着。楚図南（中国人民対外文化協会会長）、丁西林（副会長）、唐明照（理事）、中国科学院の代表たち、出迎えに田中代議士、亀田東伍氏、中村翫右衛門丈（前進座、北海道から密航して中国に入る）。

国慶節のカクテルパーティー（北京飯店、総勢1000人）に参加。

周恩来総理が挨拶。周総理が日本代表のところにきて握手し、日本語で、「よく遠方から来てくださってありがとう」。

それからまもなく、毛沢東主席、朱徳、劉少奇、宋慶齢がステージにあがり、毛沢東が挨拶。パーティー後、文化協会の歓迎宴（萃華楼）。

楚図南、丁西林、唐明照、馬寅初北京大学学長など。

24時、戒能通孝氏と同部屋で寝る。　　　北京飯店泊

30日　唐明照氏と、今後の日程について打ち合わせ協議。

　　　　　学術センターの建設地を視察。
　　　　　18時、中南海の懐仁堂(北京飯店のホールと同じような様式)で、「国慶節慶祝大会」開催。
　　　　　ヒナ壇に、中国の指導者全員と各国代表、少数民族代表など。
　　　　　司会…劉少奇人民委員長。周総理の演説、フルシチョフ第一書記の演説(1時間あまり)、金日成北朝鮮代表、共産圏諸国代表の慶祝演説が4時間半あまり続いた。
10月1日　10時、国慶節式典。毛沢東主席が天安門楼上に姿を現す。
　　　　　中央に毛沢東、周恩来、劉少奇、宋慶齢など……。29日に到着したソ連代表…フルシチョフ第一書記、ブルガーニン国防相、ミコヤン商相、シュヴェルニク・ソ連邦労働組合中央評議会議長、アレクサンドルフ・プラウダ紙主筆など、金日成北朝鮮政府首相、ザ・サンプ蒙古人民共和国首相、ベイルート・ポーランド首相、アボストル・ルーマニア副首相、チェコ、ブルガリア、東ドイツ、アルバニア、ベトナムなど各政府代表が並ぶ。それに少数民族代表、ラマ教の活仏など。
　　　　　楼上の中段に各国招待使節団。日本からの参加者は議員団、文化視察団、婦人団の計60人、ヨーロッパを回って参加した労働組合代表35人の約100人。

　　　　　北京市長・彭真が開会の辞。
　　　　　国歌斉唱で式典開始。
　　　　　国防部部長が中国三軍の将兵を閲兵。
　　　　　軍楽の調べが終わると、祝砲。
　　　　　彭徳懐将軍指揮の軍隊の分列行進。
　　　　　11時、学生や労働者、諸団体のパレード。

毛沢東主席の謝辞で祭典の幕は閉じられた。

ホテルに帰り、休憩。
19時、対外文化協会会長主催の歓迎宴会（新僑飯店）。
20時30分、天安門広場で花火大会に臨む。

10月2日　唐明照、賀法嵐、魏淳、林通訳、曹通訳、そのほか2人の通訳、計7人が一行に付く。
　　　　午前、故宮博物館、金水橋側の歴史博物院を視察。

　　　　＊ 1914年に、歴史博物館は午門から保和殿に至るまでの区域を博物館（古物陳列所）とした。
　　　　　また、大和殿は皇極殿と呼ばれていた。

　　　　午後、「ソ連展覧館」開館式。
　3日　午前、天壇。
　　　　午後、北海公園。白塔山に上る。
　　　　夜、観劇「中国青年芸術院付属少年児童劇団」の『大灰狼』『小白兎』を鑑賞。
　4日　午前、東安市場見学。革靴一足20万元〜50万元（中国の貨幣価値は日本の70分の1）、布靴が4、5万元。労働服15万元。メリヤスの上下7万元。国際書店（機械工作指導書など多い）。

　　　　＊ 1955年3月1日にデノミネーションによる平価切下げを断行し、1万元を新しい1元として1万元・5万元を5月1日以後無効とした。

　6日　朝、視察団一行から離れ、戒能先生とともに広済寺を訪ねる。住職の巨賛法師はじめ中国仏教界の諸僧と会

い、仏教界の諸様相を尋ねた。出迎え、巨賛法師、趙樸初居士、郭明居士、周淑伽居士など。

7日　北京大学訪問。馬寅初学長、湯用珊副校長、李図書館長、迦周恩教授などと会談。
　　　午後、雍和宮訪問。83名のラマ僧が居住。訪問している間、一人の青年工作員がラマ僧の説明を、ジッと伺い聞いている。今まで見なかった男である。"ハハァ、その筋のものだな"と察せられる。

8日　10時、中国紅十字会本部訪問。厚生部長兼紅十字総会会長・李徳全女史に面会。中国政務院衛生部部長でもある。中国女性界の代表的人物。

9日　人民大学訪問。呉玉章学長、胡錫奎副長などと会談。

10日　万寿山（頤和園）にのぼる。
　　　夜、映画『梁山伯と祝英台』の特別試写会に出席。中国最初の天然色映画を鑑賞。

11日　08時30分、周恩来総理と会見のために紫光閣に向かう。
　　　10時、紫光閣の入口に、周総理、郭沫若全国人民大会副委員長、李徳全紅十字総会会長、楚図南対外文化協会会長、雷任民対外貿易部副部長ほか数名、日本人一行（国会議員団と文化視察団）を出迎え。
　　　周総理、一人一人と握手する。

13日　09時30分、列車で大谷瑩潤氏と菅原昌人氏の2人で天津に行く。
　　　11時50分、天津到着。第一公墓華清寺に行く。五間四方の慰霊堂が新設され、堂内三方に十数段の祭壇が設けられ、そこに白い布で包まれた骨箱が奉安されていた。
　　　旅装を解く。戦前に泊まった北京飯店であった。（ママ）
　　　「仁立実業公司」という毛織り工場見学。

　　　　　　従業員の月収…平均 17 万元
　　　　　　能率給…48 万 5 千元（日本円 7000 円相当）

　　　　＊1954 年、日本の小学校教員の初任給 7800 円（『値段の風俗史』による）

　　　　夜、夜景を眺めに「三不官街」を歩く。昔の人は近寄らなかった暗黒街。昔の面影は跡形もなかった。
14 日　天津第二工人文化宮見学。
　　　　14 時 30 分、列車で北京へ。
15 日　10 時 20 分、特別機「国慶号」で西安へ。中国側を入れ総勢 24 名。

　　　　＊中国側では東北地区の重工業地帯を視察予定だったが、国会議員団と婦人団体代表団が視察するので、文化視察団は日本人のあまり訪れたことのない西安の視察を希望した。要望が入れられ西安に行くことが決定。

　　　　13 時 45 分、西安飛行場に着陸。
　　　　人民大廈（ホテル）で小休憩。
　　　　西安市の人口が 73 万人。「西北歴史博物館」（西安碑林）を見学。
　　　　時のたつのを忘れ、展示品に魅入る。物の見分けもできなくなったので、やむを得ず、館外へ出る。数百人の人たちが一斉に拍手で迎えてくれ、驚いた。歓迎に参集した民衆であった。
　　　　安倍団長が謝辞を述べると、一層の拍手喝采を浴びる。
　　　　「鐘楼」と「鼓楼」に昇り、市街を一望する。
　　　　夕食後、人民劇場で「招待晩会」（音楽と舞踏の集い）。

16日 2班に分かれ行動。安倍先生たちは漢の武帝陵へ。
大谷瑩潤氏たちは大慈恩寺と華清池を訪ねる。
大雁塔に昇り、その後、薦福寺で小雁塔を見学。薦福寺は現在学校に使用されている。華清池に向かう。西安事件の現場を見学。
17日 朝食時、唐明照理事から中央政府からの伝達事項を聞く。

　　——中国在留中の日本人送還について、本年末から正月にかけて1000人から2000人を送還する運びとなったこと。この外に約4000人の日本人女性が在留しているが、この人たちはほとんどが中国人の妻となっており、すでに子供さえある人も多く人情として帰国を望んでおらない人々である。これらの人々の中から帰国を希望する人があればもちろん送還の労を惜しむものではないこと。
　　日華間の貿易再開の促進および漁業問題の解決提携のために一日も早く日本側の交渉団体を結成し、代表を送って中国側代表と交渉にはいるよう推進される事を希望していること。
　　とくに、中国を訪問するこれらの代表たちには、できるだけ長く中国に滞在して交渉に当たって欲しいこと。
　　朗報であった。
　　待ち望んだ知らせだけに、視察団一同、中国側の積極的な努力と好意を謝し、中央政府に謝意を伝達するよう、唐理事に依頼した。

08時40分、西安飛行場から上海へ。南京付近洪水。

13 時 20 分、上海竜華飛行場着。錦江飯店で昼食。
14 時 30 分、市内視察。静安寺を参詣。寺内の図書館、閲覧室、講堂など参観。
「中ソ親善経済文化展覧会場」(現・上海工業展覧館)の工事現場を見る。ガーデンブリッジを渡り、キャセイホテルを見る。ホテルは現在政府機関の使用するところ。掟江労働新村見学。

18 日　午前、「国立上海機床廠」工作機械製作工場を見学。
　　　給与：技師…120 万元、技術員…80 万元、熟練工…60 ～ 70 万元

見学後、いったんホテルに帰り、昼食。
15 時、魯迅の墓。魯迅故居。

19 日　10 時、静安寺に密林法師を訪ねる。
密林法師とともに玉仏寺へ。葦舫法師、達円法師の出迎え。
午後、「上海総工会工人文化宮」参観。

20 日　上海仏教浄業社を視察。清定法師と副社長・方子藩居士が説明。「この寺には診療所(西洋医・漢方医)が設けられている」
上海仏教居士林…在家仏教信者のクラブ(宗派を問わない)。
法蔵寺…学校経営の面で、社会生活にタッチしている。
城隍廟…まわりは浅草観音あたりに全くそっくり。人混みの多い娯楽街。最も人だかりの多いのは占い師の店。
東本願寺別院…全く変わり果てた姿。本堂の内部は小さく区切られ工員の宿舎になっている。
婦女改造所…公娼・私娼を収容して、健康な思想と身体および正しい勤労の意欲を与えるための施設。

	18時30分、上海駅発、列車で杭州へ。
	23時過ぎ、杭州着。
	西礼ホテル（西冷賓館の間違いか？）泊
21日	西湖遊覧。昼食は「楼外楼」で工作員と食す。
	小休憩後、宋缶顎王（岳王廟？）の墓を参拝。
	霊隠寺、飛来峰石窟を見学。
22日	07時、上海竜華飛行場から広州へ。
	南下するに当たって直航せず、漢口を中継する。
	＊国府側の飛行機の奇襲が往々にして、沿岸近くを飛行する機に加えられる危険を回避するため。
	漢口飛行場の休憩室…行きに立ち寄ったときは絵画や花で美しく装っていたが、今は花がなく掃除さえされてない。便所は蜘蛛の巣が張り、便器は排泄物が溢れていた。
	13時10分、広州着。農民運動講習所（毛主席の闘争史跡）見学。
	水上生活者(蛋民族)の舟を見学。中山記念堂、鎮海楼。
	六榕寺…住職の覚澄法師の案内を受ける。
24日	07時20分、列車で深圳へ。唐明照理事、賀法嵐、魏淳、曾麗郷通訳、林麗韞通訳ほか2氏と別れを告げる。
	香港／ミラマーホテル泊
25日	香港視察、買い物など。
	午後、香港領事館で議員団と一緒に午餐会が開かれる。
	久しぶりの純日本料理に大喜び。
26日	17時、エールフランス機で羽田へ。
27日	00時15分、羽田到着。

　大谷瑩潤氏は教育関係に非常に興味を持っていたようだ。著書の中に貴重な資料があるので抜粋する。

中国の教育事情（1954年）

　北京大学…総敷地面積は7万平方メートルあまり、教授742名、職員800名、学生5219名。大学課程5年（一部は4年）の間は寄宿舎に収容され、学費、ノート、筆記具、その他必要な文房具は支給されるか、これに代わる金額が支給される。

　中国における学校制度の説明では小学校5年、初等中学3年、高等中学3年で、小学校には旧制度の6年制のところも残っている。
　大学はすべて国庫負担だが、中学生は学費だけ不要、小学生は有料という。

　学問の国家分配…学生が国家の要求する需要企画に基づいて養成され、また学科別配分がなされる。入学時には自己の意志で、好みの志望を列挙するが、配付は国家が決定する。「大学卒業後の国家配分」でも同様である。
　1953年度夏季卒業生の国家配置について……、

　同期の各大学、高専卒業総数合計 34,900人（前年度 20,900人）
　　　工鉱、交通、農林水利、財政経済部門　総数の40％以上
　　　大学助手、研究生、研究所員　　　　　18％
　　　中学教師　　　　　　　　　　　　　　10％
　　　病院、私営企業、文化関係その他　　　残余

1953年度秋季大学、高専募集人員

　　　　　鉱工業部門　　　29,600人
　　　　　師範学校　　　　18,300人
　　　　　衛生部門　　　　 7,200人

理化部門	4,100 人
農林部門	3,200 人
文化部門	3,000 人
財政経済部門	2,000 人
政治法律部門	1,100 人
体育部門	800 人
芸術部門	300 人

(数字は『人民教育』8月号による)

人民大学（1949年、西北地方から北京に移される）
　　特徴…労働者、農民等のための再教育機関。総合大学。

<u>入学資格</u>

1. 35歳以下の幹部で、8年以上革命工作に参加した経歴を有し、初級中学卒業以上の学力があるもの。
2. 32歳以下の幹部で、3年以上革命工作あるいは解放区の業務に従事した経歴を有し、初級中学卒業以上の学力あるもの。
3. 17歳〜32歳までのもので、3年以上の労働経験があり、家庭の係累なく、労働者として専念できる、初級中学卒業以上の学力あるもの。
4. 高級中学卒業以上の学力ある思想水準高い27歳以下の知識青年。

　教育部と全国総工会とが協議して、全国の現場から選抜したという第一期生を例にとってみると、

重工業部門	205 人
軽工業部門	90 人
燃料工業部門	175 人

　　　　紡績工業部門　　　125人
　　　　鉄道部門　　　　　70人
　　　　交通部門　　　　　71人
　　　　郵電部門　　　　　27人

　　　　　　　（数字は人民日報による）

民族学院（少数民族教育のための大学）

　人口にして、約4千万人の少数民族の幹部を養成するために設立された。
　言語、風俗、習慣、宗教等異にするこれら民族に対し、中央政府の処遇は同化政策を極度に排するとともに"各民族の文化、習慣、信仰を発展させる友愛を持って協力し合う家庭"という点を強調している。
　本科と専科に分かれ、本科は現在のところ2ケ年が修業年限であるが、将来は4ケ年になる。
　専科は高等中学卒業程度の教育をする予科のような存在であり、また各民族幹部の短期養成のための制度である。

　入学…外国語、常識を試験科目とする一定の試験を通過してくるものと、地方自治区の機関から推薦され、無試験で入るものの二通りある。
　本科生のうち、59％が男性、41％が女性。年齢は20〜30歳。
　民族間の知識程度に著しい差異がある。一律に教育することができないため、教育内容、年限等きわめて幅広くして融通性のあるものにしている。
　各民族学生は固有の言語を持っているが、本科の教授は漢語に統一されている。しかし、民族文化尊重の趣旨から固有の言語が使用される際にも、言語の相違は最大の障碍であって、中には言葉があっても文字を

持たない民族もある。新たな音標文字を基礎とした文字、文法を制定するなど、相当苦心しているようだ。

　学生の処遇…教育に当たって、先にふれた言語問題のように、特殊な民族固有の言語について、文字の制作はもちろん、14種類の言語を創出して40種近い異種の言語で書かれた教科書を編纂して学生に与えるようにし、またこれを教授する教員も特別に養成するような教育措置がとられている。そればかりか、各種民族固有の生活様式、それもまた驚くほど多種多様である。衣服、食事、信仰に至るまで、各民族独自の文化、習慣を続けさせている。

（大谷瑩潤著『新中国見聞記』、河出書房、1955年）

中国への旅行費

1954年10月に1ヶ月出張した山田氏（朝日新聞外報部次長）の話。

日本円1円＝中国70元で計算

東京－香港　ファーストクラス（片道）	63,500円
エコノミークラス（片道）	52,500円
列車（香港九龍駅－深圳－広州）	500円
飛行機（広州－武漢－北京）	26,500円
（北京－瀋陽）	11,600円
列車（瀋陽－鞍山）	325円
自動車代（北京にはタクシーがない）	
ホテルが用意してくれたハイヤー　5分で	700円
ホテル代（広州／愛群ホテル）一部屋	400円

食事、荷物保管その他雑費込みで（行き）		1,250 円
	（帰り）	1,900 円
ホテル代（北京／北極閣ホテル）一部屋		930 円
	朝食	140 円
	昼食	170 円
	夕食	280 円
部屋代以外にお湯代その他雑費 8 日間		5,000 円
ホテル代（上海／錦江飯店）一部屋		1,280 円
	洋食	170 円
	中華料理	200 円
ホテル代（天津）	一部屋	430 円
	食事一回	150 円
（ビール・酒は日本とほぼ同じ）		
	コーヒー代	90 円
	（日本は 50 円）	
	理髪（北京）	90 円
電報代　北京－香港 26 字		2,000 円
瀋陽－東京 34 字		3,900 円

（『日本と中国』1955 年 8 月 1 日）

10月11日　周恩来総理、文化学術代表団および日本国会議員代表団に新中国の対日政策と国交正常化方針を説明。
10月23日　《日本航空、戦後初の邦人機長誕生》
10月28日　日中・日ソ国交回復国民会議（理事長・風見章）結成。
10月30日　中国紅十字代表団（団長は李徳全、副団長は廖承志）、日中友好協会の招きで中国初の訪日団として訪日。

中国初の訪日団「中国紅十字代表団」(団長・李徳全衛生部長)

訪中スケジュール

(『日本と中国』より)

10月30日	17:55	羽田着。帝国ホテルへ。
	20:45	3団体(日本赤十字社、日中友好協会、平和連絡会議)主催の晩餐会に出席(国際観光ホテル)。
31日	午後	中国訪問者主催歓迎会に出席(八芳園)。
	14:00	留守家族大会(日赤講堂)。日本各地から集まった留守家族代表500名が出席。発表された戦犯名簿に父や子の名前を探す。探し当てるたびに歓声が上がる。
11月1日	午前	留守家族代表と帰国者代表と懇談。
	13:30	東京を出発、藤沢市へ、聶耳(にえある)記念碑除幕式出席。その後、箱根へ。
2日	15:00	帰京。東本願寺の中国人俘虜殉難者合同慰霊祭に参列焼香。
	夜	衆議院議長主催の招宴(プリンスホテル別館)。
3日		日赤、日中、平連と代表団の帰国問題に関する打ち合わせ。
	午後	贈物贈呈式(日赤講堂)。お茶の会(光輪閣)で三笠宮や高松宮妃などまじえ懇談。
4日	10:00	日赤主催の東日本歓迎大会(共立講堂)で開催。東日本各県から参加者3千人。
	午後	日赤施設を視察。東京都知事の「歌舞伎座」招待。その後、都知事の招宴。
5日	朝	特急つばめで名古屋へ。途中、浜松駅プラット

		ホームで600人の歓迎を受ける。名古屋駅で愛知県知事や名古屋市長はじめ、1万3千人が出迎え。ホテルで記者会見。帝国人絹名古屋工場見学。

県・市・商工会議所共催の歓迎宴。
　　　　　　　　　　　　　　　　　　　　　丸栄ホテル

6日　　　テレビ塔、日本陶器工場見学。各界歓迎会（名古屋ホテル）。

　　14:00　特急つばめで京都へ。

　　16:21　駅前広場を埋めた人たちの「東京−北京」の合唱に迎えられホテルへ。　　　　都ホテル

7日　　　東本願寺と西本願寺を訪問。

　　14:00　円山公園で京都府民の歓迎大会（参加1万人）。会場で若い婦人労働者と会ったとき、彼女の兄や弟は桂離宮で警備についていると。

　　　夜　倪斐君女史（医師）は京都府医師会有志と医学交流。　　　　　　　　　　　　都ホテル

8日　　　京都を出発した一行は大阪に向かう。京都から大阪の自動車道路の沿道に市民の歓迎グループが五星旗と日の丸を振りながら、えんえんと並んでいた。赤間大阪府知事、今村阪大総長、府市議員などの出迎えを受け、ホテルへ。記者会見、帰国者代表との面会ののち、文楽座で「文楽」。　　　　　　　　　　　　　　新大阪ホテル

（廖承志副団長は神戸で在日華僑の歓迎会に出席）

9日　　　保護施設「市立山田済院」、大阪早川電機でラジオの組み立て作業を見学。

　　18:00　扇町プールで「西日本歓迎大会」（場内3万1千人と場外1万人）の大集会。中華人民共和国国

		歌を演奏。	新大阪ホテル
10日	12:20	帰京。夜、中日親善婦人6人と晩餐会。	
11日		日赤主催の歓送会。	
12日	07:05	カナディアン・パシフィック機で香港へ。	

李徳全（〜1971）　河北省出身、協和女子大学卒業、貝満女士中学教員。29歳で馮玉祥と結婚。日中戦争中、重慶で婦女慰労総会を指導。1954年4月、中華全国民主婦女連合会副主席。10月、中央人民政府衛生部長、中国紅十字会長。

学生時代の思い出「李徳全女史の来日」

原田　修

　中国紅十字会（赤十字）総裁の李徳全女史を団長とする訪日団は、1954年10月30日、日本赤十字、日中友好協会、平和連絡会の三団体招聘、受け入れで来日した。中国からの邦人引き揚げで格段の支援をいただいたお礼というかたちをとった、新中国成立後はじめての訪日団である。

　わたしの大学2年の秋のことである。

　夏休みの"ヴ・ナロード"で先輩からいろいろと"ご指導"を仰いではいたもののまだ"実践"には程遠い日々を過ごしていたが、このときばかりは有無を言わさず「府学連」の指示による訪日団一行の護衛を申し付けられた。大阪外大高槻学舎自治会の守備範囲は京都との県境から市内の歓迎会会場まで、特に一行が慰問する岸部の療養所付近が重点警備の対象となった。

　わたしたちは二人一組で二日前の夜半から、その後万博会場で開発さ

れた山田村の藪のなかに潜み、あやしげな人の動きをチェックすることになった。国交未回復の当時、政府、警察はあてにならず、右翼の不穏な動きにも注意する必要があったのである。

　学生のほか労働者なども警備にあたっていたので、合言葉は忠臣蔵もどきの、「ヤマ」と呼べば「カワ」と答える、となっていた。しかし、仲間だけが警備にあたっているのではない、暗闇のなか近寄ってくる人に向かって「ヤマ」と声をかけると「コラッ！」と警棒を振りかざしてくる、南無三！逃げるにしかず、とばかり追っかけっこの連続、秋とはいえ汗だくで藪の中で息をこらす始末であった。

　関西歓迎会場は4万人の人であふれかえっていたが、一仕事終えたわたしたちは芝生に寝転がって夢の世界をさまよっていた。

　これがわたしと中国のはじめての出会いとなった。

（2003.1.19　記）

　　原田　修（はらだ　おさむ）昭和9年7月22日生
　　　1957年、大阪外国語大学（フランス語）卒業、友好商社・山福（株）入社、元大阪府日中経済交流協会副会長。

11月13日　日中漁業協議会（会長・村山佐太郎）発足。
　　　　　関西日中貿易促進会議　→　日本国際貿易促進協会関西本部発足。
12月5日　中国政府は「中国国際旅行社の財務を中央財政部に取り入れて管理する」ことを決定し、第1次5カ年計画中に、毎年1000万元出資して外国人専用のホテル、車の購入などに使われた。　　　　　（『輝煌50年中国国際旅行社総社簡史』）

　　　　　　1954年　友誼賓館（3000ベッド）開業。
　　　　　　1954年　北京華僑飯店（312ベッド）開業。

12月10日　《鳩山一郎内閣成立》
12月17日　衆議院、「中国通商使節団招請に関する決議」を採択。
12月21日　周恩来総理、政治協商会議第2回第1次全体会議で、中国政府は段階を追って中日関係を正常化させる用意ありと表明。

1955年

1955年、北京華僑旅行社　設立。（『北京旅游手帳』、北京出版社、1980年）

1月8日　日中漁業協議会代表団訪中。
1月23日　村田省蔵（日本の国際貿易促協議会の初代の会長）に向かって周恩来総理は、中国人民は決して日本の内政に干渉するつもりはない。
2月4日　日本航空、香港線営業開始（DC6B使用）。
3月29日　中国国際貿易促進委員会副主席の雷任民氏を団長とする中国貿易代表団が招きに応じて日本を訪問した。双方は三つ目の中日民間貿易協定に調印。
4月15日　日中双方は北京で戦後最初の日中民間の『黄海・東中国海の漁業に関する協定』に調印。第1次日中漁業協定。
4月22日　高碕達之助経済審議庁長官、バンドン会議で周恩来総理と会談。
5月4日　第3次日中民間貿易協定調印。東京で調印。
6月9日　日本学術会議視察団（団長・茅誠司、南原繁、大内兵衛、桑原武夫他）、周恩来総理と会見。

桑原武夫は、芝居を7つ観た。劇場は満員で一番人気は『海辺劇戦』であり、入場料は5角（70円）であったとある。

また桑原は貝塚茂樹の紹介状を出して郭沫若に四川省行きをお願いすると、快諾された。本隊が東北、上海、南京を巡っている間に、桑原と宮地が重慶と成都、それぞれ3日の計6日滞在した。

　　重慶―成都　列車で14時間

　　　（桑原武夫著『ソ連・中国の旅』、岩波写真文庫159、1955年8月発行）

桑原武夫全集「四川紀行」の中から、日程に関する部分を抜きだしスケジュールとしてまとめさせていただいた。

桑原武夫の「四川紀行」

6月12日	05:00	北京飯店出発、西郊飛行場へ。空港で朝食。
	05:40	東北班離陸。
	06:30	四川班離陸。桑原武夫、宮地教授、蘇琦通訳が重慶へ。
	08:15	太原着。35分休憩。再び出発。
	11:00～12:00	西安、昼食。眼下に城壁をみる。
	14:20	重慶着。作家協会重慶分会常務委員、作家李南方、自然科学専門学会連合会重慶分会、劉博禹が出迎え。重慶賓館で休憩。
		休憩後　市内参観。防空壕、中蘇友好大楼（北京の天壇を模している。公会堂、公民館の役目）建設中。
		夕食後　労働人民文化宮、埠頭（嘉陵江と揚子江の合流点）をみる。

6月13日	08:30	出発。北温泉へ。温泉は外湯で、一人一室、浴槽はタイル。栓をひねると温泉が流出し、一客ごとに排水。カルシウム泉。鍾乳洞、寺院、西南師範学院を訪問。校長官舎で昼食(豊富美味、青島製のブドウ酒、当地名産の広柑酒がでる)。
	17:00	列車で成都へ。ホテルの女性服務員(両親が成都在住)が同行。
		夕食、食堂車。
6月14日	07:00	成都着。彭迪生四川大学学長、林如稷教授などが出迎え。永興巷招待所に入る。休憩後、人民公園、歴史文物博物館。
	午後	杜甫草堂(今年5月に完成)、武侯祠を見学。
	17:00	歓迎宴会(永興巷招待所)。作家協会成都分会主席沙汀、副主席李劼人、音楽家羊路由ら出席。
	食後	「川劇」(錦江劇場)鑑賞。
6月15日	08:30	出発。都江堰へ。林氏と羊氏が同行。道路は自動車のすれ違いにやや困難をおぼえる程度の幅。目算では成都に自動車がおよそ2、30台？人力車がまだたくさん残存し営業。
	10:00	過ぎ、都江堰着。
	昼食後	二王廟へ。見学後、市内に帰り、文殊院にゆく。
	夕食	李劼人氏の招待宴。郊外の菱角堰村にある李先生の屋敷は「菱窠」と呼ばれている。李家はおそらく当地の大地主であったのであろう。
6月16日	朝	四川大学を訪問。大学のすぐそばに「望江楼」がある。四川大学付属歴史博物館見学。
	昼食後	市内見学。買い物。
	18:30	寝台列車に乗る。再び、重慶のホテルの女性服務員が同行。

6月17日	早朝	重慶着。午前中、休息。
	午後	郊外の西南鋼鉄公司を見学。市内に戻り、少年宮見学。
	夜	四川省川劇院にて『芙蓉花』をみる。
6月18日	07:20	重慶空港発、10:40 に武漢空港着。

(『桑原武夫全集6』「四川紀行」、朝日新聞社、1968年)

7月21日	日本新聞通信放送界代表団(団長・横田実産経副社長)訪中。
8月9日	第1回原水爆禁止世界大会参加中国代表団（団長・劉寧一中華全国総工会主席）来日。
8月	久原房之助氏訪中。
	周恩来総理が日本新聞記者会見で鳩山首相の訪中歓迎を表明。
9月3日	日中友好協会第5回全国大会(全国200余の支部、支部準備会)。
9月	日本実業団訪中、大型貿易議定書の調印。
9月28日	市川猿之助一座61名（〜10月28日）訪中。
10月1日	建国6周年国慶節に、日本から超党派国会議員団、実業界、6大都市首長、青年代表など250人が招かれ出席。
10月2日	毛沢東主席は久原房之助日中、日ソ国交回復国民会議会長および代表団一行と会見。
10月5日	市川猿之助一座、日中友好協会の派遣により北京の政治協商会議講堂で第一回訪中公演。開幕式に各界知名士1700人出席。

梅蘭芳の京劇芸術と日本の交流

　中国映画『花の生涯～梅蘭芳～』が、2009年3月7日から日本で公開されるが、今から50年以上前、中日の文化交流史には、梅蘭芳と市川猿之助という中日の古典演劇の名優が相互訪問するという、素晴らしい出来事が刻まれている。

　1955年9月28日、日本の歌舞伎座理事と大博劇場支配人の松尾国三、市川猿之助の訪中公演団一行57人が、中国人民対外文化協会の招きで、香港を経由して大陸部に到着し、10月28日に帰国するまでの約1カ月間、北京、上海、広州で8回の公演を行った。

　中国の建国6周年を祝う式典が天安門広場で行われた10月1日、周恩来総理に招待された市川猿之助と松尾国三らは、天安門で毛沢東主席、朱徳総司令、彭真北京市長、久原房之助たちとともに、天安門広場での催しを見学している。

　この訪中公演のお礼として翌年5月16日、梅蘭芳を団長とする中国訪日京劇代表団一行85人が日本を訪問し、東京、福岡、八幡、名古屋、京都、大阪などで合わせて32回の公演を行った。訪れた観客は7万人。テレビでも放映されたため、梅蘭芳の公演を見た人は約1千万人にも上った。最後の2回は、原爆による被害者や戦争孤児のためのチャリティー公演として開催されている。

　戦後初めて行われた歌舞伎の海外公演は、中国と日本が正式に国交を結んでいない時代に行われた最初の文化交流事業として、歴史的な意義がある。この交流の実現には、毛沢東主席、周恩来総理、鳩山首相、鈴木茂三郎社会党委員長などが尽力した。

「チャイナネット」2009/03/06

(『北京週報』2009 年 3 月 9 日)

10月14日　毛沢東主席は久原房之助氏と 2 回目の会見。
10月17日　中国商品展覧会、はじめて東京（晴海）で開催（～11 月 3 日）。
10月17日　彭真・全人代秘書と上林山栄吉団長の議員団がコミュニケを発表。
11月16日　片山哲元日本国総理大臣を団長とする日本憲法擁護国民連合会代表団が中国を訪問。片山哲・周恩来、共同コミュニケで国交正常化の必要性を強調。
11月24日　日中輸出入組合（理事長・南郷三郎）発足。
11月28日　憲法擁護国民連合代表団（団長・片山哲）、毛沢東主席と会見。
12月 1 日　中国商品展覧会、大阪（中之島）で開幕（～15 日）。
12月 1 日　郭沫若中国科学院院長は日本学術会議の招きで、中国科学代表団を率いて日本を訪問。代表団の費用は民間の寄付。

　劉徳有著（村山孚・訳）『郭沫若日本の旅』(サイマル出版社) に、中国科学代表団の日本での活動が詳しく紹介されていた。わたしは旅程を中心に郭沫若氏一行のかなりハードなスケジュールを拾ってみた。

「中国科学代表団」訪日スケジュール

　　郭沫若　中国科学院院長、全国人民代表大会常務委員会副委員長
　　馮乃超　広州中山大学副学長（教育学、東京帝国大学卒）

翦伯賛　中国科学院哲学社会科学部委員、北京大学教授・歴史学部部長
蘇歩青　中国科学院物理学数学化学部委員、上海復旦大学教授（数学、東北帝国大学大学院卒）
茅以昇　鉄道研究所所長、中国科学院技術科学部副主任（橋梁工学）
汪胡楨　水利部設計院技師長、中国社会科学院技術科学部委員（水利工学）
馮徳培　中国科学院生理生化学研究所所長、中国科学院生物学部委員（生理学）
薛　愚　北京医学院薬学学部部長・教授（薬学）
尹　達　中国科学院考古研究所副所長（考古学）
熊　復　中国科学院歴史研究所第三研究所研究員（歴史学）
葛庭燧　中国科学院金属研究所（金属物理学）
李徳純　通訳
劉徳有　通訳（外文出版社の『人民中国』編集局日本語翻訳部）
楊貴林　通訳
戚慕光　秘書

　総勢15人の代表団。
　　　＊出発前、北京飯店に全員集まり自己紹介・打ち合わせ。

日本滞在中の同行者　野口弥吉（東京大学教授）
　　　　　　　　　　竹下俊男（日本学術会議学術部長）
　　　　　　　　　　内山完造（郭沫若の老朋友、日中友好協会理事長）
　　　　　　　　　　島田政雄（日中友好協会組織広報部部長）

11月下旬	北京から飛行機で広州へ。
	劉徳有は訪日の手続きのため、一足早く香港に到着。（訪日手続き…香港の日本総領事館で「渡航証明書」を発行してもらい、日本に行く）

（『中国新聞』1970年3月7日）

他のメンバーは数日遅れて、香港入り。安全のため九龍泊。

11月30日	午後、カナダ航空で出発したが、エンジンが故障し、香港に戻る。
12月1日	改めて、英国航空で出発。
	19:30、羽田着。歓迎陣が見えない。

郭沫若は「歓迎陣はいないようだ。挨拶のなかの"盛大な歓迎を受け"の"盛大"の2字を削除しなければならないな」

＊空港の規則で歓迎陣は飛行機の近くに寄れなかった。
茅誠司（日本学術会議会長）と南原繁（東京大学元総長）のみタラップの下で待っていた。
ターミナルに入ると400人以上の出迎えがあった。学術界、文化芸術界、教育界、政界、貿易界、日中友好団体、労働界、地方からも駆けつけた。また、在日朝鮮人連合会、ソ連在東京代表団の代表、および在日華僑代表など…。

　郭沫若は盛大な歓迎に感謝するとともに、「私個人にとって、日本は前後20年も滞在した第二の故郷である」として、近年、中日両国人民の友好往来が増えてきたことを歓迎した。

帝国ホテル

2日　来日を報道した新聞の扱いは朝日新聞が一番大きかった。日本学術会議を表敬訪問（パーティー形式）。

14時、大山郁夫氏の葬儀に出席。中国見本市代表団の副団長・肖向前（蕭向前、簡体字で肖向前）氏も同行。夜、茅誠司が日本料亭「般若苑」で歓迎宴。

3日　午前、東京大学訪問。

昼、東京会館で歓迎レセプション（日本学術会議主催）。出席者は会議メンバー、文部大臣・清瀬一郎、松村謙三など150人に上った。

午後、箱根へ。　　　　　　　　　　　　富士屋ホテル

4日　芦ノ湖遊覧（内山完造随行）。

午後、鎌倉に回り岩波茂雄氏の墓参。葉山で田中慶太郎氏の墓参。

22時、帝国ホテル着。

ホテルに帰ると、一通の招待状（日中貿易促進議員連盟から）がきていた。内容は、6日の午後、国会で歓迎会。

5日　市川市の旧居訪問。

6日　9時、ホテルの応接室で谷崎潤一郎と再会。内山完造と朝日新聞社論説副主幹白石凡も同席。

＊大正15（1926）年1月、谷崎潤一郎は2度目の訪中で上海を訪ね、内山完造の紹介で、中国の若手芸術家たちと知り合った。彼らは谷崎のためにパーティーを催してくれた。酔った谷崎を宿屋まで送り、介抱してくれたのが、郭沫若であった。

13時、国会議事堂。衆議院常任委員長室で衆議院議長・益谷秀次、副議長・杉山元治郎、北村徳太郎、池田正

之輔、山口喜久一郎、上林山栄吉、古屋貞雄、田中稔男、高津正道、帆足計、細迫兼光、堀真琴、志賀義雄、川上貫一ら約60人参集。

7日 午前、代表団の歓迎レセプション（日本文化人協会、中日学術文献交流センター、日中友好協会、現代中国学会、国際技術協力協会、新医師協会、国民文化会議、民主主義科学者協会の8団体）。

午後、全員が歴史・考古、文学、教育、工学、理学、医学の分野に分かれ、それぞれ討議をした。

8日 午後、大山郁夫氏の追悼会（早稲田大学大隈講堂）に参加。早稲田大学で講演。

9日 午後、関西に向かう。京都・大阪・奈良を訪ねる。

16時21分、京都駅着。300人あまりが出迎え。関西在住の華僑が五星紅旗を振りながら一行を歓迎。貝塚茂樹（京都大学教授）が近畿地区接待委員長。

18時、歌舞伎劇場「南座」、市川猿之助と会見。

高山京都市長主催の歓迎宴（南座2階の京都クラブ）、湯川秀樹も出席。

10日 午前、貝塚茂樹と桑原武夫の案内で京都大学の滝川幸辰学長を訪ねる。史学、教育、物理、薬学、数学、工学など6分科会に分かれ、学術懇談会。関西の研究者数百名が出席。

懇親会のあと、法然寺へ行き、内藤湖南氏と浜田青陵氏の墓参。文殊塔そばの狩野君山氏と桑原隲蔵氏の墓に参る。

14時、立命館大学で講演。

11日 午前、「住友別邸」へ。住友グループが所蔵している青銅器約400点を観る。別組は「二条城」、「川島織物」見学。昼、大徳寺芳春院で合流し、庭園鑑賞。京都府主催の

   宴会。
   夜、郭沫若、貝塚茂樹、桑原武夫の3氏で鼎談（日本旅館「つる家」）。
12日 大阪へ向かう。新大阪ホテル（現・リーガロイヤルホテル）の玄関で、正田大阪大学学長、名和統一大阪市立大学教授など多くの人たちの出迎えを受ける。
   中国商品展覧会を見学。
   午後、大阪各団体共同主催の歓迎宴（大阪商工会議所）。大阪大学で講演。
   夜、大阪府と大阪市主催の歓迎宴。

   ＊当時、日本の地方自治体が中国代表団を招待したことは、中央政府よりずっと大胆な行為であり、幅広い"民意"を反映。

13日 午後、奈良へ。「唐招提寺」見学。
14日 汽車で岡山へ。
   午後、岡山駅着。三木行治知事、清水多栄岡山大学学長はじめ500人が出迎え。
   14時40分、「後楽園」参観。
   15時30分、岡山大学文学部講堂で1500人の歓迎を受ける。医学部生化学教室で歓迎会。六高の跡地（新制高校になっていた）見学。
15日 11時44分、特急「かもめ」で広島へ。「原爆ドーム」が見えた。   一茶苑
16日 平和公園へ、慰霊碑に献花。「原爆資料館」見学。
   14時20分の特急「かもめ」で出発。九州大学の樋口謙太郎教授がわざわざ広島まで迎えにきた。今回の訪問は、日本側の配慮で、必ず次の訪問地の人が前の訪問地に迎えにきた。

下関で、九州大学の操坦道教授（郭沫若と同窓生）はじめ何人かの友人が福岡から迎えにきた。九大の菊池勇夫元学長もいた。門司駅のホームでは北九州大学学生たちが一行を歓迎した。

19時、福岡駅到着。駅は歓迎の人たちでいっぱいだった。九大の山田穣学長、小西福岡市長など。

博多ホテル

17日　午前、九州大学訪問。各班に分かれ、10時から座談会。150人ほどの学者と学生で会場はいっぱい。司会は目加田教授。

午後、講演会（一般市民向け）。

16時、九州大学で講演会（学生3000人）。

18日　11時25分「かもめ」で下関着。地元の日中友好協会、医師会、市民コーラスの代表など500人駅に出迎え。歓迎会（水産会館、屋台などの模擬店がでる）で小沢山口県知事、福田下関市長が挨拶。水上警察の監視船「長門号」に乗り、洞海湾を視察。その後、八幡を訪問。夕方、八幡製鉄所参観。夜、福岡に戻る。

19日　恩師中山平次郎博士宅を訪問。

午後、飛行機で東京へ。偶然、同じ飛行機に日本共産党の野坂参三氏と志賀義雄氏が乗っていた。郭沫若は彼らと握手を交わした。

20日　東京宝塚劇場で講演会（朝日・読売・毎日の共同主催）。聴講者2000人が拍手するなか、郭沫若は演壇にのぼった。

21日　午後、「俳優座」訪問。河原崎長十郎丈主演『鳴神』鑑賞。18時、郭沫若の名前で各界人士1000人を招き「お別れ会」（東京会館）。予定されていたホールに入りきらず、隣のホールも使う。

22日　代表団はもともと往路と同様、飛行機で香港を経て帰国する予定だったが、郭沫若の安全を考えて、また、北京からの指示もあり、下関からソ連船に乗ることになった。

午後、「如水会館」で送別会。日中友好協会、日本アジア連帯委員会、日本平和擁護委員会、日本ジャーナリスト会議など70あまりの団体が主催。参加者は300人。

21時、東京駅。茅誠司、尾高朝雄、南原繁、大内兵衛、松本治一郎、野坂参三、志賀義雄、故徳田球一夫人・徳田たつ、平野義太郎、中村翫右衛門、秋田雨雀、池田幸子などが見送りに来る。

急行「彗星」で大阪へ。

23日　「かもめ」に乗り換え、下関へ。到着後、春帆楼へ。歓迎のため五星紅旗が掲げられていた。　　　　春帆楼

24日　この日、出港を予定していたソ連船が一日遅れたため、別府温泉を訪ねることになった。同行者は野口弥吉教授、内山完造夫妻、華僑のリーダー甘文芳、劉明電、呂漱石、劉啓盛。汽車で別府へ。

県庁の方の案内で「温泉地獄」を巡る。　　　　白雲山荘

25日　昼、別府から下関に戻る。

13時、大連からきたソ連船「リャズルスク」に乗船。

26日　帰国の船中で、作詩し、詩の終わりに、

「楼は日本下関にあり、甲午戦の後、李鴻章がここにて条約を調印す。一九五五年十二月二十六日　郭沫若」

さて、郭沫若一行のスケジュールで日本側の記録も残っていた。ダブるようになるが、比較いただくのも一興である。

「中国科学代表団」訪日スケジュール（日本側の記録）

12月1日	19:55	羽田着。
	22:00	帝国ホテルに入る。　　　　　　　帝国ホテル
2日	午前	日程打ち合わせ。
	14:00	郭氏は馮中山大学副校長、戚秘書、劉通訳を伴い故大山郁夫氏宅弔問。
	14:30	一行15名は学術会議を正式訪問、お茶の会に出席。
	夜	中国を訪れた学術会議議員に招かれ「般若苑」で歓迎宴。
	21:30	ホテルに帰る。　　　　　　　　　帝国ホテル
3日	午前	東京大学訪問。専門別研究室見学。
		正午、茅会長主催の歓迎レセプション（東京会館）。
		ホテルで30分休憩後、箱根に向かう。
		途中、作曲家聶耳氏の墓碑に立ち寄る。
	19:00	箱根到着。　　　　　　　　　　　富士屋ホテル
4日	午前	芦ノ湖畔ドライブ、遊覧船で元箱根に回りホテルへ。
	14:30	ホテルで記者会見。終了後、箱根出発、東京へ。途中、郭・劉氏のみ北鎌倉の岩波氏宅に寄る。他の一行は夜帝国ホテルに到着。蘇歩青、葛庭燧、李通訳3人は夜行で仙台へ。　　　　　　　　　　　　　　　帝国ホテル
5日	午前	熊復、尹達、汪胡楨、茅以昇、翦伯賛ら早稲田大学文学部、理工学部見学。馮徳培、薛愚氏は慶応大学医学部見学。
	午後	郭・熊・劉氏らは千葉大学医学部、文理学部を

視察。帰途、市川市の歓迎式に出席。なお、馮乃超氏は光明学園、青い鳥学園、北豊島高校へ。尹達氏は国立博物館、汪・馮・薛・戚氏らは科学博物館を見学。　　　　　　　　　帝国ホテル

6日　午前　馮乃超氏はお茶の水女子大学、NHK訪問。翦・尹氏は東京大学東洋文化研究所史料編纂所を見学。茅・汪氏は土木研究所、馮氏は衛生試験所、薛氏は三共製薬、共立薬科大学を見学。

午後、全員で衆参両院を訪問。その後、郭・熊・劉氏らは、岩波書店主催、雑誌『世界』発刊十周年記念レセプション（東京会館）に出席。

夜　全員歌舞伎座観劇。　　　　　　　帝国ホテル

7日　午前　汪氏は電力中央研究所、小河内ダム見学。馮氏は東大農学研究所を見学。上記2氏を除き、他全員は学術団体主催の研究会（茗渓会館）に出席。

午後　各分科会を茗渓会館、明大、お茶の水女子大に会場を分けて、「歴史」（翦・熊氏）、「医学・薬学」（馮・薛氏）、「数学・物理・工学」（茅氏とこの日午後仙台から帰京した蘇・葛氏）、「考古学」（尹氏）、「教育」（馮副団長）の各部門について研究討論。

夜　全員、観世会館で能を鑑賞。　　　帝国ホテル

8日　午前　馮乃超氏と李通訳は東大教養学部（駒場）見学。翦・尹氏は東洋文庫、汪氏は地震研究所、葛氏は電子工学研究所、蘇氏は東京理科大学、薛氏は薬理研究会、馮徳培氏は科学研究所をそれぞれ見学。

午後、馮乃超氏のみ愛知大学見学のため豊橋

		へ。他全員は大山郁夫平和葬に参列。その後、郭氏、早稲田大学で講演。
		終了後、郭・熊・劉氏は日本新聞協会主催歓迎会（東京会館）に出席。他は都内見学。
	夜	ホテルにて休養。　　　　　　　　　帝国ホテル
9日	09:00	関西に向かう車中にて記者会見。名古屋駅で先着の馮乃超氏、日中友好協会伊藤事務総長が迎える。
	16:21	京都駅着。簡単な記者会見の後、都ホテルに入る。
		小休止の後、高山京都市長主催の歓迎宴（南座うらのクラブ）に出席。舞台姿でかけつけた市川猿之助と再会。
		南座で歌舞伎を鑑賞し、ホテルに帰る。
		都ホテル
10日	午前	京都大学各教室、会議室にて学術懇談会。「教育」（馮副団長）、「歴史」（翦・尹・熊氏）、「物理」（葛氏）〈研究所物理教室、基礎物理研究所、サイクロトン見学、湯川記念館での懇談会に出席〉、その他、数学、薬学、生理、土木建築等に分かれ研究討論。
		郭氏は京大滝川総長を訪ね、歓談。ついで教育歴史学の懇談会に出席して挨拶。
		懇親会のあと、法然寺へ行き、内藤湖南氏と浜田青陵氏の墓参。黒谷の狩野君山氏の墓に参る。
	午後	立命館大学で「わだつみの像」に献花。
	14:30	大学講堂で学術講演会を開き、翦氏が「中国文化教育学の状況」、汪氏「中国の水利建設」ならびに郭氏の講演が行われた。

	夜	京都ホテルで関西世話人会主催「歓迎会」。

都ホテル

11日	午前	京都市内見学。
		A班：住友別邸―平安神宮―円山公園―博物館―東本願寺
		B班：二条城―川島織物見学、午後は、金閣寺―桂離宮

都ホテル

12日	10:00	新大阪ホテルに到着。直ちに、中国見本市見学。曹団長と昼食を共にする。
	14:30	大阪大学医学部講堂で朝日新聞社主催の公開講演会にのぞみ、茅氏が「中国鉄路、公路の建設」、翦氏が「中国科学の工作状況」の講演をし、郭氏があいさつを述べた。
		また、熊氏らは商工会議所で日中友好協会、日中貿易促進会議などの民主団体と懇談。他の団員は、阪大理・工学部、武田薬品、血液銀行などを見学。
	夜	大阪府と大阪市共催の歓迎宴。　　新大阪ホテル
13日		2班に分かれ観光。
		A班：法隆寺。
		B班：阪神土木工事見学後、天理大学で落ち合い昼食をとる。
		午後は西の京経由で奈良に入り、東大寺で休憩。大阪に帰着。
	夜	華僑主催の「招待宴」。　　新大阪ホテル
14日	09:00	特急「かもめ」で岡山へ。
	11:40	岡山着。後楽園見学後、岡山大学法文学部講堂で講演。講演後、医学部の「招待宴」。

17時過ぎ、郭氏は旧六高跡を訪れ、往時を偲んだ。
夜　県と大学主催の「歓迎会」に出席。

岡山ホテル

15日　午前中、自由行動。

11:40　特急「かもめ」で広島へ。

14:20　広島着。直ちに広島大学訪問。郭氏は附属小講堂で講演。他は専門別に、各部教授、学生との懇談会。

17:30　広大出発、宮島―茶苑へ。

夜　県、大学主催の「歓迎会」に出席。

一茶苑

16日　午前　宮島、広島市内見学。原爆慰霊碑に参拝。同記念館見学。終わって、ガスビルで、市内有志との「送別昼食会」。

14:20　特急「かもめ」で福岡に向かう。

19:10　福岡着。 帝国ホテル

17日　午前　郭氏、母校の九州大学訪問。文学、理学、工学、生物学など専門別に分かれ懇談。

14:00　郭氏、西南大学ホールで講演会(一般市民向け)。

16:00　郭氏、九大医学部講堂で講演会（学生）。

18:30　市長、九大学長共催「歓迎レセプション」（帝国ホテル）。

18日　09:30　特急「かもめ」で下関着。大洋漁業視察の後、門司税関ランチで、門司港、洞海湾を視察。その後、八幡製鉄所を訪問。

夜　福岡市料亭「新三浦」で九大医学部長の招待宴。

19日　午前中、自由行動。

昼　送別昼食会。

13:30　飛行機で東京へ。

| | | 16:50 | 羽田空港着。ホテルへ。 　　　　　　　帝国ホテル |

20日　午前　茅氏は横川橋梁見学後、長江スライドを観覧後、汪氏とともに土木学会、建築学会を訪れメッセージを送る。また、葛氏は生産技術研究所、尹氏は資源研究所、馮徳培氏は東大生理学教室を見学。午後は3新聞社（朝日・毎日・読売）の講演会（東京宝塚劇場）にて翦氏「中国科学工作について」、茅氏「中国鉄路、公路の建設について」、郭氏「経済文化の交流と平和共存」と題し、それぞれ講演した。

　　　　　　また、葛氏は科学研究所、馮徳培氏は昭和医大生理学談話会に出席。

　　　夜　　東京華僑総会主催「歓迎会」（神田一橋講堂）、「招待宴」（目黒雅叙園）。　　　　帝国ホテル

21日　午前　郭・翦・熊氏らは中国研究所（沫若文庫）、馮乃超氏は日本教職員組合、蘇氏は日本数学会、茅氏は国鉄技術研究所、薛氏は衛生試験場、汪氏は篠塚水利研究所、葛氏は東大橋口研究所ならびに茅研究所、尹氏は千葉大学をそれぞれ見学。

　　　午後　歴史学関係討論会に郭・翦・熊氏が出席。蘇氏は都立大学、茅氏は国鉄本庁、薛氏は日本薬学会主催講演会、汪氏は電源開発株式会社、葛氏は東大理学部主催歓迎講演会、尹氏は歴史学関係討論会、馮氏は東大放射線科中泉教授らを訪問した。

　　　14:30　郭氏は「俳優座」訪問。河原崎長十郎丈主演『鳴神』鑑賞。

　　　夜　　中国科学院主催「招待宴」（東京会館）。
　　　　　　　　　　　　　　　　　　　　　帝国ホテル

22日　13:00　「如水会館」で日中友好協会送別会。
　　　16:00　上野の日本学術会館で最後の記者会見を行い、最後のメッセージを発表。終わって、茅学術会議会長、南原繁氏らと「さよなら懇談会」を開いた。
　　　22:00　特急「すいせい」で離京、門司に向かう。
23、24日　下関滞在。
25日　15:00　ソ連船「リヤジスク号」で、青島へ。

（『日本と中国』1955年12月21日）

1956年

1956年、前門飯店（767ベッド）開業。
1956年、《中国国際旅行社総社、自費旅行の外国人を受け入れ開始》。ソ連からの自費旅行者1343人を接待。

3月23日　日中文化交流協会が東京で発足。会長片山哲、理事長中島健蔵。「第1回日本文学代表団」青野季吉・宇野浩二・久保田万太郎・久保田耕が訪中。
3月30日　衆議院、ココム制限緩和につとめる趣旨の日中貿易促進決議。
4月2日　東京で第23回世界卓球選手権大会開催。中国選手団が参加。
5月26日　日中友好協会と朝日新聞社の招きで、梅蘭芳京劇団日本公演。

日本公演後の梅蘭芳の手記「中日国民の厚い友情」

　中国訪日京劇代表団はわが国民の友情をたずさえて、隣国日本を訪れ、公演を行った。私たちは我が国の古典演劇の芸術を日本国民に紹介

すると同時に、日本国民への挨拶と我が国民からの厚い友情を伝え、日本国民に心から歓迎された。そして、代表団は日本国民のわが国民に対する厚い友情をたずさえて帰国した。

7月16日東京で行われた歓送宴で、私はご臨席の各界の友人に次のように語った。「今日の中日両国国民の友情はうわべだけのものではなく、真摯で深く厚いものであり、両国国民の心は両国の地理的な位置と同じように、接近しているのである。私たちは帰国すれば、中国国民に対する日本国民の厚い友情をありのままに全中国の国民に伝える。」その際、700人を超える来場者、日本の方々、在日華僑や代表団のメンバーはこれを聞いてしばし鳴りやまぬ熱烈な拍手を送った。本当に両国国民の心は一つになったようである。

中国訪日京劇代表団は日本の朝日新聞社のご招待で、1956年5月16日に北京を発ち、日本訪問の途についた。代表団は東京、福岡、八幡、名古屋、京都、大阪などの都市で合わせて32回公演を行い、7万人あまりの観客が公演を鑑賞した。最後の2回の公演は原爆被害者や戦争で孤児となった人たちのためのチャリティー公演であったので、切符は割引となった。これによって、約1万人の観客が京劇を鑑賞する機会に恵まれた。日本各地でテレビで京劇の公演を鑑賞した人は約1千万人に達した。

代表団はまた日本の芸術界など各方面の人びとと幅広く触れ合った。私達は日本の各都市で、伝統芸術界、新劇界、学界、婦人および学生の団体などと座談会や学術交流を行い、我が国の京劇の改革と新劇運動の近況を紹介した。この他、在日華僑とも触れ合い、心のこもった交流を行った。

代表団は行く先々で、日本各界の人たちの歓迎を受けた。東京では、

日本の文芸界をはじめとする全国各階層の150人あまりの知名人が京劇団歓迎委員会を結成した。衆議院の杉山元治郎副議長が国会議事堂で代表団のトップや著名な京劇俳優と会見し、お茶の会でもてなしてくれた。日本の国会で外国の演劇団を招待したのはこれが初めてである。ほかの都市にも京劇団歓迎組織があった。各地方でも、議長、府知事、県知事、市長らの自治体要人が中国京劇代表団の歓迎行事に出席した。各地の華僑たちも喜びを胸にして代表団を迎えてくれた。

　各地の観客たちは代表団の公演に引き付けられ、チケットを手に入れるために数時間も列をつくって待ち、遠いところから見に来た者が大勢いた。劇場の中では、老若男女を問わず素晴らしい演技にうっとりし、どの幕にも大きな興味を示した。上手な演技には、観客席から喝采をおくり、拍手していた。こうした雰囲気の中で、私たちは外国での公演ということをすっかり忘れていた。劇場の外でも、人々は私たちの日本訪問に大きな関心を示し、好評してくれた。日本社会党の鈴木茂三郎委員長はある宴会の席で、「日本の至るところで京劇を高く評価する賛辞を耳にした」。松竹の大谷竹次郎社長は、「私は60年間演劇の仕事をしてきたが、一つの劇団でこんなセンセーションを巻き起こしたのはまだ見たことがない。今回の京劇の日本公演によって、日本の舞台には60年来空前の盛況が現れた」と語った。私はここでもう一つつけ加えたい。7月10日の夜、代表団は、東京での閉幕公演のあとに閉幕式を行うことを考えていた。時間が遅くなり、演劇を鑑賞した観客たちはさぞお疲れのことだし、閉幕式にはたして興味があるかと日本の友人は心配した。確かに観客たちは自分でお金を払って演劇を見に来た人たちで、観客のみなさんの会場を離れる時間を制限することはできない。こうした心配には理由がある。けれども閉幕式が予定通り行われた時、会場では少年児童を含む3000人近くの観客はみな静かに座席に坐っていた。彼らの目は舞台に集中し、日本側代表と京劇団代表のスピーチを静聴し、熱烈な拍手を送った。日本の各社会団体と華僑代表が花束をささげ、記念品

を贈呈した時、万雷の拍手で迎えられた。最後に会場では全員が腕を振り上げて「中日友好万歳」を3回声高く叫んだ。

　精緻で、美しい、表現力に富む京劇芸術は日本の観客を陶酔させた。特に改革を経た京劇は高度の団体主義精神、よくまとまった完璧でリアルな芸術像を表現したもので、日本の観客いずれもそれを高く評価した。京劇という芸術はながい歴史に裏打ちされた芸術であるが、中国の芸術には青春の息吹が満ち溢れている、と日本の観客たちは評していた。

　私たちの今回の公演が収めた成功は、日本の友人と愛国華僑からの配慮と支援に感謝しなければならない。朝日新聞社、各地の歓迎委員会及び各界の知名の方々はいずれも京劇代表団一行に至れり尽くせりのおもてなしと具体的な協力をしてくれた。市川猿之助丈は楽屋の担当者と舞台関係の各方面の責任者、千田是也氏は俳優座の舞台監督、劇団前進座も俳優と監督を派遣して私達に協力してくれた。こうした兄弟のような友情には深く心を打たれた。日本各地の華僑たちも全力をあげて、用意周到に協力してくれた。

　代表団は、公演のほか、日本の古典演劇芸術や新劇、映画、少女歌劇などさまざまな演芸を鑑賞した。京劇俳優の多くはまた日本の芸術家から能や狂言、歌舞伎、京舞、西崎舞、雅楽などの古典演劇舞踏に属する十いくつもの素晴らしい出し物を学ぶ機会に恵まれた。私たち京劇俳優は日本の古典芸能に大きな興味を持つようになった。日本での滞在期間に、各地を移動する合間や、ホテルで、さらには京劇公演の舞台裏でしばしばけいこをしてみたこともある。帰国後もけいこをやめたことはなかった。代表団は日本から芝居用の衣装を持ち帰ったので、機会があればみんなに見せてあげたいとも思っている。

私はかつて1919年と1924年にそれぞれ日本公演を行ったことがある。私にとって今回の公演は曾遊(そうゆう)の地を再訪することでもあった。旧友とも、新しい人たちとも会うことができ、その喜びは倍増した感じであった。古い友人の何人かはすでに故人となり、再会を果たせなかったことに心を痛めたが、新たな友だちの心のこもった接待に胸を打たれた。今回の日本公演で私はながい歴史のある舞踊をいくつも鑑賞することができた。

　今や、中国訪日京劇代表団は公演任務をまっとうして帰国した。今回の文化交流を通じて、中日両国国民は更なる相互理解を深めることができたと思っている。まさに日本の友人が語っていたように、中日両国国民の心はしっかりと一つに結び付くことになったのである。両国国民の友好往来は両国国民のためになるものであり、世界平和の事業が必要としているものでもある。このような友好往来は、これからもきっと盛んになり、中日両国国民の真摯な友情は必ずさらに打ち固められ、発展していくにちがいない。

（原文は中国語、要旨を翻訳）

「チャイナネット」2009/03/04

（『北京週報』2009年3月9日）

「稲垣喬正氏──54年前の思い出を振り返って」

　稲垣喬正氏は、市川猿之助の中国公演と梅蘭芳の日本での公演の舞台美術を担った一人で、貴重な日中両国の文化交流について、50年以上前の出来事を振り返った。

　今から54年前の1955年10月、私たち日本の歌舞伎は、北京、上海、広州で歌舞伎公演を行いました。翌年の1956年5月には、その返礼と

して京劇団を日本にお迎えし、京劇の名優である梅蘭芳先生の訪日京劇団一行の公演を東京、名古屋、京都、大阪、福岡の5カ所で30回行い、有意義な日中の交流の成果を修めることが出来ました。

私はこの2回にわたる両国の芸術交流事業に携り、舞台美術という仕事を通じて、同じ職種の京劇団の舞台裏のスタッフと共に協力し合い、公演を成功裡に終わらせる事が出来ました。

当時はまだまだ日中国交回復などは実現しておらず、数々の困難も付きまといましたが、京劇という伝統的な中国舞台芸術の素晴らしさに日本各地で絶賛の声が起こり、両国の人々がお互いに理解を深める事ができました。

この際の節目は代表的な梅蘭芳先生の「貴妃酔酒」「覇王別姫」「断橋会」をはじめ、「人面桃花」「秋江」「三岔口」「鬧天宮」「野猪林」等など、絢爛、華やかさ、勇壮果敢、鮮烈な連続動作、いずれも観客をアッと云わせるほどの迫力、観客一同息を飲む程の迫力、朗々たる武将の歌声、それらをさらに効果的に演出する独特の音楽、圧倒されっぱなしの連続で、すべて「観客は酔いしれた」とはこの事ではないでしょうか。

鮮やかな配色による舞台装置、衣装、照明、化粧それぞれすべてが統一されており、幸いな事に私はこの有意義な裏方の仕事に接しいろいろな事を学ぶことができました。彼等の献身的な仕事に対する態度、伝統的な舞台技術を守り続けている精神、それら一つ一つが我々日本側スタッフにも浸透し、自然に同じ仕事仲間としての友情が徐々に芽生え、約1カ月半寝食を共にし、努力し合って共同作業として日本での完璧な京劇の演目を共に成功無事上演し達成できました。

こうしていよいよお別れの日が7月17日となりました。当時は国交も回復しておらず、次回はいつどこで再会できることやら、その想いは

お互いに心の琴線に触れ合い、飛行場では涙涙の別れでしたが、必ずや再会できる事を誓い合って固い握手を交わし別れました。

しかし不幸な事にその後、京劇の海外公演での飛行機事故に遭い、その中に一緒に仕事をした王文華さんと呉鳴申さん他、団員8名が悲しい事に亡くなられてしまいました。きっと再会すると約束し合ったのに残念でなりません。

さっそく私たちは集まり、追悼の気持ちを込めてご家族に、日本公演の際の記録をアルバムにまとめてお贈りいたしました。あれから50余年の歳月が流れ、現在は念願であった日中も国交が回復し、中国も目覚しい発展を遂げ、現在に至っております。

しかし年月は争えず、北京、東京でそれぞれ公演して下さった方々の大半はすでに故人となられてしまいました。それらの方々が、当時から真の日中友好の実現を願っておられたその心中を思うとき、残された我々はその尊い先人のご意志を次世代の方々に引き継ぐ責務があります。私も残り少なくなった人生を、少しでも今後も中日のために役立つお手伝いをさせていただくつもりでおります。

資料提供：稲垣喬正氏
「チャイナネット」2009/03/05

（『北京週報』2009年3月9日）

6月21日　中国政府、日本人戦犯335人を免訴釈放する。
7月21日　日中友好協会第6回全国大会、国交正常化を運動方針の第一にかかげる。
8月21日　中国政府、日本人戦犯354人を免訴釈放する。これによっ

て中国で拘禁されていた日本人戦犯1062人全員が釈放される。

9月4日　日本旧軍人代表団（団長・遠藤三郎元陸軍中将）、毛沢東主席と会見。

10月6日　北京で日本商品展覧会開幕、毛沢東主席参観（～29日）。

10月19日　《日ソ国交回復》

11月7日　中国総工会代表団（董昕団長）来日。

11月24日　中国漁業代表団来日。

12月1日　上海で日本商品展覧会開幕（～26日）。

12月12日　衆議院、ココム・チンコム緩和。民間通商代表部設置などを内容とする日中貿易促進決議を全会一致で可決。

12月18日　《日本、国連に加盟》

12月23日　《石橋湛山内閣成立》

1956年、日中交流の人数統計　　（『日本と中国』1957年1月1日より）

日本から中国へ

	団名あるいは個人	団長または氏名	人数
1月	個人（日教組）	大鹿組織部長	1
	個人（生物学会）	柘植秀臣	1
	電気労連	筒井弥代志	14
3月	日本商品展覧団	宿谷栄一	5
4月	全金労代表	溝口光治	20
	建築代表	今　洋	8
	日本機関紙報道団	桜井俊夫	10
	メーデー労働代表	総評	20
	日本漁業協議会	山崎喜之助	10
5月	日中輸出入組合	南郷理事長	3

	原爆の図世界行脚	丸木位里・赤松俊子	2
	各国メーデー帰国途上	長谷部儀助（総評）	3
	国鉄労働代表	鈴木清	39
6月	アジア連帯	石川達三	18
	日本出版代表	下中弥三郎	8
	わだつみ会全学新代表	桜田健介	2
	訪ソ文化使節団途上	原久一郎	10
	天津会談協議代表	長野重右衛門	6
	日本映画代表	乙羽信子	3
	第一回戦犯帰国乗船代表	池田トシ子	3
7月	活字鋳造機技術	川畑光志	1
	第二次訪中実業団	伊藤今朝市	39
	東工物産		3
	戦犯家族面会		57
	第二回戦犯帰国乗船代表	黒沼栄一	3
8月	雪舟記念会参加	山口蓬春	6
	訪中元軍人団		17
	遺骨接待団	田崎健作	18
	第三回戦犯帰国乗船代表	中西寛治	3
9月	日青協	寒河江善秋	22
	個人（姉を訪問）	相沢悦子	2
	文化人代表	田辺尚雄	22
	住血吸虫病研究	小宮義考	5
	三重県代表	野呂泰一	10
	私鉄総連	安垣良一	25
	商品展覧団	村田省蔵	1
	国会貿促議連代表	池田正之輔	16
	全青婦	井田　保	35
	六大都市代表	安藤章一郎	25

	見本市要員		300
10月	魯迅祭参加	内山完造	6
	地方議連代表	川端文夫	25
	土木水利学会	谷口三郎	6
	肥料代表	荘野精二郎	12
	個人（議員）	高良とみ	5
11月	岡山県文化代表	川崎祐宣	10
	岡山県学術代表	林　秀一	2
	愛知県代表	伊藤長光	24
	商品展覧団	鈴木　外	2
	日本文学代表	青野季吉	11
	紡織学会	立川正三	3
	孫文祭参加	松本治一郎	3
	東京都平和会議	宮崎竜介	20
	炭労	古賀　定	31
	ＹＭＣＡ	相原和光	1
	劇団—仲間	中村修一	1
	千葉県代表	藤原豊次郎	4
12月	全商協	上田利輝	15
	合化労連	臣　定雄	20
	電気通信技術代表	伊集院虎一	9
	日教組	平垣美代志	10
	全電通・民放労	渡辺富雄	9
	見本市見学団		150
	松山バレエ団	石田種生	2
他	新聞記者		36
	中国米輸入懇話会		9
	セメント関係		4
計	69団		1,243

中国から日本へ

	団名あるいは個人	団長または氏名	人数
3月	中国卓球代表	栄高棠	18
5月	中国京劇団	梅蘭芳	85
8月	世界原爆禁止大会中国代表	許広平	6
10月	アジア産業保健会議代表	劉充中	4
	電子顕微鏡学会代表	方心芳	5
11月	中国総工会代表	董昕	15
	中国漁業協会代表	楊煜	9
計	7団		142

註：訪中したものの統計には、努力はしたが、まだ不正確なものや、不明確なものがあることを了承していただきたい。また商売のためまったく単独で訪中した人もある由であるが、これを完全に調べるに至らなかった。（日中友好協会）―

1957年

2月13日 《中国国際旅行社総社、フランスのマニ旅行社と契約》
 1957年にフランスから3団体受け入れ。西洋からの最初の訪中団。
 深圳から入り、広州、杭州、上海、南京、北京、モスクワを経由してパリに帰る。

2月25日 《岸伸介内閣成立》

4月16日 日本考古学訪中視察団（団長・原田淑人、杉村勇造、駒井和愛、水野清一、杉原荘介、関野雄、岡崎敬、樋口隆康らの考古学者と、毎日新聞社の安保久武、杉本要吉の計10名）安陽、敦煌へ。

日本考古学訪中視察団敦煌までの行程

香港、広州、杭州、上海、蘇州、南京、曲阜、済南を経て北京着。
北京滞在中に、次の見学場所について相談。
安陽を訪れるグループと敦煌のグループに分かれる。
敦煌組は駒井、岡崎、安保、杉本、樋口。通訳・王珍。

5月12日　06:00　北京空港発ウルムチ行きの小型双発機（18人乗り）。
　　　　　08:00　包頭。小休憩。
　　　　　11:50　酒泉着。空港近くの招待所で休憩。
　　　　　　　　　昼食後、嘉峪関見学。招待所泊
　　13日　06:35　出発。ジープで敦煌へ。蘭新公路を走る。道幅10m、砂利をしいて、ローラで固めている。
　　　　　13:20　安西着。食事。
　　　　　16:00　出発
　　　　　18:30　莫高窟の前の宿舎に到着。14、15日は莫高窟調査。

トルコから正倉院へ「シルクロードの旅」〈砂の鳴る遺跡〉
　　　　　　　　　　　　　　　　　　　文…樋口隆康
　　　　　　　　　　　　　（『文藝春秋デラックス8月号』1975年）

＊嘉峪関（酒泉）空港は1937年に開港された。
　　　　　　　　　　　（李勇嘉峪関市旅游局長、2009年9月）

4月22日　社会党第1次訪中団（団長・浅沼稲次郎）。中国人民外交学会（張奚若会長）と共同声明を発表。「二つの中国」政策を非難。

4月24日　中国華僑旅行社総社成立。
4月25日　《第1回中国輸出商品交易会、広州で開幕》
5月30日　《イギリス、「チンコムリスト」解消》
6月 2日　野上弥生子（当時72歳）、中国人民対外文化協会の招きで訪中。広州・北京・大同・延安を訪問。1元＝160円
　　　　　羽田から香港まで、インド航空で8時間。

野上弥生子『私の中国旅行』から

　――広州のホテルに着くと、陳蕙娟さんが待ってくれていたのは、わたしたちにも幸運であった。陳蕙娟さんのお父さんの陳文彬さんは法政大学に学んだため、わたしたちにはいろいろ思い出のある人であり、また最近の文通でむかしの親愛を新たにして、長女の陳蕙娟さんは広州の中国国際旅行社につとめて、日本語とロシア語の係だから、自分の家族では彼女が一番先にお目にかかるだろうという便りをもらっていた。

　　陳蕙娟:15歳まで日本で育つ。妹はNHKの中国語会話で有名な陳真。父親は陳文彬。かつて戦前、法政大学などで教鞭をとっていた。戦後の台湾に帰り、台大の教授、建国中学の校長、さらに『人民導報』の記者として活躍。中国国際旅行社総社の最初の日本語通訳。

　――入国して、広州のホテルに着いたばかりで、いち早く中国滞在中のスケジュールの希望をたずねられた時、延安行きを加えるのをたのんだ。

　（当時は、詳細な日程は決められておらず、到着後の打ち合わせでスケジュールを作成）

　延安への同行者…野上弥生子、三枝子、対文協の通訳・王維平、西安の作家協会3人、2人の男性、医師1人、2人の運転手(自動車＋ジープ)。

(野上弥生子著『私の中国旅行』岩波新書、1959年)

6月4日　岸首相、台北で蒋介石政権の大陸反攻支持を声明。
6月4日　日中漁業協定、1年間延長。
6月5日　《岸首相訪米》
　　　　「日米新時代」を唱えて安保条約改定の方向を示唆(21日)。
7月25日　周恩来総理、日本の民間放送連盟代表団、朝日新聞・共同通信記者らと会見。岸首相の台北発言を非難。
7月27日　日中国交回復国民会議(理事長・風見章)結成。
7月30日　『人民日報』社説、岸首相の中国敵視政策を批判。
10月10日　日中国交回復国民会議代表団(団長・小畑忠良)、中国人民外交学会と共同声明。「二つの中国」政策非難。
10月末～　「第2回日本文学代表団」団長・山本健吉、中野重治、本田秋五、井上靖、十返肇、多田裕計、堀田善衞の7名が訪中。
11月　　《モスクワにおいて、中国とソ連の共産党が対立》
12月5日　日中文化交流協会派遣「演劇家代表団」訪中。
12月6日　第2次中国紅十字会代表団(団長・李徳全、副団長・廖承志)来日。

「演劇家代表団」訪中スケジュール

　久保田万太郎団長、北條秀司副団長、倉林誠一郎事務長、喜多村緑郎夫妻、金子洋文、吉田謙吉、穴沢喜美男、宮口精二の9名。

12月5日　　　　　　　　　　　　　香港／シャムロックホテル
12月6日　09:00　香港駅発。
　　　　　10:00過ぎ、羅湖着。出境手続き。女性警官立ち会い。

　　　　　　　　「芸術家に対する敬意をもって検査を省く旨が挨拶された」。一同好意を謝して、ホーム外れの短い陸橋を徒歩で渡る。
　　　　　　　　出迎えは中国対外友好協会日本課長郭労為、通訳の王維平と陳蕙娟夫人、東京から先乗りをした越君の出迎え。
　　　　　　　　郭さんは早稲田大学、王維平は北海道大学、陳さんは法政大学教授を父にもつ世田谷生まれ。
　　　　　　　　深圳駅で昼食。
　　　　　　　　深圳から3時間で、広東(ママ)へ。
　　　　15:00　広東(ママ)駅に到着。在広東演劇人たちのさかんな出迎えを受ける。ホテルへ。
　　　　夕食後　「国営広東粤劇第一回講演」鑑賞。　　愛群ホテル
12月7日　午前　地元の演劇関係者が入れ替わり立ち替わり訪ねてくる。
　　　　　　　　昼食は「大東酒家」対外文化協会広州分会と戯劇家協会広州分会主催。
　　　　午後　市内見物(中山記念堂、中山図書館、裏町の小狭い路地散策)。
　　　　20:00　列車で広東出発。
12月8日　　　　列車内。
12月9日　　　　夜の間に暖房が入っている。
12月10日　07:00　北京駅着。ようやく明けかかった空に前門の城楼が聳え、残月が白くかかっていた。数十人の演劇人が出迎え。梅蘭芳他。
　　　　午後　対外文化協会と戯劇家協会を表敬訪問。
　　　　夜　戯劇家協会主催の歓迎宴。於「豊沢園」。
　　　　22:00　ホテルに帰る。　　　　　　　　　　北京飯店
12月11日　午前　故宮博物院見学、昼食は北京飯店。

	午後	天壇公園見学。帰りに天橋で下ろしてもらい。通訳の王維平とともに娯楽街を見て回る。
	夜	欧陽山尊演出の「話劇（現代劇）」を鑑賞。於首都劇場。
12月12日	午前	万寿山（頤和園）見学。
		昼食（頤和園の旗亭）。
	15:00	ホテルへ帰る。
	夜	「シャクンタラ（インドの古典劇）」を観る。於中国青年美術劇院。
12月13日	午前	自由行動。北條氏は洋車（人力車）で市内見物。朝陽門、東直門、安定門、楼門は以前のままだが、城壁はところどころ切り通されて、白くだだ広い大通りが、城外にむかって放出されている。
	午後	中央戯劇学院を訪問。
	夜	「京劇」鑑賞。於人民劇場。ホテルに帰り、屋上で星空観賞。
12月14日	午前	自由行動。
	午後	京劇院を訪問。
		夕食は日本側の答礼宴「羊肉のシャブシャブ」。於東莱順。
	夜	観劇。劇場名不明。
12月15日		自動車で3時間足らず。万里の長城到着。城壁の前の観光客用の休憩所で弁当とビールで昼食。明の十三陵へは自動車で1時間。長陵を見学。
	夜	「評劇（通し狂言）」を鑑賞。於中劇場。途中で退場。
		前門の盛り場を楽しむ。
12月16日	午前	北京戯曲学校（梅蘭芳院長）見学。
	午後	自由行動。北條が、団長・喜多村翁を天橋街に

		案内。
	夕方	日本演劇協会と中国演劇家協会の演劇による「和平共同宣言」の調印式。於和平賓館。
	夜	前門の盛り場に北條と金子が行く。相声(漫才)大会を観る。
12月17日	午前	中城外の舞踏学校を見学。
	午後	日本向け放送の録音。
	夜	「駱駝祥子」(老舎の代表作)。於実験劇場。
12月18日	午前	欧陽予倩が来訪。
		夕方まで、自由行動。団長とともに各方面に挨拶に回る。
	夜	「お別れの会食」。鴨料理(北京ダック)の老舗。ホテルに帰る途中、天橋娯楽街に行く。
12月19日	07:25	離陸。2時間後、鄭州着。再び離陸。2時間後、漢口着。
		再び搭乗して15:00広東空港に到着。ホテル到着後、自由行動。
12月20日	12:00	列車に乗り、深圳へ。郭さんたちと別れる。
12月21日	午前	新聞社の好意で、香港島観光。
	午後	自由行動。喜多村夫人はショッピング。夕方の香港を離れ、日本へ。

北條秀司(ほうじょう　ひでじ)

　明治35(1902)年11月7日大阪生まれ。本名・飯野秀二。
　関西大学文学部卒業。岡本綺堂、長谷川伸に師事。昭和12年『表彰式前夜』で劇作家としてデビュー。新国劇、新派、歌舞伎、舞踊劇など各々の分野に旺盛な筆力で作品を書き続けた。平成8(1996)年5月19日死去。

(北條秀司著『北京暖冬』、青蛙房、1968年)

1957年、公務員として、初めての訪中

国交のない国への入国：

　当時、私は未だ若輩の一研究者であったが、訪中専門家に選ばれたのは、長崎にある水産庁所属の西海区水産研究所で東海の魚類資源の研究に従事していたことによる。中華人民共和国の建国以来、私のこの中国訪問は日本政府の公務員としては最初の訪問者となった。

　両国に国交が樹立されていなかったので、日本政府には前例がなく、通常の形式での出張命令が出せず、「香港に出張を命ず。なお、深圳の越境を認める。但し、旅費は支給しない」と言うきわめて異例の文言の命令書を受けた。

　外交関係の文書や手続きは難しいものである。香港の日本領事館で「中華人民共和国に入国を認可する」という許可印をもらって、やっと香港の新界の国境から、渡河して対岸の深圳の越境が可能、すなわち中華人民共和国に入国できるという次第であった。

日本公安当局からの監視：

　今から考えると笑話であるが、帰国後の数ヶ月間は警察公安当局から尾行され監視を受けていた。「一方では大臣名による出張を命じて置きながら、他方では密かに監視する」という不合理に、私は不愉快ではあったが、当時は民間人はもとより政府高官と雖どもこの措置が適用されていたのである。

　勿論、日本政府は共産圏という国交のない異なった体制下に在る国に行った当人が洗脳されたのではないかということを恐れたのは理解できるし、また、出張を命じた部署と公安当局とは任務が異なる上、何の連携も無かった。当時は日本政府の対中国不信感は未だきわめて根強かった時代である。

2003年3月　真道 重明

1958年

1月5日　「中国敦煌芸術展」東京・高島屋で開催。
2月1日　広州で日本商品展覧会開幕。76万人参観（〜24日）。
2月9日　日本軍に強制連行された中国人農民の劉連仁氏、北海道石狩郡の山中で発見される（逃亡生活13年）。
2月11日　《大幅な機構改革を実施。周恩来国務院総理の外相兼任を解き、陳毅国務院副総理を外相に任命》
2月26日　日中鉄鋼協定調印（北京）。
3月1日　《北京、首都空港、正式運用》
3月3日　松山バレエ団「白毛女」訪中公演、北京で開幕（〜5月1日）。
3月5日　第4次日中貿易協定調印。
3月19日　台湾当局、第4次日中貿易協定での国旗問題で日本政府に抗議。通商会談を中止。岸首相、蒋介石に親書を出す（4月1日）。
4月1日　武漢で日本商品展覧会開幕。74万人参観（〜24日）。
4月9日　愛知揆一官房長官、第4次日中貿易協定中の国旗掲揚権利否認を発表。
5月2日　長崎で中国国旗侮辱事件起こる。
5月9日　陳毅副総理兼外交部長、中国国旗侮辱事件を容認する岸内閣の中国敵視政策非難の談話発表。
5月12日　日中貿易中断。
5月20日　日中関係緊急事態打開国民大会開催。
6月11日　日中漁業協定の延期拒否される。
6月25日　花柳舞踊団訪中。
7月7日　『人民日報』は社説を発表。日中間の問題解決のための「政治三原則」を提起。

　　　　　1、日本政府は必ず中国人民敵視の継続をやめる
　　　　　2、「二つの中国」づくりの継続をやめる
　　　　　3、中日関係正常化回復の妨碍継続を停止しなければならぬ

7月26日　日中友好協会第8回全国大会、岸内閣と米国の中国敵視政策に反対して闘う方針決定。
8月20日　《人民公社化運動報道される》
10月4日　《日米安保条約改定交渉はじまる》
10月10日　日中友好協会訪中団、中国3団体（中国人民対外文化協会・中国人民保衛世界和平委員会・中国紅十字会）と共同声明。
10月　　《中ソ新技術協定を破棄》

1959年

1959年、《天安門広場の西側に人民大会堂、東側に中国革命博物館と歴史博物館完成》
1959年、北京華僑大廈（375ベッド）開業。

3月12日　社会党第2次訪中団団長・浅沼稲次郎、北京で「米国帝国主義は日中両国人民の敵」と講演。中国人民外交学会と「安保条約」反対の共同声明を発表（17日）。
3月17日　浅沼・張奚若共同声明（政治三原則）。
3月19日　《ダライラマら、チベットで反乱》
4月15日　《安保反対第1次統一行動》
4月27日　《劉少奇、国家主席に選出される》
6月4日　石橋湛山元首相が周恩来総理に「石橋三原則」を提起。

石橋三原則

1. 日中両国は一致団結し、東洋の平和を守り、あわせて世界全体の平和を促進するよういっさいの政策を指導すること。
2. 両国は右の目的を達するため、経済、政治、文化において、極力国境の障害を撤去し、交流を自由にすること。
3. 両国がソ連、米国その他と結んでいる従来の関係は、相互に尊重して、にわかに変更を求めないこと。

——これに対してまもなく廖承志より周恩来総理が来訪を歓迎しているとの返書が届いた。

石橋湛山は訪中に際して、同行するよう松村謙三を誘ったようであるが、松村はポスト岸に照準をあてて次期総裁候補の池田勇人とのすり合わせを行い、池田の推薦する人物が同行することになり、一ヶ月遅れて訪中することになった。

（古川万太郎著『日中戦後関係史』、原書房、1981年）

——石橋湛山元首相こそは明治以降日本における、最も尊敬されるべき日本のステーツマンであり世界に誇れる指導者ではないだろうか。

まず、なんといってもあの日本軍国主義が猖獗をきわめていた最中に、敢然と「小日本主義」を主張し、その慧眼と胆力をもって台湾、朝鮮、樺太、満州国の放棄と、「対支二十一カ条要求」の撤回を求める論陣を張り、シベリア出兵にはきっぱり反対を唱えた。金解禁問題、自由主義経済、積極経済政策、ソ連ボルシェビキ、中国共産党それぞれに対して冷静なる評価を下し、日本国際貿易促進協会を設立し、のちに総裁に就任した。数え上げれば枚挙にいとまのない足跡は、浅学な筆者などが云々するにはおこがましい次第であるが、最も困難な事態に立ち至った日中関係は、この並はずれた指導者の出馬がなければ、あの大きな岩

の扉が開かれることはなかっただろう。

（日中貿易逸史研究会編著『黎明期の日中貿易』、東方書店）

石橋湛山氏の訪中に関しての、興味ある裏話が『黎明期の日中貿易』にあった。

重要文書の飛脚便

石橋湛山の訪中申し入れに対し、周恩来総理からは早速招待する旨の招請状が出されたが、その招請状の「飛脚便」を果たした和光交易株式会社、高橋庄五郎常務の手記を紹介する。

1959年8月中旬、高橋が北朝鮮を訪れた帰路、北京飯店にチェックインしたとたん、待ちかねていたように中国外交学会の楊春松理事が現れて、「高橋先生、いつまで北京に滞在されるか」と聞くなりパスポートを強引に持って行ってしまい、そして一ヶ月の延長手続きをしてしまった。貿易中断中の北京に用事があろうはずもないし、そう長く滞在を延ばすことはできない。待つこと4、5日、楊春松がやってきて、「廖承志会長からのお願いです。この書類を日中貿促会の鈴木一雄専務理事に届けてほしい」と言う。「大事なものか。よし、わかった」と高橋は持っていた富士絹の風呂敷に封書を包み、腹に巻いてその上からワイシャツを着た。ところが香港の九龍駅に降りると、中国情報を取るため、香港にアンテナを伸ばしていた日本の新聞社の幹事・読売新聞の秋本秀雄氏が、北朝鮮の話をひとつ聞かせてほしいと早速現れた。

大事な預かりものを持っているので、行動は慎まなければならない。もし酒席にでも引きずり込まれては一大事である。秋本氏にはすまないと思いつつ、適当に返事をしておいて、その晩、密かに宿舎を出で、10時ごろのプロペラ機に乗り、翌朝6時半羽田に戻ってきてしまった。あ

らかじめ電報で打ち合わせた段取りで鈴木一雄に封書を手渡す。三日後鈴木は、嵐の中をポンコツ車を飛ばし、山中湖の石橋湛山の別荘に向かった。高橋氏の腹に巻かれ、鈴木氏に運ばれてきた書類こそ、周恩来総理から石橋湛山前首相への親書であった。

（日中貿易逸史研究会編著『黎明期の日中貿易』、東方書店）

石橋湛山の卓見

昭和の初めにおいても真正面から、こういう考え方を批判し、満州事変及び満州国を徹底的に非難した非常に優れた先人がいます。それは1950年代に首相をやった石橋湛山という人です。石橋湛山は、満州事変の直後にこれを批判する、非常に明確な文章を書いています。大要、次のような内容です。

日本は満州、蒙古の特殊権益を守らなければいけないという議論や権益擁護が絶対的に必要だという議論があるが、それでは支那の政府と国民は納得しないに決まっている。一、二度は力によって屈服してしぶしぶ承諾する形を取っても、いつかは必ず問題が起こる。これはかの対華二十一カ条要求（1915年）の結末を見れば明らかではないか。いかに善政をしかれても、よき政治をしかれても日本国民は日本国以外の支配を受けることを快しとはしない。それと同じように支那国民にもまた同様の感情の存することを認めなければならない。しかるに我が国の満蒙問題を論ずる者は、往々にして右の感情の存在を支那人に向かって認めない。

他国であれ善政さえしけばいいのだというふうに考えている。明治維新以来の世界のいずれの国にも、こういう考え方は通用しない。かつて愛国心を鼓舞してきた我が国民の、これはあまりにも自己反省に欠ける態度ではないか。つまり、自国では愛国心を鼓舞して、中国人には愛国心はない、それを無視するというのは全く一面的だと。彼らの胸中で

は、清朝時代に全く消滅するかに見えた国民意識が、驚くべき強烈さをもってよみがえるだろうと湛山は書いています。

(小島晋治著『近代日中関係史断章』、岩波現代文庫、2008年)

8月7日　《中国・インド国境軍事衝突起こる》
8月29日　日中友好協会第9回全国大会、国交回復妨害勢力との闘争方針を強める。
9月　　　《北京長安街（東単から西単まで）の路面電車を撤廃》
9月15日　《フルシチョフ・ソ連首相訪米》
9月20日　石橋湛山・周恩来共同声明。政経不可分の原則を明示。石橋湛山前首相は周恩来総理の招請により、1959年9月9日より9月20日まで首都北京を訪問した。
9月20日　内山完造氏、北京で死去。
10月1日　70団体により「日中国交回復実現、中国建国10周年国慶節祝賀中央集会」開催。東京・千駄ヶ谷体育館に5000人参加。
10月21日　松村謙三自民党顧問、周恩来総理の招きで中国を訪問。周総理と会談（25日）。
10月29日　伊勢湾台風に中国から見舞金。
11月25日　日中貿易即時再会要求全国大会開催。全国141商工業団体を代表して政府と自民党に日中関係打開と貿易再開を要求。
12月29日　《岸首相以下、日米新安保条約調印全権団決定》

1960年

1月14日　中国外交部、声明を発表。「新日米安保条約」を非難。
1月20日　《ワシントンで新日米安保条約調印》
2月6日　前進座一行（団長・河原崎長十郎）70名、中国へ出発。
2月10日　岸首相、国会で改訂「安保条約」極東の範囲に金門・馬祖

3月25日　中国文字改革視察日本学術代表団（団長・土岐善磨）（1ヶ月間）訪中。

4月22日　《中国共産党中央委員会は、各省、市、自治区の党委員会に指示を送り、漢字にローマ字綴りのルビをふって字を覚える方法をひろく普及させるよう指示》

5月9日　北京で「日本人民の日米軍事同盟反対闘争支援集会」、100万人以上参加。この日から支援週間がはじまり、33都市1200万人の集会・街頭行動となる。

5月19日　《衆議院で新「日米安保条約」を自民党が単独強行採決》

5月30日　日中友好協会、初の日本囲碁代表団（団長・瀬越憲作）を派遣。

5月31日　「第3回日本文学者代表団」訪中出発。

6月3日　日中関係28団体、アイゼンハワー米大統領の来日中止要求声明。

6月21日　毛沢東主席、日本文学者代表団と会見。「日本人民の闘争は中国人民と世界人民の米帝国主義侵略反対と世界平和擁護闘争へのきわめて大きな支持である」と語る。

「第3回日本文学者代表団」訪中スケジュール

団長・野間宏、亀井勝一郎、松岡洋子、開高健、竹内実、大江健三郎、白土吾夫（日中文化交流協会事務局長）の計7名。

> 5月31日　07:30　インド航空にて香港の上空に達する。
> 　　　　　　　　深圳到着。出迎えは中国作家協会の李英儒、人民対外友好協会の郭労為、通訳。深圳駅の2階で昼食をすませる。

		列車で広州（14:00 着）。
		愛群大廈（昔の広東軍司令部）で泊る。
6月1日	午前	市内見学「孔子廟」、「民運動講習所旧址記念館」（毛沢東故居）。
		広州文芸界や学生1000人が「歓迎集会」於中国科学院広東分会行動。野間宏、松岡洋子が安保反対運動について報告。
6月2日	朝	列車で北京へ。人民対外友好協会の孫平化、李英儒、廖朝裕（通訳）が同行。
6月4日		正午過ぎ、北京着。廖承志、茅盾、老舎、西園寺公一夫妻ら200名の歓迎を受ける。
		新橋飯店
		翌日から、人民対外文化協会や作家協会主催の歓迎会。
6月6日		陳毅副総理との会見。

　場所は国務院の接見室で、故宮の一部の宮殿のような部屋であった。
　これも初めての経験なので書いておくが、接見には一つの方式があるらしい。黒檀の屏風を背に、正面には野間団長、その右側には副総理、左側には私、それから松岡、開高、竹内、大江、白土と並んで腰をかける。それと向かい合って、廖承志、楚図南、楊翰笙、老舎、周而復、楊朔、孫平化、李英儒らが腰掛けている。公式の外交上の会見のようで、ちょっといかめしい感じを受けるが、雰囲気は大変柔らかい。
　むろんアメリカ帝国主義打倒と日本人の安保反対闘争への熱烈な支持から始めるのだが、陳毅副総理の場合、それがいかにも闊達で、時にはユーモアを交え、しかも今の中国人の言いたいことを歯に衣を着せずずばりと言う風であった。
　「あなた方は文学者だから、私は素直に申し上げるが、あなた方日本人は、実に長い間われわれ中国人に対して優越感を持って臨んできた」

抗日戦争を指導してきたこの将軍は、おそらく自分の過去をふりかえって、日本人を徹底的に憎悪した日を思い出していたにちがいない。
　「しかし過去のことは水に流そう」
　副総理はそう言ったが、我々日本人としては中国への侵略戦争の責任がある以上、それを忘れることはできない、水を流すわけにはゆかないと述べた。副総理はそれを受けて、
　「そう言っていただくと有難い。我々は過去のことを忘れたい、忘れようと言っている。あなた方は忘れないと言う。そこで初めて両国民のあいだの本当の会話が成立するでしょう。そうです。我々が永久に日本を恨み、あなた方日本人が我が国に与えた損傷をあっさり忘れるとしたら、両国はいつまでたっても友好関係に入ることはできません」
　「しかし今度の安保反対の大きな行動を通して、私は実は日本人を見直した。私はこれで日本人というものに安心したのです」
　この言葉は私に忘れがたい言葉であった。副総理の複雑な思いがそこにあったにちがいないからだ。

6月7日		北京芸術界400名の大晩餐会。茅盾、楚圖南、陽翰笙、田漢、老舎、欧陽予倩、呂驥、梅蘭芳などと交流。
6月9日		歴史博物館見学。
6月10日		石景山人民公社訪問。
6月12日	09:00	明の十三陵（定陵の墓室に入る）、長陵。万里の長城。
6月16日		中国作家協会へ。周揚副主席、趙樹理を訪問。
6月19日	08:00	北京空港発。趙安博、孫平化、王暁雲、李英儒、西園寺公一が同行。高度3000m、北京―済南―徐州―南京―上海の上空を進む。徐州で昼食。上海に到着。200人の文化界の人が出迎え。少

	年宮を見学。
6月20日	上海博物館。
6月21日	魯迅の墓、魯迅記念館、魯迅の旧居。上海柴油機工場。
	夕食後、毛沢東主席・周恩来総理との会見。柯慶施上海市長が同席。

　ある洋館の前で自動車がとまった。写真でだけ知っている毛沢東主席と周恩来総理が玄関に立っていた。

　毛主席は6尺はあろうと思われるほどの堂々たる体躯で、そこにいる誰よりも大きかった。ひろい額と柔和な眼差しと、そしていかにも健康そうな赤ら顔に微笑みを浮かべながら、ひとりひとりに握手した。ふっくらな柔らかい掌で、大きくふりまわすような握手である。

　玄関を入ると、そこは大広間になっていて、記念写真をとるための用意がしてあった。周恩来首相がニコニコと笑いながら、日本語で「写真、写真」と言った。毛主席を中心に、北京から来た一行と、それに上海市長の柯慶施氏が加わった。それから大きな部屋に案内され、お互いに紹介しあって、長いテーブルを囲んで、ちょうど会議でも催すように相対して腰をかけた。その夜の通訳は趙安博氏であった。

　毛主席は煙草が非常に好きらしい。2時間ほどの談話の間ほとんど一刻も煙草を放さなかった。〈中略〉

　——毛主席はゆっくり煙草をふかし、思い出をぽつりぽつり語るように、中国革命運動の長い歴史について語り始めた。1919年の「五・四」運動、第一次世界大戦のパリ平和条約の不平等に対する闘争、それから2年後の1921年に初めて中国共産党が成立したこと。1926年には国民党と協力して北伐戦争を行い、革命が揚子江流域に発展したとき、蒋介石は突然裏切って反共の政策をとった。やむをえず国民党との内戦が始まり、中国の国土は広いのでこの戦いは10年もつづいた。そこへ日本

が侵略してきたので、それと戦いながら、再び国民党と協力する時期もあったことなどを語った。

「日本軍国主義の侵略について、あなた方日本人の中には、その点で我々に謝る人もいます。侵略はもちろん悪いが、しかし悪い面だけを見てはいけない。日本軍はある意味で我々の中国革命を援助したのです。『皇軍』（主席はとくにこの言葉を、ちょっと微笑しながら使った）のおかげで、中国の人民は自覚し団結を強めることができたのですから、皇軍に感謝してもいいわけです」

「しかし現在では、あなた方日本人は我が国に対して、何の負担ももっていません。日本は全植民地を放棄しました。そして逆にアメリカ帝国主義の支配下にあります。現在の日本は、軍事基地を中心に考えるとアメリカの植民地であり、また独立した政府があっても、その政府がアメリカによって左右されている限りでは半植民地状態にあると言えましょう。今の日本は外国に対して借金を全く持っていないのと同様です。外国こそあなた方に対して負担を持っている。それはイギリスでもフランスでもなく、アメリカです。日本は長い歴史と伝統を持つ偉大な民族です。いつまでもこの状態に甘んじているはずはない。このようなことを、私は日本の友人に会うたびに話してきました」〈中略〉

会見の時間が終わり、再び玄関前の大広間を出て、そこでお別れの握手をした。玄関口で自動車に乗ると、毛主席は窓際までよってきて、車が動き出すとともに大きく手を振って我々を見送った。

中国革命の最高指導者であり、また世界中が注目しているこの高名な人物を目の当たりに接したという感動が私のうちにあった。その話しぶりを振り返ってみると、淡々として明快、平凡でさえあるのだが、何とも後味のいいものであった。ことさら革命的言辞を弄するでもなく、また重苦しさなどすこしもない。政治家、共産主義者というよりは、私にはむしろ偉大な教師といった印象が強かった。日本に帰ってから、様々

な人々から、「毛沢東という人はどんな人物であったか」としばしば聞かれるが、私は「中国のモーゼだ」と答えることにしている。

6月22日		1000人による上海各界主催の歓迎集会。夜、越劇鑑賞。
6月23日		民族資本家と会見。馬橋人民公社見学。
6月24日	午前	海燕映画撮影所参観。
	午後	上海の作家協会を訪問。巴金と胡萬春と会う。
	夜	「大世界」を見学。一番おもしろかったのは「雑技」。
7月4日		広州で小巷人民公社。
7月5日		香港へ。

(了)

(亀井勝一郎著『中国の旅』、講談社、1962年)

7月15日　《岸内閣総辞職》
7月18日　《池田勇人内閣成立》
7月29日　日中関係中断以後はじめての原水禁大会参加中国代表団（団長・劉寧一）来日。
8月12日　《東京—サンフランシスコ間、ジェット旅客機ＤＣ－8就航》
8月27日　周恩来総理、鈴木一雄日中貿易促進会専務理事と会見。貿易三原則を提示。日中貿易再開、友好貿易はじまる。

● 周恩来総理、日中貿易三原則を語る
　　　　　　　　——新中国を学んだ滞在 50 日の記録
　　　　　　　　　　　　　　　寄稿　田中脩二郎

　1960 年 8 月 17 日、日中貿易促進会専務理事・鈴木一雄は、貿易中断後 2 年ぶりに、香港経由で訪中した。貿易中断期間中、貿易関係者にインビテーションは発給されなかったので、日本アジア・アフリカ連帯委員会常任理事の資格でインビテーションを受け取った。同行したのは、日本アジア・アフリカ連帯委員会常任理事・田中脩二郎と鈴木一雄、秘書兼通訳・森川和代（日中貿易促進会職員）である。田中は 1955 年 2 月より中日貿易会に勤務し、中国通商代表団（雷任民団長、第 3 次貿易協定の交渉と調印を行う）の受入れ、関西事務所長などをへて、この訪中時は、日本アジア・アフリカ経済委員会（代表・北村徳太郎親和銀行頭取）事務局長であった。

商社の苦労を具体的に

　8 月 19 日　鈴木一行、北京空降着。出迎えは戚慕光、謝南光、肖向前（蕭向前）、王暁雲、董超、林連徳（敬称略、以下同じ）。

　空港での歓談の時、初訪中の田中は、肖向前から、自分を覚えているかと聞かれたが、記憶がなかった。その時はその人が肖向前であることもはっきりしなかったので、しかたなく「知りません」と答えた。すると、続けて「私、大阪の展覧会でお会いしました」と、ニコニコして言う。その次に「奥さん元気ですか」と言うから、儀礼的な挨拶かと思って、ただ「元気です」と言うと、「やっぱりこんな丸い顔をしていますか」と、両手で．マルをつくってみせる。そして「もとの姓はなんといいましたかね」と尋ねられた。偉い人がたくさん来ているというのに、真っ先にこういう話が出たので、田中はびっくりしてしまった。その

夜、肖向前・王暁雲が鈴木一行と会食をし、盛継勤が接待事務を担当してくれた。

20日	午前	クライスラーで、市内ドライブ。午後、楊進、楊春松来訪。夜、人民劇場で京劇。
21日		頤和園遊覧、謝南光、肖向前、王暁雲が同行。
22日	午前	孫平化来訪。
	午後	第一回会談。中国側出席者は謝南光、肖向前、李孟競、林連徳、王効賢、盛継勤。鈴木が12項目にわたって全般的な説明をしたあと、まず一番目の1958年貿易中断問題について詳しく話した。 夜7時半、中国亜非（アジア・アフリカ）団結委員会で、廖承志による招宴。出席者は、廖承志（団結委員会主席）、王明遠（同委員会副秘書長）、肖方州（中国国際貿易促進委員会秘書長）、楊進（団結委員会）、肖向前（中国外交学会）、王暁雲（中国外交学会）。
23日		前夜の宴会のあと、中国側関係者は、若干の打ち合わせがあったものと推測される。朝、肖向前から電話で、「今日、会議を休みましょう。滞在をゆっくりするようにして、とりあえず滞在期間の延長の手続きをしましょう。今朝は、軍事革命博物館を見てください」と言ってきた。博物館の案内は、盛継勤だった。
	夜	田中が王暁雲、盛継勤と中央実験歌劇院の歌劇『春雷』を鑑賞。鈴木は感冒で休養。物語は、1927年ころ、湘江両岸の農民運動が嵐のように起きていたときの、茶山嘴村近郊─蓮子湖近辺の運動を描いたもの。
24日		第二回会談。中国側出席者は肖向前、李孟競、林連徳、盛継勤。
	夜	中央実験歌劇院の『五朶紅雲』を鑑賞。

25日　　　農業展覧館見学。
26日　　　第三回会談。中国側出席者は謝南光、肖向前、李孟競、王兆元、盛継勤。

　この日までの会談で日本側が精力を傾けたのは、日本情勢の説明に加えて、日中貿易中断をこれ以上長く継続することの不利益の説明であり、貿易再開の主張であった。中国産品の日本市場への輸入が長期にわたって途絶することは、代替品の研究や輸入先の転換を余儀なくする結果を生む。将来、貿易が再開されるとしても、いったん喪失した市場の回復には、多大の努力と余計な時間が必要になる。日本側商社の苦労を具体的に説明した。

　　27日、周恩来総理に接見する。中南海で、3時間を超える濃密な会談となった。

　周総理は、日本の情勢について、全面的かつ具体的に突っ込んだ質問を矢継ぎ早に浴びせてきた。広範でしかも具体的な問題について、鈴木一雄はさすがによく対応した。
　周総理の質問項目はおおよそ次の通りである。
　日本経済における米国資本の力量、日米貿易バランス、米資・技術導入の成果、池田内閣の課題、解散・総選挙の時期、貿易、特に発展途上国への商品・技術・設備輸出、対米輸出入の内容、綿花輸入先、綿糸生産高と紡錘設備能力、石炭産業・石炭総合利用、鉄鋼用コークス炭のソース、転炉と平炉の比較、スクラップ使用量、鉄鉱石輸入先、鉄鋼生産計画、中小企業の現状、中小企業と対米貿易、中小企業と系列、米・麦・トウモロコシの生産と輸入、漁業の発展方向など。

周恩来総理、「貿易三原則」を丁寧に説明

鈴木の説明を、時々頷きながら、真剣に聞いていた周恩来が、一息入れて思い入れするような姿勢を見せた。一瞬緊張がほぐれて接見もそろそろ終わりに近づいたかと思えたとき、周恩来は再び口を開いた。

「今日は、日本の問題について鈴木先生から多くのことを伺いました。感謝します。今度は私の方からすこしお話し致しましょう。
　日本の友人は、よく三原則という言葉を使います。三原則にもよいものもあれば、よくないものもある。貿易にも三原則があると思います。中国でも『三』という字をよく使いますが、おそらく弁証法にかなうのでしょう。一つの可能性があれば、その逆もある。二つの可能性があれば、第三の可能性も生まれる。弁証法的に貿易をみて、三つの原則を立てることができます。この原則は中日関係のために岸信介と闘争し、その進展につれて生まれてきたものです。以前、私は貿易の協定は民間でも可能であり、これで発展させようとしました。しかし岸内閣の段階で中日関係は緊張して、やれなくなりました。岸は民間協定を認めず破壊しました。それで停止したのです。二年前、貿易を中断しました。しかし両国人民の願望により、だんだんと回復させることは、両国人民に有益です。だがまた、日本の政府―池田内閣の態度がどうであるかを観察しなければなりません。
　対日貿易三原則は、肯定的なものです。

1．政府間協定
2．民間契約
3．個別的配慮

　すなわち、今後いかなる正式決定も、政府間のものでなければなりません。これにより保証が得られます。以前の民間協定では保証が与えられなかったのです。政府間協定は双方の政府間に、ある程度関係ができてからでないとできません。両国政府の関係については、劉寧一が言っ

たとおり、対日（政治）三原則を堅持します。この原則は日本政府に対し、厳しいものではなく、公正なものです。日本政府は中国を敵視するな、ということです。中国は日本を少しも敵視していません。日本の存在を認め、日本の人民の発展を望んでいます。中国政府は、日本政府を交渉の相手としています。ところが日本政府の態度は、新中国の存在を認めず、敵視しており、台湾を認めて中国を代表していると言い、新中国を認めないのです。また日本政府は、新中国政府を交渉相手と見ないで、台湾を相手と見ているのです。

　第二の原則は、アメリカに追随して二つの中国をつくろうとしてはならない、ということです。アメリカ大統領は、共和党にせよ民主党にせよ、二つの中国を企むでしょう。台湾の新聞によれば、共和党政府になれば二つの中国を待ち望む政策を採る、民主党はより主導的に出るといいます。これはいくらか道理があります。したがって、台湾も二つの中国に反対しており、この点は我々と同じです。この問題でアメリカに日本が追随することにわれわれは反対します。

　第三の原則は、中日両国関係の正常化を妨げない、ということです。以上の三つの原則は公正なものです。逆にしてみましょう。

1．中国政府は日本を敵視せず、日本と友好的にやりたい。
2．中国は一つの日本しか認めず、二つつくろうとせず、日本政府を交渉の相手にし、他を相手にしない。
3．中国は中日関係正常化を励まし、支援し、助けている。

　日本政府はなぜこのようにできないのでしょうか。日本の新政権がどう出るかを、やはり観察しなければなりません。結論は、両国間に協定が結ばれるとすれば、政府間でないと保証が得られないということです。その中には、貿易協定、漁業協定、航空協定、運輸協定などがあります。

　第二に、協定がない場合、民間の貿易ができないかと言えば、そうで

はない。条件が満足しさえすれば、商売はできる。日本のある企業と中国の公司との間に、互いに友好的で敵視していない状況の下で、必要に応じ契約を結ぶことも考えられる。一回の取引きについて契約を結ぶことも考えられる。またその見通しから言えば、その契約がよく履行され、相互関係もよく、国際情勢、両国関係の政治情勢がよいほうに発展していくならば、比較的長期の契約になることも考えられる。

　第三は、個別的配慮を加えることです。この2年間、日本の中小企業への配慮から、2回貿易を行いました。総評と総工会の間で、勤労人民大衆の利益から出発して、配慮を加えました。これは引き続き行い、必要に応じて数を増やしても良い。このことは劉寧一からすでに話しています。そうなれば鈴木先生もやることがあるのではありませんか。はっきりいたしましたか

　周恩来は、貿易三原則を以上のように丁寧に説明した上で、さらに補足するように具体的な処理の問題について、次のように発言した。
　「日中貿易促進会で、先ほどの三原則に基づいて、どういう可能性があるのか、中国国際貿易促進委員会と話し合ってみてください。個別的配慮の方は総評（総工会？）と話してください。私がお話ししたことについては、日中貿易促進会の会員に話してくださって結構です」
　日中貿易三原則の発表、貿易の部分的再開という画期的な瞬間を、双方は高潮した雰囲気の中で終え、その余韻はしばらく続いた。最後に周恩来はこう尋ねた。
　「今日の話は、鈴木先生のお役に立ちますか」
　それに対し、鈴木が「日米安保反対を闘った人々への激励になります」と答えると、周恩来はこう言った。
　「ここで補足して言いたいのは、われわれが日米安保条約に反対しているのは、それが中ソを敵視し、東南アジアを脅かしているからです。われわれは、日本人民が新安保に反対し、独立、平和、民主、中立の闘争を行っていることを支持しています。ご帰国後、中国人民の日本人民

に対する敬意と支持をお伝えください」(資料5参照)

日本から祝電相次ぐ

28日　香山に遊ぶ。中国側出席者は、謝南光、王暁雲、李孟競、盛継勤。
　　　夜、『劉三姐』を少数民族文化宮において観る。出演は広西壮族自治区民間歌劇団。中国側同行者は、肖向前、王暁雲、盛継勤。日本側は、田中、森川(鈴木は休養)。

29日　西園寺公一(和平委員会、亜非団結委員会のある敷地の中に、家族と共に滞在)に会う。氏は、「雷任民に会ったが、貿易再開問題で頭を痛めていた。中国側が頭を下げた恰好にならぬ事だ」と言った。西園寺は、浅沼稲次郎の超党派訪中団にも意見があるらしい。高碕達之助の訪中計画もこれにつながるもので、高碕は「小畑忠良を連れてくるようだ」と言い、何か意見があるようだ。

　この日、東京の日中貿易促進会事務局から電話が入った。社会党本部書記局の笠原昭男(のちに中央執行委員・総務局長)、日中文化交流協会の越寿雄のホテルの部屋番号を知らせてきた。周辺に複雑なあわただしさを感じる。
　深夜11時50分、東京の事務局に長文の電報を打った。

30日　会談。中国側出席者は、謝南光、肖向前、王暁雲、王効賢、盛継勤。

　この日は、貿易自由化問題を説明。中国側との話し合いの中から、次回は財閥系列、日中貿易関係業界について説明することを決めた(大手総合商社は、日商、日綿実業を除き、オリジナルの社名で対中貿易を行

わず、それぞれダミー会社を活用していた。その評価は、それぞれ具体的に実際に即して行う必要があった)。
　貿易三原則に対し、日本から祝電が続々届けられた。日本アジア・アフリカ連帯委員会からカイロの国際書記局に常駐していた北沢正雄(元東邦商会・日中貿易促進会・日中輸出入組合)が北京に来ていたが、この日ベトナムに向け出発した。三浦強太(日本貿易協同組合)が午後3時30分出発の汽車で広州に行くというので、貿易三原則の全文を託した。

31日　　財閥問題の準備に着手。「貿易再開」とカッコつきで呼ぶ空気が生まれてきた。貿易三原則の解釈について西園寺公一、肖方州と話し合う。また、別に社会党笠原と会う。
9月1日　穂積七郎(社会党代議士)、西園寺公一と昼食。新華社の丁拓、呉学文がホテルに来訪。来客が多いため、501号室が鈴木の部屋になった。
　　　　　　　　　電略 SUZUKIPEKING。

　2日〜9日までは、貿易再開に備えて、日本経済、とくに各グループ、各産業、各企業の動向について、中国側の真剣な学習が始まり、われわれはその説明に忙殺された。また、民間個別取引が、当面どのような商社の手で行われるようになるか、また第二段階では、その商社数がどのように拡大する可能性があるか、具体的な商社名をあげて話し合いが行われた。中国側出席者も、次第に中国国際貿易促進委員会、対外貿易部の人々が中心となっていった。具体的商社名は中国側発言の中に、日本共産党から推薦されている睦株式会社、羽賀通商株式会社を加えてくれというものがあった。
　一通りの作業を終えたのち、われわれは9月10日から東北三省への旅に出た。

10日　瀋陽。展覧館、観劇。
11日　瀋陽第一機床廠。
12日　ハルピン。松花江、人民公社食堂（香坊人民公社）、亜麻工場。
13日　夜行列車で朝、長春着。長春客車製造工場、長春映画製作所、長春第一自動車工場。
14日　深夜、列車で瀋陽着、自動車で撫順へ。露天掘り炭坑、人造石油工場（原料、油母頁岩）、撫順戦犯監獄。
15日　鞍山。鞍山鋼鉄廠、療養所。再び瀋陽。瀋陽電纜廠、瀋陽重型機床廠。
16日　瀋陽から北京に向かう。
17日　北京。再び、周恩来総理と接見。

このとき、周恩来から東北旅行の感想を聞かれた。
「あなたにとって東北への旅行ははじめてとのことだが、お仕事のお役に立つでしょう」
また、穂積七郎氏についても聞かれた。
「穂積氏に会いましたか。穂積氏はあなた方の東北旅行中に、私と会いました」
穂積七郎氏は周総理に会った後、われわれにも会っていた。
先日の談話（日中貿易三原則）は、日本向けにラジオで放送し、また新聞にも発表しました。あなたからは、はじめに電報を打たれたそうですが、その後こちらも『人民日報』で報道しました。日本の反応（反響）は強いものです。中国を全面的に擁護したのは日中貿易促進会です。あなたの団体がナンバーワンです。その次が社会党、反応がよいそうです。
古い友人には、山本熊一、宿谷栄一氏がおります。しかし、古い友人だが基本的立場は日本政府側に立っているようです。日本政府の態度はご存じでしょう。今日の外電を見ると、自民党の誰かが政府間協定を結

ぶと言っているというニュースがあったが、肖向前は知らないと言っているので、そのニュースが確かかどうかわかりません。

　宿谷氏が訪中を希望している。山本氏も同様です。高碕氏も来るそうです。高碕氏の場合は、去年招請したが、元来、今年の花咲くころ来るはずだったのに、2回ほど延期したのです。高碕氏の訪中は、もともと他の人を通じて話があったのですが、今回は私宛に、近いうちに訪問したいという電報が届いています。こういった情報はここだけの話です。外には出しません。あなたが旅行中だったから、その間のニュースを申し上げたのです。いつ帰国されるか、という私の質問に対して、あなたが雷任民に会って話を聞いてからとおっしゃるので、それで状況をお話ししたのです。これで私の話は終わりです。

民間契約をどう進めるか

　18日　雷任民対外貿易部副部長と会談。肖向前が同席。

鈴木　政府間貿易協定を実現するには、池田内閣の打倒が必要だと思う。その闘いの方法として、今回の三原則を話してくださったものと考える。第二項の民間個別貿易も、武器として研究したい。

雷任民　今回の問題について、池田は難色を見せているようだ。

肖向前　池田は民間貿易には、むずかしいことは言わないだろう。

雷任民　第二項はむずかしくはないが、第一項はだめということになると、貿易再開という対日貿易三原則に抵触するわけだ。私は専門家ではないので、みなさんほど日本の内部事情に詳しくない。あなたはどう感じるか。

鈴木　今の問題は、政府間協定実現のため政府と闘うということだが、同時に民間契約の実行をどのようにするのかが問題になる。日本国内の関心は民間契約に向けられている。今朝穂積氏

に会ったが、相手によって話し方を変えている。二木会では誰でも貿易はやれるという話し方になっているが、友好派は「それではわけがわからない」と反発している。中国国際貿易促進委員会に連絡さえすればすぐに取引できるのだという話になっている。日本国内では、当然この第二項の問題に関心が高まっている。

雷任民　周総理と話したときもそうだが、穂積氏があのような話し方をすると、三原則は受動的なものになるだろう。三つの項目の中で、最初の政府間協定については、私もあなたの考えと同じで、今の池田では無理であり、結局これは闘争の目標になる。（一連の会談を通じて、中国側が穂積七郎議員の役割と影響力を重要視し、大切に扱っていることがわかる──筆者〈田中〉注）

　第三の個別的配慮……

肖向前　配慮貿易と言ってもよいだろう。
雷任民　これはすでに今年から始まっている。おそらく、今後も続けられることだろう。ただし、中国の貿易公司と日本の商社が個別的に取引することについて条件がある。第一の条件は、進歩団体の紹介を通ることである。第二に、これらの商社は、中国に対し友好的な態度を表明し、三原則に賛成しなければならない。第三に、中国側の同意を必要とする。この条件の下で一件ずつ契約を交わすことになっている。しかし、穂積氏のように誰でも紹介されればできるという言い方では、変わってくる。その場合、契約は双方の必要性と可能性に基づいて行うことになるが、私の言う可能とは、いわゆるココムの範囲内の可能という意味ではない。もし第二項を闘争の武器に使うのならば、ココムに関連することでもできることが相当あるはずだ。

　　池田政府筋の言明によると、民間契約に便宜を図ると言いな

がら、ココムの範囲内という前提付きだ。ココムなどすでに屍同然である。にもかかわらずあのように言い立てるのは、中国を敵視していることになる。彼はアメリカという主人に追随して物事を運んでいるのである。そうである以上、民間貿易は進歩団体の紹介を通して行う以外ないので、今のところたくさんはやれないだろう。中国から一定量を輸出し、日本からも一定量輸出する。日本から輸出されるものは、ココム品目でよいでしょう。その場合、日中貿易促進会は、中国側が大いに奨励する団体だから、適切な商社を紹介するはずだ。先に述べた条件を満たさなくても、これまで中国と長く貿易関係を築いた商社も、考慮の条件にしたい。というのは、中国と貿易関係が深かったために、中断の影響をもろにかぶり、困窮状態に陥ったのだから。

鈴木　いつ、どのように始めるか。

雷任民　今からでもできるのではないか。周総理が話したその日からでも始めることは可能である。

鈴木　どの商社に何をやらせるかという具体的提案を、われわれの方から出せば検討してもらえるのか。

雷任民　誰がやるかについては、先ほど申し上げたとおりである。商社はあなたの方から提出してもいいし、帰国後紹介してくれてもよい。

鈴木　商品の選択はどうするか。

雷任民　日本から輸出するものはココム品目がいい。もちろん全部ココム品目でなければならないというわけではないが。

鈴木　ココムも事実上は制限はなく、ただ政治的な話として残っているだけで、あまり実用的でない。

雷任民　先ほども話したように、ココムは屍である。それなのにアメリカはこれをはなそうとしない。日本もこれに追随している。われわれは闘い続けなければならない。あなただけに話すのだ

が、われわれは国際連合に対しそれほど興味があるわけではない。国連は11年来中国を承認していないが、中華人民共和国の存在は変わらない。われわれは独自に社会主義建設を進めている。しかし、国連には中華人民共和国が占めるはずの正当な地位があるのである。それを認めないことに対して、闘争を進めたい。ココムもこれと同じである。

鈴木　日本の外務省では、中国は建設に困ったから機械や鋼材が欲しいのだろうと言っている。われわれはそれに対し、日本側の輸入から始める方がよいという意見を持っている。

雷任民　これには二つの点を言いたい。第一に、貿易は中国側が先行して輸出を始めたい。第二に、民間貿易は日本の外務省がどうあれ中国と取引したいのであればできる。この2年間、中国は日本と取引をしていないが、こうして連続3年間も大躍進を遂げているのである。もしも外務省が取引させないなら、かえって反論しやすくなるはずだ。

鈴木　石炭その他鉱物資源、土産品、畜産品、魚類その他の水産品、バナナその他の食品は輸出してもらえるか。

雷任民　できるだろう。だが石炭はかならずしもやらなくてもよい。というのは、石炭は大口取引きになるからだ。

鈴木　どのくらいの金額を考えているのか。

肖向前　一口……。

雷任民　一定額を考えていない。これから始めようと言うときだから、始めから大きいものでない方がよいと思う。

鈴木　だが、日本船を使うとなれば、一船単位の量は必要となる。

雷任民　船も問題だが、積載するものがどういう種類のものかにも関係する。

　2000～3000トンの船に石炭を載せても意味がない。もちろん一隻の船に数社の商品を集めることも可能である。日本船が来る場合、やはり貿促会（日中貿易促進会）がまとめて連絡して

もらいたい。外国船の受入は特殊の権利である。すでに先例もあるので、今後も同様にしたい。国交が正常化されていない現状なので、あなたの会を通してクリアランスを取って欲しい。この問題について私はこう考える。このようにすればあなたの仕事を支持することになると思う（このあと、1957年、就航便法が廃止されたことに関して若干の発言があった）。

銀行、保険会社、船積み港、商社……

鈴木　銀行の問題があるが、これは従来のやり方がそのまま残っている。中国銀行と日本の銀行のロンドン支店との間で決済するが、銀行も選ぶ必要があるだろう。

雷任民　おそらく間接的決済になるだろう。というのはアジアから欧州経由で決済するやり方は、岸がこうさせたので、こうやらざるを得なかった。池田のもとでも、こういう遠回りの決済になるだろう。日本の為替銀行は、あなたのほうから2行か3行紹介して欲しい。

鈴木　貿促会の会員には、東京銀行、三井銀行、三和銀行、富士銀行がある。

雷任民　その4行は赤いリストに載せよう。そのほかの銀行はブラックリストに載せる。問題は黄色いリストである。黒、赤、黄というのは日本の言い方をまねた。

鈴木　この4行は、日本が輸入するものについて選んだものである。次は保険だが、それぞれ輸入する方が保険をかける。したがって日本が輸入するときも、日本政府と闘った保険会社を指名するようにしたい。

雷任民　何かリストをつくるか。

鈴木　赤は一つ。あとは黄だ。

雷任民　黒はないのか。

鈴木　保険会社は日和見主義であるが、唯一千代田火災は態度が明確だ。

雷任民　赤いのは一つ決めよう。あと黄色をいくつか選んでおけば、あなたの会からでないだろう。

鈴木　黄色は、東京海上、安田火災、同和火災である。しかし、帰国してから正確にしたい。その他に船の通訳の問題がある。

雷任民　船は、以前のように入港申請の手続きをBOSOKUKAI（日中貿易促進会の電略）がすることになっている。

鈴木　港は大連、秦皇島、青島の3港か。

雷任民　これはあなたから電報を打ってもらい、どの港で船積みするか言ってもらいたい。これに対し中国が返答する。ほぼ以前と同じだが、はっきりした規定はしない。契約も港も一つ一つ決めることになる。

鈴木　次は商社について話したい。第一次にやらせる商社を決め、第二次、第三次と決めたいが、どのように発展させていくべきだろうか。

雷任民　あなたが紹介するのだから、商社の選択はあなたがイニシアチブをとってもらいたい。ただし中国は選択する。取引の必要性と可能性にもとづいて考慮したい。

鈴木　第一次は3〜4社、第二次は14〜15社、第三次はもっと多くなる。その中で当分考えたいのは、反動派の問題のあるところが10社くらいある。暴露闘争を始めたから、協力して欲しい。

雷任民　第一次で2〜3社やり、第二次は、第一次の実行を見た上で考えよう。第一次がすめば、他の進歩党派や団体も紹介してくるので、商社は多くなるはずだ。というのは、今は貿易再開という印象をつくってはいけないからだ。中日貿易はまだ正常でないからである。正常というのは政府間協定があるときのことである。それまでは、配慮と個別の扱いになる。正常になるまでは、こういうやり方がいいだろう。

鈴木	広州交易会への参加はどうなるか。
雷任民	日本商社から要求が来ている。さしあたり、こういう商社は進歩団体の紹介でないので、今のところ返事をしないという方針である。この問題は、交易会開催時までに検討を加えたい。進歩的団体から紹介してきた場合、また検討する。紹介のないものには返事を出さない。
鈴木	貿促会の会員で闘争したものの中に、中国参観の要求がある。
雷任民	それは正式の要求か、それとも意見交換か。
鈴木	相談である。
雷任民	考えておきたい。肖向前とも話してみる。
鈴木	進歩政党、団体とはどこを指しているか。敵が利用する危険がある。
雷任民	例えばあなたの団体は、進歩団体である。日本社会党は進歩政党だから、これも紹介者に入れる。日本国際貿易促進協会も、いくつかの商社を紹介してくる場合、いっさい拒絶することもできない。というのは、そういう風にやった方が良いのではないか。日本国貿促がどういうところであるかは、われわれは心得ている。一つも紹介させないということは、戦線の拡大にとって好ましくない。三原則を堅持し、問題処理には融通性を持って処理する。もし社会党が他のほうへ走れば、人が見て分かるだろう。

24日　夜、北京発夜行列車で、一行は華中の旅に出発。
25日　10時20分着予定が1時間遅れで新郷に到着。最初の人民公社である七里江人民公社を見学。
26日　朝7時過ぎ、三門峡の町。ダム建設現場。
27日　洛陽、龍門。トラクター工場、敬事街小学校、鉱山機械廠、麻袋廠、敬老院、軸承廠。
28日　鄭州。第一綿廠。

29日　22時過ぎ、北京駅着。
30日　在京日本民主団体会議に招かれ、夜、国慶節前夜国宴（人民大会堂）に招かれる。
10月1日　国慶節に招かれる。天安門楼上で、毛沢東主席、周恩来総理に挨拶。華麗なパレードを参観。夜は豪華な花火が打ち上げられる。中国側は多忙の中、わざわざわれわれのために歓送宴を催してくれた。夜11時、列車で北京を離れる。
3日　武漢。武漢大橋（現代化の公路と鉄路）。武漢鋼鉄公司を参観。
5日　香港。

（日中貿易逸史研究会編著『黎明期の日中貿易』、東方書店）

　友好商社になる手順が、元駐日中国大使館商務参事官・林連徳氏の中日貿易秘話「今だから語れる　私の対日貿易」の「友好商社の光と影（1）」に紹介されていた。

友好商社（民間契約）の手順

　貿易三原則の「民間契約」が次のような手順になったことは、主として当時の日中貿易促進会（鈴木一雄氏がのちの理事長）による設計であった。

　まず、日本の商社が「契約書」の形で中日関係三原則の厳守を言明し、会社の履歴書を添付して提出する。
　　　　↓
　日中貿易促進会は紹介状を付けて中国貿促会に送付し、その承認の返書を取り付けて当該商社に知らせる。
　　　　↓

中国貿促会は定期的に日本の関係団体の紹介による商社名簿を関係機関と公司に通達し、毎年春と秋の2回開催される広州交易会の招請状を紹介団体に送り各商社に届ける。

　いつの間にかこういう手続きで中国貿易をやる商社が「友好商社」と呼ばれるようになり、その取引も「友好貿易」と名付けられた。

　戦前、悪用された「日支親善」は通用しないので「日中友好」と呼ぶようになったのは日中友好協会の創意によるものと思われる。

　日本のマスコミは、長い間「中共」という言葉を使っていた。「中国」「日中」「友好」の言葉は赤だから使わない。その赤い言葉を政府までが使うようになるには国交回復を待たねばならなかった。コトバの移り変わりは面白い。

　日中貿易促進会のほかに、日本国際貿易促進協会および各地の貿易団体、日中友好協会なども上記の手順を取って中国貿促会に友好商社紹介の仕事は進めた。

　私は当時、貿促会の連絡部でこの仕事を担当していた。とにかく日本関係団体の紹介さえあれば、直ちに歓迎の返書を出すとともに関係先と公司に連絡した。

　林連徳氏の「覚友群像（6）」に、廖承志氏の下で、日中友好・貿易に貢献した人たちについての記載があった。これらの人たちは、たびたび登場するので下記に紹介する。

廖承志のシンク・タンク…趙安博、王暁雲、孫平化、蕭向前

趙安博…戦前の一高出身で、延安時代に毛沢東の通訳を務め、党関係の仕事に携わる。

王暁雲…延安時代から日本関係を担当し、国務院外弁、外交部、中日大使館の要職を歴任し、1983年、東京在任中に逝去。

孫平化…戦前、日本に留学し、第一次中日民間貿易協定の時から対日貿易活動に参加し、LT貿易の中日首席代表。その後、中日友好協会会長。

蕭向前…駐日公使、駐バングラデシュ大使などを歴任し、国際活動家として活躍した。

林連徳:1923年、アモイ生まれ。鼓浪嶼英華書院、日本第一高等学校文科、東京大学経済学部卒業。1952年より中国貿促会、対外貿易部、駐日中国大使館商務参事官などを歴任。

9月18日　日中友好協会、中国人民対外文化協会と共同声明発表。
10月11日　周恩来総理、北京で高碕達之助氏と会見。日中関係改善の前提条件として、政治三原則と平和共存五原則、バンドン会議十原則を重ねて明示。
12月16日　友好取引はじまる。

1961年

1月20日　《ケネディー、米大統領に就任》
3月14日　中国作家代表団（団長・巴金）、第2回アジア・アフリカ作家会議東京会議出席のため来日。
4月8日　日中国交回復国民総決起大会、東京で開催。

4月15日	第9回中国輸出商品交易会（広州）に貿易中断後はじめて友好商社38社（40人）が招かれる。
5月14日	日中友好協会代表団（団長・宮崎世民）、中国人民対外文化協会と共同声明。政治三原則と貿易三原則を堅持して文化・経済交流を行うことを明示。
5月23日	大谷瑩潤氏を団長とする中国人殉難者名簿捧持団、北京着。
8月5日	日中友好協会第11回全国大会、「二つの中国」政策反対運動を明確化。
8月28日	日中友好協会派遣第1次地方自治友好代表団（団長・鵜崎福岡県知事）北京着。
9月29日	日中貿易、友好関係30団体の共催で「中国の国連における正当な地位の回復を要求する中央集会」開催。
10月7日	毛沢東主席、日中友好協会代表団（団長・黒田寿男）その他と会見。「日本の親米的な独占資本と軍国主義軍閥をのぞく広範な日本人民は、すべて中国人民の真の友人である」と語る。
10月24日	《ソ連共産党第22回大会、周恩来中国共産党代表団長が中途帰国》
11月20日	中国文化代表団（団長・楚図南）来日。

1961年、「第4回日本文学代表団」団長・亀井勝一郎、井上靖、平野謙、有吉佐和子、白土吾夫、「第5回日本文学代表団」堀田善衞、椎名麟三、中村光夫、武田泰淳、などが訪中した。

1962年

1月13日	社会党第3次訪中団（団長・鈴木茂三郎）、中国人民外交学会と共同声明発表。「浅沼精神」の発揚を誓う。
4月23日	中国映画代表団来日。

7月3日　日中友好協会、米国の台湾海峡への軍事挑発に抗議集会開催。

7月6日　日中関係10団体、「『七・七』盧溝橋事変25周年記念・日中国交回復要求集会」開催。

7月8日　中国囲碁代表団（団長・李夢華）初来日。

9月19日　松村謙三氏、周恩来総理と会談。「LT貿易」の道開く。

10月22日　《キューバ危機発生》

11月9日　高碕達之助氏と廖承志氏、覚書調印。「LT貿易」発足。

11月13日　「日中関係打開、貿易促進業者大会」東京で開催。「LT覚書支持、日中貿易に対する外国の不当な干渉排除」決議。大阪・福岡・名古屋でも開催。

12月3日　ケネディー米大統領、日米経済合同委員会で「中国封じ込め政策」への日本の積極的協力要請。

12月27日　友好貿易団体、中国国際貿易促進委員会と「議定書」調印。

1963年

1963年、《中ソ関係が破綻になる》

1月23日　日中漁業協議会代表団（団長・平塚常次郎）、周恩来総理と会見。中断中の日中漁業協定の再締結を要請。

5月25日　日中友好協会第13回全国大会、京都で開催。中国人民対外文化協会代表団が出席。

7月1日　『北京週報』日本語版創刊。

8月20日　日本政府、延べ払いによる倉敷レイヨンのビニロンプラント対中国輸出を正式認可。

9月末～10月、北京と揚州における二つの鑑真の記念集会と、揚州に新たに造られる鑑真記念館の定礎式に列席のため、井上靖（作家）、安藤更生（早稲田大学教授）、宮川寅雄（美術評論

家)、長島健(中国美術史専攻)、長沢元夫(薬学)、佐木秋夫(宗教史)が一ヶ月間訪中。
揚州の法浄寺(昔の大明寺、現在は元の大明寺に改名)で、日本仏教代表団と一緒に定礎式に参列。

(井上靖著『異国の旅』、毎日新聞社、1964年)

10月 1日　石橋湛山日本工業展覧会総裁、毛沢東主席と会見。
10月 3日　北京で唐朝高僧鑑真和上円寂1200年記念法要。
10月 4日　中国日本友好協会(会長・廖承志)成立大会、北京で開催。(中華全国総工会、中華人民対外友好協会、中国人民外交協会など19団体の発起で設立される)　副首相兼外交部長の陳毅が挨拶。
10月 5日　北京で日本工業展覧会開幕。123万人参観(〜30日)。
10月 9日　日中漁業協定5年ぶりに再締結調印。
12月10日　上海で日本工業展開幕。125万人参観(〜31日)。
12月15日　「日中不再戦碑」杭州市で除幕式。

第2章　一般人への門戸を開く（1964〜1972）

　海外旅行の自由化に伴い、サラリーマン、農業・漁業従事者、教職員、学生など、いわゆる一般の人々にも訪中の機会を与えようと、中国旅行を専門に取り扱う旅行社が設立された。日本と中国の間には国交がなく、社会体制が異なるため、中国の事情に精通した専門の友好旅行社が必要となった。当初は、一般募集のような形式で日中友好協会の機関紙『日本と中国』やマスメディアを通じ、中国旅行が紹介された。

　1966年、日本共産党と中国共産党との対立が鮮明になった。その結果、日中友好協会内部でも対立・分裂が生じ、新たな日中友好協会（正統）が設立されるに至った。そして、経済界にも同じ問題が起こっていた。日共系商社との取引停止や日中貿易促進会の解散へと発展した。もちろん、この流れが中国専門の旅行社にも波及した。日共系の（株）富士国際旅行社は中国国際旅行社総社から、契約破棄を通告され、日中旅行社関西営業所において日共系社員を閉め出すため、営業所を閉鎖し、最終的には裁判沙汰になった。

　プロレタリア文化大革命により訪中者が激減したのも、この時代の特徴である。吹き荒れる革命の嵐、誕生して間もない日中旅行社の社員たちは広州交易会の時期を除き、時間をもてあました。文化大革命のスライドをつくり、中国のPRと営業を兼ね各地を巡った。また、物産の販売なども手がけ、嵐が収まるのを待った。

　1970年に入ると、中国を取り巻く情勢に変化が生じてきた。西側諸国との外交関係の樹立が進み始め、71年には国連総会において中華人民共和国が正当な地位を得、その代表が中国の唯一の合法的な代表と認められた。

外国との交流が増えるにつれ、中国は宿泊施設、交通、通訳が不足した。多くの外国人を受け入れるだけの諸条件が整っていなかったため、訪中希望者がいても、なかなか受け入れを許可されない状況になった。
　1971年、突然に発表された「ニクソン米大統領の訪中」は"ニクソン・ショック"と呼ばれ、驚きを持って報じられた。ピンポン外交、松村謙三氏の葬儀への弔問団、上海バレエ団の訪日などを通じて、日本政府は来日中の中国要人との接触をはかることに積極的にならざるを得なかった。

　1954年10月の「李徳全女史の来日」で掲載した原田修氏のホームページに「初訪中」が載っていた。原田氏は長く友好商社で勤務され、退職後、大阪府日中経済交流協会を設立した。1964年当時の中国の状況がよく分かるので、その「訪中記」を紹介しよう。

「初訪中」

原田　修

　友好商社になってからの一年は多忙をきわめた。

　契約第1号の銑鉄がキャンセルというかたちで日中貿易をはじめたわたしは、中断の5年の間に自動車業界における当社のポジションや業界内の対中貿易への関心がある程度読めるようになっていた。まず業界内で実需のある輸入商品を探す、これが再開後のわたしの最初の仕事であった。

　当時日本でもようやくマイカー時代が訪れようとしていた。国道筋にはカーデーラーが大きなショウウィンドウのある店舗を建て始めていた。クルマは高価な商品で、いつもピカピカに磨きたてられていた。

ワックスがけにはセーム皮が使われ、毛羽たきでホコリが払われていた。この原料の鹿皮や鶏の羽毛は、中断中も香港経由で細々と入っていたが需要に追いつかず高値を呼んでいた。わたしはそれぞれのメーカーを尋ねて奈良や和歌山、大阪の郊外を走り回った。

業者から打診を受け、中国の畜産公司にインバイトオッファーの電報を打ち（KDDの大阪支社で暗号電報やマ電の使い方を教えてもらった）、羽毛や鹿原皮のオッファーをとってそれぞれの業者と契約することが出来た。鹿原皮を積んだ船が海難事故で沈没したこともあったが、かけていた保険代金で売買よりも儲けたこともある。こうした輸入契約をくりかえしているうちに、台湾製の安い毛羽たきが製品として輸入されはじめてきた。

毛羽たきの製造業者は零細企業である。なんとか輸入阻止できぬかと相談を受けたが、台湾製の品質は劣る。逆に中国のすばらしい羽毛を使った毛羽たきを製品輸入してはどうかと提案、当社がカーデーラーに直売しない、従来羽毛を買ってもらった専門業者のみに販売することで合意。中国に毛羽たき輸入の総代理店契約を提案した。

63年の秋、北京では日本工業展覧会が開催され、元首相の石橋湛山展覧会総裁が毛沢東主席と会見していた。

1964年2月、出征兵士の見送りよろしく、大阪駅で家族、友人、同僚の万歳三唱を受けて夜行寝台車（まだ新幹線は開通していなかった）に乗り込み東京へ、羽田から香港へのエールフランスに搭乗した。憧れのパリジェンヌもアジア路線勤務のせいかいささかお年を召していたが、飛行機へ乗るのもはじめてなら、日本を離れるのもはじめて、外貨500ドル（360円レート）と餞別の日本円を腹巻にしのばせての、緊張の一人旅であった。

旅行社手配のゴールデンゲートホテルはその後70年代前半まで中国との往復のたびによく利用したが、このときは出迎えもなくどのように辿り着いたのか記憶がない。翌朝、香港中国旅行社へビザ申請に出かけたが、タクシーから下ろされたところは船着場、運転手から指差された対岸には大きなビルが林立していたが、それが香港で、こちらがカオルーン（九竜）であることを理解するまで、何人のヒトにカタコトの英語で確認したことであろうか。

　スターフェリーに乗ってホンコンに行き、クイーンズロードの旅行社でビザの申請をしたが、わたしのインビテーションを北京と確認するため数日後の発給になるとのことであった。このようなこともあろうかと、東京の知人から香港で困ったときにと紹介してもらっていたRさんと連絡。ネーザンロードの裏手の小さなビルの4階の自宅でサンプル程度の商品を置くお土産やさんであった。上海生まれ、樺太育ちのかれは日本語が流暢に話せたが、その後わたしの案内役をしてくれた中2の次女はオジサンとしか日本語が話せなかった。

　数日後、パスポートにゼムピンで留められた2枚の査証と広州までの切符を手に、九竜駅から乗り込んだ車両にはLT貿易の雑豆輸入商談で北京へ向かう数名の日本人がいた。

　香港サイドの羅湖から小川のような深圳川にかかった橋を徒歩で渡りながら、対岸のはためく五星紅旗を見つめて、国歌—義勇軍行進曲のメロディーを耳にしたときの感動は、40年経ったいまも胸が熱くなる想いがある。長崎国旗事件で日中貿易が中断し、その間"初一念"を貫いて、ここまでたどり着いたこの数年の出来事が、走馬灯のように脳裏をめぐる。少女のような解放軍の女性兵士の差し出した手を双手で握り締めながら、『中国』に第一歩を踏み入れたのであった。

広州からプロペラ機で北京に向かった。機内はドゴールの決断で国交樹立したばかりのフランス人訪中団で満席であった。香港の旅行社の申請用紙に、使用言語を〈英語とフランス語〉と書いてしまっていたために、昨夜のバレエ"白毛女"観劇からいまにいたるまで私は彼らのグループに入れられていたが、"ボンジュール　マダム"というだけであとはニヤニヤしているだけの、ケッタイな日本人は、給油で着陸した長沙の昼食のテーブルでも、機内から大海のような長江を見たときのどよめきのうずのなかでも、ヒッツキ虫よろしく、グループのメンバーに溶け込んでいた。

北京の宿は新僑飯店であった。後年ここに北京事務所を設けるのであるが、そのとき滞在していた日本人は数十人、マスコミから商社、わたしのような出張組、北京のすべての日本人がここにいた。翌朝、中国土畜産進出口総公司との商談は、「中ソ論争をどう思いますか」ということばではじまった。

毛羽たきの輸入総代理店契約を締結する具体的な商談は立ち上がりから数量問題で暗礁に乗り上げた。ここに来るまで年間10万本の3年契約で日本総代理店になることが手紙でのやりとりで合意されていたのであるが、東京の原毛輸入専門商社がこちらの動きを察知して年間20万本の3年契約を提案、この輸入総代理店契約を横取りしようと北京に乗り込んで来るとのこと。

いまと違ってメールやファックスはない、通信手段は電報か国際電話、航空便は香港経由で往復2週間はかかる。当時日本国内でも市外電話は上司の許可をもらってから電話局に申し込むという時代であったので国際電話なんてとんでもない話、結局は電報で〈イサイ　オマカセクダサレタク〉と独断で5年間の漸増数量—10、20、30、40、50万本—合計150万本の契約で総代理店契約を締結した。

価格契約でないのが逃げ道であった。そのかわり公司に対して当初の

3年—30万本の5倍の数量を売りさばくためにはそれだけの広告宣伝費が必要と説得して、輸入金額の7％のバックマージンをもらうことで決着、このマージンが後に北京事務所開設の資金になったが、独断に近い契約で帰国後上司ともめた場合は腹を切る覚悟であった。

調印後の酒宴のとき通訳から見覚えのない2枚の契約書が手渡されてサインするように督促された。羊腸（シープケーシング）と漆の輸入契約書であった。自動車以外の業界の事情に疎く、これらの商品が日本ではそれこそ"金の卵"のように取引されていた『配慮物資』とはツユ知らず、丁重にお断りした。ホテルに帰って他の商社の人に聞くと、アホ呼ばりにされた。せっかく往復の旅費の一助にと親切にくれているものを返すとは、あしたもう一度出かけて貰いなおして来い、という次第であったが、こちらも武士に二言はない、プロパーの商売で儲ける、と啖呵を切らざるを得なかった。

初めて飲んだ白酒（パイチュー）「五糧液」の酔いがまだ残っていた。

中国機械進出口総公司は北京市の西北—二里溝にあった。輸入商談が終われば会社の"初一念"—自動車部品の対中輸出のきっかけをつくるためにここを訪問することにしていた。その窓口—工農処には自動車担当者は二人しか居らず初対面のとき、部品を売りたければその前に日本製のクルマを輸出すること、プラグ、ワイパー、バッテリー、ランプ、フアンベルト、ホーンなどの共通部品はわが国で生産されていて輸入する予定はないと、突っ撥ねられた。ココム、チンコムなどの中国包囲網を自動車輸出で風穴を開けてみろ！という趣旨と受け止めた。

先ほどの輸入商談のときは切腹覚悟で一人芝居も打てたが、自動車輸出ともなれば日本でメーカーと交渉してもらわなければならない。

〈ニホンセイトラック　カイイヨクアリ　ミツモリコウ〉

と打電した後は返事待ち。することもなく零下10数度の北京の街をほっつき歩いた。まだ城壁は残っていた。

そんなとき、北京の診療所に勤務するTさんと知り合った。徴兵検査で本籍地の熊本に一度行っただけの生まれも育ちも北京の、いまは中国人の奥さんとの間に二男三女をもうけて四合院の一角に居を構えていた。日本と中国の国交が正常化した暁には中国に帰化すると言っていたが、こちらがヒマを持て余して診療所に電話するといつもホテルに来てくれて、道案内や食事のお供をしてくれたのであった。

公司との商談は一週間に一度程度、

〈グタイテキ　ヒキアイヲダセ〉、〈スウリョウハ　カカクシダイ〉。

なにか子供だましのようなやりとりのなかでいすずと日産ジーゼルが通産省に見積もりを出していいかと打診するが、OKは出ない。商談の後、近くの北京動物園まで歩いて行っていつものようにドロまみれのパンダに「きょうもダメだった」と報告。王府井大街の古本屋で時間をつぶすのであった。

北京滞在もすでに2ヶ月、そろそろ懐もとぼしくなりはじめ、見込みのつかない輸出商談を切り上げ、上海経由で帰国することにした。友達に教えてもらったのを丸暗記して答礼宴の予約を電話でしたが、頼んだとおりに準備されていたのにはわれながら感心した。北海公園の氷も溶け、柳のふくらみが春の訪れを告げていた。

（了）

2009年11月26日、原田修氏に会い、当時の詳しい話を聞いた。また、いくつかの疑問があったので、お答えいただいた。

質問①、広州のホテルや北京までの飛行機の予約は、受け入れ公司が手配したのですか？
答え、香港の中国旅行社に依頼した。手配依頼の申込書があり、依頼内容を記入して、得意言語の欄もあり、そこに「日本語、英語、フランス語」と書いたので、フランスのグループに入れられてしまった。

質問②、北京空港での出迎えやホテルの手配？
答え、受け入れ公司の担当者が出迎えてくれた。ホテルの予約も公司が手配した。

質問③、その他トラブル？
答え、深圳で中国と別れを告げ、香港入境時にトラブルが発生した。「北京の英国大使館で香港への入境ビザをとれ」と指示されたが、もう中国へは戻れない。

　　　解決案…翌日、香港政庁に行き、罰金を払い「トランジットビザ」をもらった。滞在は72時間可能であった。

質問④、すぐ帰国？
答え、もう海外旅行のチャンスがあるかどうか分からないので、沖縄に行きたかった。しかし、香港から沖縄の直行便がなかったので、台湾で飛行機を乗り換え、沖縄に向かった。香港の人たちからは中華人民共和国に行ったパスポートを持って台湾に行くのは「無謀」だと言って止められた。台湾は松山空港に到着して、トランジットルームで2、3時間待って、沖縄行きの飛行

機に乗った。

　沖縄はアメリカ軍の占領下にあり、パスポート検査があった。係員が、香港の入境と出境のスタンプを見ながら、「香港からどこに行きましたか？」と質問したので、「中国に行きました」と正直に答えた。「沖縄に身元保証人がいますか？」と聞かれたので、知り合いの新聞記者の社名と名前を言うと、係員が電話をかけ、確認した。着替えだけの持参が許され、他の荷物は空港でボンド（預け）した。

「ホテル」

原田　修

　これは初訪中（1964年）時のレポートの一部です。30数年前の訪中記録として参考までに掲載させていただきます。

　中国では広州の羊城賓館に往きと帰りで前後2回、北京では新僑飯店、上海はわずか3日だけだったがガーデン・ブリッジ脇の和平飯店に宿泊したが、今から思い出しても各ホテルともそれぞれ特色があり楽しいものだった。

　建物は上海が一番古く官庁街の真只中にあってビジネス用にはまことに便利だったが、全体として日当りが悪いように感じられ、ちょうど日工展関係者も全部引き上げた後で、2～3の外人観光グループと私を除いて客らしい姿も見かけず何となく活気がなかったが、蝶ネクタイのロビーボーイやエレベーターボーイがうやうやしく客をあしらう様は日本の一流ホテルでみかけるマナーそのままで、さすがは国際商業都市と思わせるに足るものだった。食堂へ出向いてもテーブルは予め定められていて、食堂の服務員に案内されてから初めて着席する。ものの本に書か

れている通りのマナーを無言の内に要求されたが、私のようなポット出の若い者には、特にそれまで北京で服務員たちとガヤガヤしゃべりながら空いた席に勝手に坐って食事をしてきただけに、何か不慣れな場所にきたという違和感が抜けず、短い滞在日数のせいもあって親しみにくかった。ホテルの設備にしろ、服務員の態度にしろどこといって落ち度がないだけに、客として遇されるよりも、もっとバンカラに近いアットホーム的な雰囲気を求める気持ちが強かったのだろう。

　北京の新僑飯店は滞在日数がもっとも長かっただけにいろんな思い出が多い。

　先ず服務員だがこれら3つのホテルの中で一番年令が高いように思われ、上海のように洗練されたところはないが、フロントの服務員も食堂も、バーの服務員も始終笑顔を見せて私たちに対応してくれて大変好感の持てるホテルだった。各服務員室にはさまざまの政治スローガンが達筆に書かれて張り出されていたが、自力更生にしろ、その他の高度なスローガンにしろ、日常の服務活動にすっかり咀嚼され、とけ込んでいるような感じで、特に高年令の人ほど体からにじみ出る服務精神は、戦前の日中関係を知っているであろう人たちであるだけに、私たちの行動に反省の糧を与えるものであった。難点は、広州の羊城賓館同様、建物の構造によるのか、気候のせいか、防音設備の不十分な点で、隣室のちょっとした話し声が聞こえ、そんなことをわきまえずに、夜中に酩酊して大声で放歌する日本人駐在員がときおりいたのには、さきほどの服務員の態度に比し外地で日本の恥をさらすようなもので、2，3人の友人とまゆをひそめ合わねばならない有様だった。

　広州の羊城賓館は南国の緑したたる公園の中に真新しい壮大な館をすえている、まさに賓館と呼ぶにふさわしいホテルだった。往きは夕暮れについて翌早朝出発したために、何となく大きな建物だなあという印象

しか持ち得なかったが、帰途、交易会の第1週を過ごしたときは、明るい真夏の太陽に照り輝くその姿は、若いエネルギーに満ちあふれた中国の一断面を象徴しているかのようであった。建物が新しいだけでなく、服務員全体も若い年令層で大半が占められ、特に女性の服務員の多いのがこのホテルの特徴だった。ちょうど交易会が始まったばかりの、いわばお祭り気分のあふれたホテルで、それまで見慣れていた厚い綿服を脱ぎ捨てた、二の腕もあらわな女性の姿をみるのは実に2ヶ月ぶりのことだけに、何か男子禁制の館にしのびこんだ不逞の輩の、さもかくあらんと思うばかりの、いじらしいまでの若やいだ1週間を過ごした懐かしいホテルだった。尾篭な話で恐縮だが、出発前中国の紙の事情を聞かされて必要以上にトイレットペーパーを用意し、必要以上に大事？に使って、わざわざオーバーチャージを払ってまでトランクにつめ込んで広州まで運んできた私だったが、その頃には中国の紙質にも慣れてきて馬鹿げた努力を払ってきたものと、苦笑したのもこのホテルでのことだった。

「日本食レストラン『和風』」

原田　修

　明日から中国入りという日の晩、香港のトウキョウ・レストランで日本食ともしばしのお別れといい聞かせて、オニギリをほおばっていた私であったが、北京へ着いて1週間もたたない内に、中国唯一の日本料理店「和風」へ足を運んでいた。

　「和風」は3年程前の「人民中国」で紹介されていたように、日中往来が盛んになるにつれ訪れる日本人のために政府の肝入りでつくられたもので、酒、醤油からタクアンにいたるまで貴重な外貨を使って日本から輸入されているもので、日本の駐在員はもちろんのこと、日本から帰国した華僑の人たちや日本人関係者に愛好されている。場所も大阪でい

うならば、キタの繁華街とおぼしき王府井の東安市場の中にある。畳敷き数室の他、一般食堂、などがあり、メン類を除いてはスキヤキからエビ天、オスシはもちろん、チキンライスにカレーライスなどにいたるまで、そのレパートリーは広い。コックから服務員にいたるまで、全て中国の人で経営されているが、畳の上に足をのばして酢のものからサシミの小鉢をならべて特級の大関を飲みかわせば、何となくカミシモを脱いで、日本の情緒をただよわせることができる。

日本にいる時でも油っこいものが大の好物で、家庭でも家内に中華料理風のお惣菜をつくらせてよく口にしていたもので、食事に関しては出発前から大して苦にはならなかったが、それでも朝飯ぬきにしても1日に2度、鶏や豚を主材料にした本場の中華料理を口にしていると、さすがに食欲が減退してくるのが感じられる。それ故、慣れるに従い朝飯はぬいて昼はできるだけ、肉うどんに近いメン類か、炒飯を常食し、夜のみいわゆる中華料理を食べるようにしていたが、1週間に1度位の割合で味覚のバランスを調整するために「和風」のトビラを押していた。

スキヤキ、カシワの水だき、サシミ、酢のもの、エビ天、スシなど、いわゆるライスものを除いては一通り口にしたことになるが、神戸や松坂の肉を食べているわれわれにとって中国の牛肉はカタイ上に油がのっていなくて先ず、50点。カシワの水たきは材料が本場ものだけに80点はだしたいところだが、日によってカタイのがあったので70点というところか。サシミは中国では——特に北京のような内陸では生魚が豊富でないので、悪条件を克服して努力しているところを買って50点。酢のもの70点。エビ天は冷凍かどうかわからないが、かなり新鮮な大きなエビが上手に揚げられているので、値段も日本と比較して大分安いことも考慮して90点。スシは巻きは70点はちょっと甘い感じだが、ニギリは40点はやれるか。米が日本と全く品種が違うので努力賞として50点はだすべきか。赤ダシは80点。タクアンは輸入品ズバリのヒネタク

アンなので申し分なし、100点。というところで最後の方になると、タクアンに赤ダシ、時にはエビ天を加えて安上がりにお茶漬けの味を楽しむ始末だった。

　話によると昨秋の日工展に随行していた日本のコックから技術指導（？）が行われたとのことで、スシなどは当時から比較すると、それこそ味の点で大躍進をとげているとか。昨今世界各地で日本料理店のないところはないとのことであるが、中国の場合、営利事業ではないだけに関係者の努力には頭が下がるし、中国側の、われわれ日本人に対する配慮には感謝しなければならない。特級の大関も正1合で日本円に換算して150円位だから値段の点でもずいぶんサービスしてもらっていることになる。その上、サービス料、飲食税はかからないから、輸入品が多いとはいえ、ものによっては日本で食べるより安いものも多いといえよう。需要の関係でおそらく無理だろうが、これにメン類、ザルソバ、冷奴などが追加されれば、長期滞在組のホームシックがいくらかは癒されることになりはしないか。

　技術指導といえば、上海の和平飯店でも日工展の置土産が残されていた。こちらは赤ダシではなしに純粋の味噌汁に、白菜の浅漬、日本人は私1人だけにこのサービス精神には全く感服させられた。その意味から、新僑飯店や羊城賓館など、日本人の多いところで漬けものや味噌汁ができないのは、文字通りの技術交流の不足を物語るものか。

　日本食レストラン「和風」……　タタミ部屋が2部屋とカウンター、20人くらい収容可。

（了）

　──「和風」は、北京に駐在している新聞記者たちがよく利用した。

（斎藤和弘）

斎藤和弘…株式会社21世紀旅行　代表取締役会長
(1965～70年日中旅行社、その後10年間日中友好協会で勤務)

1964年

1964年、《中国とソ連の旅行関係は停止》
1964年1月27日、《中国とフランスが国交樹立》

　——昭和三九年一月中仏間の国交樹立が契機となり同年二月一三日本邦各界の代表的人物二五氏によつて日中国交回復の呼びかけがなされ、これに副つて日中友好協会の同年度の運動方針が決定され、同年九月中国訪問希望者が友好的に中国を訪問できるよう旅行斡旋の組織をつくることとなり（株）日中旅行社が設立された。
　　　　　　　　　　　　（『日中旅行社解雇事件』——裁判記録より）

2月13日　松本治一郎日中友好協会会長ら著名25氏、日中国交回復国民運動の呼びかけ発表。
3月18日　中国より初のバレーボール代表団来日。
4月1日　《日本人の海外旅行自由化》

> **旅券**……当時は、今回の渡航先のすべての国が記載され、記載がないと査証は発給されず目的国へ入国ができなかった。パスポートに職業・身長・肉体的特長（例えば顔面左にほくろとか）そして署名は、英文・和文両方が必要であった。旅券申請から受領まで10日から14日ほどかかる。
>
> **外貨持ち出し枠**……US$500
> 　外貨枠は当時1回500米ドル、年間1回、そして業務渡航と利

> 用が限定されていた。手続きの始まりとして外国為替銀行に、日程表、訪問先リスト、渡航ルートの運賃を添えて申請、許可を得る。

4月9日　松村謙三氏の第3次訪中。同行者は竹山祐太郎、古井喜実、岡崎嘉平太ら。門司港から「玄海丸」に乗船して、中国秦皇島に渡る。記者団も同行。
4月10日　中国経済貿易展覧会、東京で開幕。81万人参観（〜30日）。
4月19日　松村謙三氏と廖承志氏との会談に基づき、新聞記者交換、連絡事務所相互設置などについての覚書を取り交わす。
4月20日　日中国交回復3000万人署名運動はじまる。
4月23日　関西経済訪中代表団、周恩来総理と会見。
4月25日　日中友好協会第14回全国大会（〜27日）。

──　日本中国友好協会（以下、日中友好協会という）第14回全国大会における「日中両国民間の貿易、経済、文化の交流を発展させ相互理解を深め日中友好をより増進させるために訪中友好視察団の旅行斡旋、団体、個人の訪中斡旋を行うことを目的として旅行社をつくる。」旨の決定に基づき同年9月11日に（株）日中旅行社が設立された。

(『日中旅行社解雇事件』──裁判記録より)

──　中国日本友好協会の廖承志会長が、大谷瑩潤氏に、
「現在、日中間には道がなく、人的交流により道をつけるために日中双方の努力で旅行社をつくろう」と提唱された。

(米田征馬…元・日中旅行社社長)

──　旅行社設立の話は"日本側の提案"であった。当初、中国との話し合いで3社の設立が認められていた。富士国際旅行社は「政治」、

日中旅行社は「友好」、日中平和観光は「貿易」と、それぞれの特徴を生かした3社が選ばれた。

(斎藤和弘)

── 日中旅行社は最初に、外交部の認可を受けた。
(臼井潔…元・日中旅行社役員)
── 外交部の認可を受けたかどうか分からない。

(斎藤和弘)

大谷の推測

　当時、中国国務院の管轄におかれた「中国国際旅行社」は、外交機関の一つという位置づけであった。特に、外国からの代表団などの接待機関であり、外国の旅行社との契約書の締結などは外交部の認可が必要であったと思われる。
　──1975年、中国外交部の許可でアメリカの「特殊旅行社」は代理権を獲得し、初めて民間の旅行会社として中国国際旅行社と業務関係を結ぶようになった。
　(王琰氏の論文「中国における旅行業の展開過程─中国国際旅行社の事例から─」)

　──1967年に日中旅行社の社長菅沼不二男が訪中した際、中南海紫光閣において、当時の副首相兼外交部長の陳毅から「よくやった、今後も頑張ってほしい」と激励された。　(『日中のかけ橋百人集』)

　このようなことから推測すれば、中国国際旅行社の国務院での責任者は陳毅副総理であり、彼はまた、外交部部長でもあった。当然、中国国際旅行社は契約にあたり、"外交部の許可を得た"と思う方が自然である。

(株)日中旅行社は日中友好協会の会員の有志が資金（一口50,000円）を出し合い、設立された旅行社で、資本金1,500万円、従業員が12、3名でスタートした。また、藤田トラベル（藤田観光）から2、3名が日中旅行社に出向して旅行業務や航空券予約を担当。

（斎藤和弘）

5月19日　日本国際貿易促進協会総裁に石橋湛山氏就任。
5月30日　吉田元首相、台湾・蔣介石政権の張群秘書長宛に「吉田書簡」を出す。
6月13日　大阪で中国経済貿易展開幕。152万人参観（〜7月5日）。
6月21日　初の中国籍船「燎原号」、門司に入港。
7月7日　毛沢東主席、佐々木更三氏らと会見。日本の対ソ北方領土返還要求支持を言明。
8月13日　廖承志弁事処駐東京連絡所首席代表・孫平化氏ら来日。
8月　　　中国国際旅行社は（株）富士国際旅行社と業務提携。
9月11日　(株)日中旅行社設立。会長が大谷瑩潤（東本願寺連枝）、社長が菅沼不二男（元同盟通信政治部記者、外文出版社顧問）。1人民元＝135円

［日中旅行社取締役］
大谷瑩潤、菅沼不二男、泰平国男、安井正幸、大谷武、川瀬一貫、大島泰久、宮崎世民、浦部武夫、穂積七郎、赤津益造、長谷川敏三、大塚有章、藤田音次郎、古屋貞男。
監査役・大日向蔦次、笠原千鶴。

　廖承志の信任が厚かった、趙安博氏の追悼文「親愛な友人菅沼不二男さんを偲ぶ」が菅沼不二男社長の遺稿集に載っていた。菅沼社長、その人となりを少しでもわかってもらうため、一部を紹介しよう。

日中旅行社初代社長・菅沼不二男

――菅沼不二男氏は、私が東北で最初に知り合い、最もよく接触した日本の友人のひとりです。

初対面はチチハルでしたが、1947年だったか1948年だったかは、よくおぼえていません。当時、抗日根拠地や瀋陽からわれわれとともにチチハルに移動した日本の友人が日本語の『民主新聞』をガリ版で発行していました。私はチチハル市党委員から頼まれて、そのお世話をしていたのですが、人手は足りないので、菅沼夫妻を迎えることにしたのです。

1948年8月、私は東北人民政府の指示で日本の居留民関係の仕事に携わるようになり、民主新聞社の日本人とともにハルピンの馬家溝に移りました。ところが、二ヶ月もたたぬうちに、有名な遼瀋戦役で瀋陽が解放されたので、われわれはまた瀋陽の民主路の付近に移り住みました。それ以来、一緒に仕事や世間話をする機会がますます多くなったわけです。

菅沼さんは私よりも年長で、社会知識も豊富でした。そのうえ、記者をつとめた経歴もあるので、『民主新聞』を編集してもらうには、実に都合が良かったのです。

ここで、ちょっと『民主新聞』のことを説明しておく必要があると思います。この新聞は、東北人民政府が日本の居留民のために発行したもので、その内容は国内国外の情勢、人民解放戦争の勝利、党と政府の政策などの紹介が主要なものでした。週刊紙で、発行部数の多いときには七千部から八千部にも達していたようです。最初は東北地方に発行されていましたが、やがて解放戦争の発展に伴い、第四野戦軍に勤務していた日本の医師、看護婦、技術者が南へ進むにつれて、武漢や南寧にまで発行範囲が広がるようになりました。

よく知られているように、解放前、東北地方にいた日本人の数は何十万にものぼりましたが、日本の降伏後、ぞくぞくと帰国しました。1946年秋には、松花江以北の解放区からも、国民党支配区を通って、二十余万の日本人が送り返されました。その後、内戦がますます激化したため、帰国の機会が一時なくなったのです。

　それより先、1945年、多くの日本人が人民解放軍（当時は東北民主連軍と呼ばれていた）に加わり、後方勤務の仕事にたずさわっていました。また、一部の日本人は政府機関の工場や企業に技術者、労働者として働いていました。当時、本渓湖、撫順、阜新など、東北地方のおもな炭鉱はみな国民党に支配されていましたが、鶴岡だけは解放軍の手に残っており、ここで生産された石炭によって解放軍の戦略的反攻の準備が整えられたと言われています。この鶴岡炭鉱には、日本の青年が結成した東北建設突撃隊があったのです。

　解放軍や人民政府の企業で働く日本人のなかには、功績をたてて、表彰された人がたくさんいます。その後、周恩来総理は日本の友人と面会のさい、中国の解放事業に協力してくださった日本居留民のことに一再ならず言及し、「われわれはこのことから、将来、日本人民と協力できるという確信を得たのです」と語りました〈1976年6月27日（1976年1月に周恩来総理死去）、日本3団体と会見のさいの松井松次さんのメモによる〉。菅沼さんたちの編集した『民主新聞』が日本の居留民に与えた鼓舞と激励、この役割は無視できないものがあるのではないでしょうか。

　1953年、日本の居留民三万余が帰国してから、菅沼さんは北京の外文出版社で働くようになり、おもに『人民中国』誌が立派な雑誌として日本の皆さんに読んでいただけるのも、菅沼さんら日本の関係者の努力によるものであることは、言うまでもありません。

　1960年のはじめ、菅沼さんは一家をあげて故国に帰りましたが、早くも1964年には藤山愛一郎氏や大谷瑩潤師ら諸先輩の協力を得て日中旅行社を創立、その後、多くの旅行団を中国に送り出しました。

私もときどき会いましたが、菅沼さんは中国の観光事業の発展に大きな関心を寄せていました。2、3年前、吉林省へ行って、長白山を視察したことがあります。長白山は、山が高く、木が生い茂り、めずらしい動物も少なくない。いずれ道路やホテルが整えば、観光地として大いに発展する見込みがある、と菅沼さんは言っていました。

　菅沼さんは亡くなりました。われわれは多年にわたる親密な友人を失い、まことに悲しみに耐えません。しかし、菅沼さんの残された日中平和友好の精神は、いつまでも光り輝くことでありましょう。

　　菅沼不二男　略歴
　　1909年　1月3日　　大分県下毛郡本耶馬渓町に生まれる
　　　　　　　　　　　大分県中津中学校、第七高等学校卒業
　　1932年　　　　　　東京帝国大学法学部卒業
　　1937年　　　　　　同盟通信社政治部記者
　　1937年　7月　　　 同社特派員として中国に渡る
　　1944年　3月　　　 応召、終戦時関東軍司令部第二課勤務
　　1945年　8月　　　 敗戦後、主として在華日本人に対する宣伝、出版に従事
　　1952年11月　　　　北京「外文出版社」顧問
　　1961年　8月　　　 帰国、一年間主として著述にいそしむ
　　1962年　9月　　　 和平交易（株）社長
　　1963年　9月　　　 新日本通商（株）会長
　　1964年　9月　　　 （株）日中旅行社社長
　　1983年　6月25日　 死去

　　　　　　　　　　　（菅沼不二男遺稿集『叢中笑』、1984年）

　（株）日中旅行社創立当初、朝日新聞の取材に対し、「わが国と深いつながりのある中国を、われわれはもっと知らなければならない。そのためには百聞は一見にしかずだ。一般サラリーマン、学生も気軽に行けるような安いコースも設けたい」と述べている。

　また、記者には菅沼社長が「大人」と映ったようだ。パイプを吹かし

ながら、日中の人事交流の将来を語る。「若い記者時代には、無茶もしたが、いまではビールの2、3本も飲んで、好きな義太夫をうなるのが楽しみ」という。記事には中国帰りの先輩新聞記者への畏敬の念が伝わってくる。終わりに、「菅沼夫人の久美さんは作家の檀一雄氏の実妹」とある。

9月27日　日中双方の記者交換実施。日本記者9名が中国に、中国記者7名が日本にそれぞれ着任。

9月28日　日中平和観光（株）宿谷栄一氏によって設立。
　　　　　宿谷栄一（1894～1979）…参議院議員、日本国際貿易促進協会理事長・副会長・顧問

10月2日　（株）日中旅行社が中国国際旅行社総社と契約締結。

　　　　　契約書第一条「日中両国人民の相互理解と友誼を増進し、文化・経済の交流と貿易の発展を促進し、日中両国人民間の旅行往来を発展させるため…」

　　　　　旅行可能な訪問先…北京・上海・天津・南京・蘇州・無錫・杭州・武漢・広州

10月10日　《東京オリンピック開幕》
10月14日　（株）富士国際旅行社設立。
10月15日　《ソ連、フルシチョフ首相の解任を発表》
10月16日　《中国第1回核実験成功》
　　　　　周恩来総理、核兵器全面禁止のための世界首脳会議開催を提案。
10月29日　社会党第4次訪中団（団長・成田知巳）、中国人民外交学会と共同声明。

10月　　　　日中平和観光（株）が中国国際旅行社総社と契約締結。
11月9日　　《佐藤栄作内閣成立》
11月27日　　日中旅行社、香港中国旅行社と協定書に調印。
12月1日　　中国旅行遊覧事業管理局（国務院の直属機関）設立。
　　　　　　旅游事業管理局と国際旅行社総社は政企合一、事務所も同じであった。

中国旅行の滞在費を4等級に分ける

　中国旅行の経費については、各人の都合次第で四つの等級のいずれかを選べる。
　中国国際旅行社では、旅費を交通費（飛行機・汽車）と総合服務費とに分けて規定している。交通費は飛行機・汽車、それぞれ料金が決まっているが、それ以外は一切総合服務費に含まれる。だから、総合服務費というのは、一日いくらという中国側の請負額であって、これにはホテルの部屋代、食費から観光用の自動車またはバスの料金、案内人（ガイド）の費用、赤帽さんの料金、博物館や劇場、映画館の入場料なども全部含まれる。
　この総合服務費は特A、特B、上等などの等級に分かれている。そのうち基準となるのは上等クラスで、ホテルでは一室に二人泊まり。食事は中国側が準備した料理を食べる。
　特A、特B級はいわゆるデラックスな旅行で、特Aだと、ホテルは寝室いがいに応接室、バスルームがあり、食事も豪華で食事の際にはビールやジュース、コーヒーなどがつく。部屋にも常時、果物が出るばかりではなく、午前、午後にはおやつの茶菓もある。
　またハイヤーとガイドもつき、団体の必要もなく、一人でも二人でもかまわない。
　特Bは、バスルーム付き一室で、食事はほぼ特Aと同じであるが、お

やつなどない。自動車とガイドの点は特Aと同じである。特Bの場合、一人から三人まで、四人から十人まで、十一人以上と人数が多くなるにつれて総合服務費は割安になる。

　旅行費用は三週間で33万円ぐらいになる予定で、コースによりそれぞれ異なるのはもちろん、近日中に全部が決まり発表される予定である。

（『日本と中国』1964年11月21日）

　1964年の北京駐在の商社マン内山宏男氏のレポート「『日僑飯店』の日々」を読むと、当時の北京の様子がよく分かるので、参考のため、一部を載せさせてもらった。

●「『日僑飯店』の日々」から

内山宏男

　――1964年5月、私は初めて北京を訪問し、商社マンとして12月まで滞在した。

　58年5月から長崎国旗事件で中断されていた日中貿易が、60年8月から「友好貿易」の名の下に再開されていた。「友好貿易」とは、中国側が日本側の促進団体の推薦を受けて指定した「友好商社」とのみ取引を行ったもので、政治優先・政経不可分の原則で推進され、安保闘争等の政治活動にも業界動員が行われていた。大きな商社のほとんどがダミー（身代わり）商社を起用しており、本名でやっていたのは日商（日商岩井の前身）、日綿実業（後のニチメン）、蝶理ぐらいだった。

　友好商社の各社代表は、みな崇文門の新僑飯店に宿泊した。日本人ばかりなので「日僑飯店」と呼ばれるほどであった。格式の高い北京飯店には未だ東楼もなく、外国からの政治家やVIPの専用だった。民族飯店と前門飯店が日本工業展覧会開催時には日本人にも利用されていた。

北京での滞在ビザは、春秋の広州交易会の継続商談として下ろされたため、北上直後には50〜60名もいて賑やかだった各社代表も、商談が完了すれば次々と帰国して、次の交易会が近づいてくる頃には20数名に減るパターンが繰り返された。日中共産党間の不和により、まもなく袂を分かつことになる日共系友好商社とも仲良くお付き合いをしていた。〈中略〉

　――ホテルの外へもよく食べに出かけた。周恩来総理も通ったという王府井奥の小胡同にあった「康楽」の「什錦鍋巴」（五目おこげ）が印象に残る。東安市場入口には、解放後初の日本料理屋「和風」もあり、よく通った。しかし、「文革」時に「東風」と改名され、まもなく消えてしまった。〈中略〉

　――「世界遺産」ともいうべき北京の市街を取り囲む巨大な城壁も城門も残っていた。新僑飯店の窓からは長い城壁がずっと遠くまで見渡せた。〈中略〉

　――再び、1967年5月から12月まで、北京に滞在した。66年夏、「プロレタリア文化大革命」が発動され、紅衛兵による赤色テロが中国全土を席巻していた。……全土が荒れ狂う中でも日中貿易は継続しており、我々外国人も商談のために北京に滞在していた。〈中略〉

　――**公園は閉鎖、至るところに「大字報」**
　北京は「文革」の奔流で荒廃してしまった。
　ほとんどの商店はクローズされ、営業している店が珍しいくらいとなった。北海公園、景山公園、頤和園をはじめほとんどの公園や博物館も閉鎖された。もはや散歩や観光どころでなかった。
　街中、至るところで「大字報」（壁新聞）がベタベタに貼られた。「反革命」的名称が次々と改名された。「長安街」が「東方紅大路」、「東交

民巷」が「反帝路」、羊肉しゃぶしゃぶの「東来順」が「首都飯荘」、「東安市場」が「東風市場」といった具合。文革終息後、ほとんどが以前の名称に戻されたが、広州でお世話になった「羊城賓館」のように、当時「東方賓館」と改名され、今もそのままのところもある。

　——毛主席語録をどんな風に学習したのか？
　それでも、貿易公司との商談は行われていた。ただし、午前中だけで、午後は内部学習会だといわれた。顔見知りの担当者が突然に姿を消し、「造反派」と見られる新顔が次々と登場した。
　商談に行くために「日僑飯店」の前からタクシーに乗ると、運転手が声をかけてくる。
　「先生！毛主席語録の学習を致しましょう。第157ページを開いてください」
　「決意を固め、犠牲を恐れず、万難を排し、勝利を勝ち取ろう」
　"下定決心、不怕犠牲、排除万難、去争取勝利。"
　運転手のリードで、声高らかに一緒に朗読する。それを2、3回繰り返してから、やっとタクシーが走り出す。

　公司に到着し商談をはじめる前に、再び商談相手と共に朗読を繰り返す。「毛主席語録」は外国人ビジネスマンにとって常時必携の書であった。〈後略〉

　　　　　　　　　　　　（『アジア遊学 NO.40』勉誠出版、2002年）

富士国際旅行社
社長　市原芳夫　様

　突然のメールで失礼致します。

　私は（株）西日本日中旅行社の専務取締役の大谷育平と申します。
　中国旅行に係わって、30年になります。現在、「日中旅行史」を記録として残したいと思っています。
　というのは、私が以前勤めていた日中旅行社が本年1月に解散してしまいました。1964年頃の日中旅行草創期を知る人たちが少なくなってきました。古い中国専業旅行社で残っているのは、日中平和観光だけになったと思っていたのですが、中国人の論文「中国における旅行業の展開過程」に、「1964年8月に中国国際旅行社が『富士国際旅行社』と業務関係をうちたてた」とあります。
　恥ずかしい話ですが、貴社が中国国際旅行社と業務提携をしていたことは、まったく知りませんでした。
　できましたら、1964年頃の、貴社と中国との関わり、また、中国国際旅行社との関係を教えていただけないでしょうか？
　もちろん、当時の日本共産党と中国共産党との対立も存じています。また、1967年に中国国際旅行社との契約破棄も知っています。
　また、貴社のホームページを拝見いたしますと、設立年月日が1964年10月14日とあり、国土交通大臣登録旅行業　84号（1966年取得）とあります。中国国際旅行社との業務提携は年代が間違っているのでしょうか？
　ぶしつけな質問であり、ご多忙中のことと存じますが、お教えいただければ幸甚です。

　　　　　　　　　　　　　　　　2008年9月24日
　　　　　　　　　　　　　　　（株）西日本日中旅行社広島支店
　　　　　　　　　　　　　　　支店長　大谷育平

大谷様

　市原は、1969年に富士国際旅行社に入社した、三代目の社長です。

　当社が中国国際旅行社の日本の契約相手の第一号(契約番号)であったことは事実です。
　弊社の当時の運輸省の第一種の登録は1966年の3月ですが、創業は64年の10月で、創業の社長は、中国との関係も深い別な会社の社長もしており、1964年の8月に中国との契約をしてから富士国際旅行社を立ち上げました。

　65年4月に最初のグループを送りだし、チャーター便による訪中団1団、66年にはチャーター便での5団の他14グループ送っています。

　文化革命を無条件で支持して「毛沢東万歳」という立場をとらなかったので67年に中国側から契約が破棄されたようです。67年には2団のみで、6月が当社の最後の旅行団です。

　当社は、何回かの危機がありましたが、一国依存の体質を早く脱却したので、何とか今日に至っております。

　60年代に中国との契約を結んだ柳沢恭雄初代社長も、二代目の松村和夫社長も、亡き人となっていますが、60年代に中国旅行に携わっていた人で歴史を語れる人は退職していますがご存命です。

　　　　　　　　　　　　　　　　　　　　2008年9月26日
　　　　　　　　　　　　　　　　　　　市原芳夫（富士国際旅行社）

1965年

2月、日中旅行社の運輸大臣登録（第76号）が完了（約6ヶ月かかる）。半年で280名（取り扱い人数）（米田征馬元日中旅行社社長）

＊日中旅行社の主な業務は、訪中団の組織と中国への派遣。そしてビジネスマンの飛行機予約（香港まで）と、香港中国旅行社への手配（送迎・ホテル・中国査証・列車予約）など。それ以外には、中国の情報提供があった。

4月、日中平和観光（株）運輸大臣登録（第79号）完了。

1月13日　《佐藤首相訪米。ジョンソン大統領と共同声明》
1月17日　陳毅副総理、宇都宮徳馬自民党衆議院議員と会見。佐藤内閣は米国に屈従し中国を敵視していると指摘。
2月7日　《米国、対北ベトナム全面爆撃を開始》
2月8日　佐藤首相、対中国延べ払い輸出に輸銀不使用を言明。日立造船の貨物船輸出契約は失効となる。ニチボーのビニロンプラントも失効（4月30日）。
3月6日　日中旅行社、日本最初の旅行団「第一次訪中日本友好参観団」21人派遣。
　　　　旅行費用：335,000円（3週間）

日本最初の観光団「第一次訪中日本友好参観団」スケジュール

3月6日　10:50　羽田発。
　　　　15:00　香港着。市内見学。　　　　香港／金門飯店泊
　　7日　09:25　九龍駅発。

羅湖着、深圳入境。席振寰（中国国際旅行社対外聯絡所副所長）他3人出迎え。全行程にわたりこの3人が同行。

通関後、両替。日本円・ポンド・香港ドルを人民元に。

　　1元＝150円

特急列車軟席（一等）で広州へ。

16:00　広州のホテルにチェックイン。

夕食　北園酒家（広東料理）。

　　　　　　　　　　　　広州／羊城賓館泊

8日　　飛行機（双発機）で武漢へ。

　　　所要時間：3時間半

午後　武漢大鉄橋、大型旋盤工場を見学。　　武漢泊

9日　　武漢大学、東湖、食肉加工工場の見学。

夕食　駱文中日友好協会理事による歓迎宴。

夜　特急寝台列車で北京へ。　　　　車中泊

10日　　3食はすべて列車内。ビール以外は自前。

21:00　北京駅着。　　　　　　　北京／新僑飯店泊

11日　　天壇公園、人民大会堂、北京第二綿紡織工場見学。　　　　　　　　　　　　　　　北京泊

12日　　午前、頤和園。午後、自由行動。王府井のデパートや友誼商店（2軒あった。市価の3〜7割引、ただしヒスイは除く）。　　　　　北京泊

13日　　万里の長城と明の十三陵。　　　　北京泊

14日　　歴史・革命博物館、故宮博物院。　　北京泊

中国国際旅行社総社の袁超俊総経理と会見。

夕食　北京ダック。　　　　　　　　北京泊

15日　　空路、南京へ。所要時間：4時間

機内サービス…アメ、チューインガム、新聞・

		雑誌、お茶、トランプ。　　　　　　　　　　南京泊
16日		中山陵、霊谷寺、棲霞寺、十月人民公社。
		南京泊
17日	07:00	列車で蘇州へ。
	12:00	過ぎ、蘇州着。拙政園、刺繍研究所。
	夜	昆劇（『紅岩』からとった「江姐」）鑑賞。
		蘇州泊
18日		寒山寺、虎丘。列車で上海へ。
		上海到着後、工業展、外灘。上海／和平飯店泊
19日		手工芸研究所、第六病院、曹陽新村、少年文化宮、工人文化宮。
	夕食	刺身とテンプラがついた。
20日		民族資本家と懇談。魯迅記念館、大世界。
		上海泊
21日	08:00	列車で杭州へ。
	11:16	杭州着。西湖遊覧。　　　　杭州／杭州飯店泊
22日		六和塔、虎跑泉、霊隠寺。
	11:50	飛行機で広州へ。
	14:40	広州着。空港から100km離れた保養所・従化温泉泊。
23日		広州に戻る。　　　　　　　　　　　　　広州泊
24日		農民運動講習所、広州武装蜂起烈士陵園、陳氏書院。
		百貨店店主と懇談。
	夜	解放軍の雑技鑑賞。　　　　　　　　　　広州泊
25日	07:30	広州駅発深圳へ。出境手続後、香港へ。
		香港泊
26日	午前	自由行動。
	16:00	香港発。

21:00　羽田着。解散。

(『サンデー毎日』1965年4月11日号)

3月24日　中国作家代表団（団長・老舎）来日。
4月6日　「吉田書簡」のため、貨物船の中国向輸出不可能となる。
　　　　（ニチボーのビニロンプラントも、5月7日）
6月1日　（株）日中旅行社関西営業所を開設。
6月28日　中日友好協会・中華全国青年連合会・中華全国学生連合会
　　　　から、日中青年友好大交流の招待状が各関係団体に届く。
7月22日　第11回原水爆禁止世界大会出席の中国代表団来日。
7月29日　中国総工会代表団（団長・唐章）来日。
8月12日　第一次訪中学生参観団（126名）訪中。

「第一次訪中学生参観団」スケジュール

8月12日　午前　羽田発。
　　　　午後　香港着、沙田水上レストランで夕食。
　13日　午前　香港—深圳—広州。
　　　　午後　広州市内遊覧。
　　　　夜　「東方紅」観劇。
　14日　午前　烈士陵園—陳氏書院（広東民間工芸館）—農民
　　　　　　　運動講習所跡。
　　　　午後　中山大学。
　15日　　　　汽車で、広州—杭州。
　16日　午前　西湖遊覧。
　　　　午後　霊隠寺—岳飛廟—絹織物工場。
　　　　夜　映画『西遊記』鑑賞。
　17日　午前　公園遊覧—学生との交歓—屏風山上海労働者医

療院。
　　　　午後　①西湖人民公社龍井茶生産大隊②水泳③休養。
　　　　夜　汽車で杭州―上海。
18日　午前　上海市内遊覧（黄埔公園、上海工業展覧会）。
　　　　午後　①魯迅記念館②民族資本家訪問（製薬・紡績）。
　　　　夜　工人文化宮。
19日　午前　①重機械工場②工人住宅。
　　　　午後　①馬橋人民公社②塘湾人民公社。
　　　　夜　少年文化宮。
20日　午前　復旦大学。
　　　　午後　招宴、自由行動。
21日　　　　汽車で上海―北京。
22日　午前　天安門広場―故宮博物院。
　　　　午後　歴史博物館、人民大会堂、革命博物館。
　　　　夜　参観団総会。
23日　午前　明十三陵ダム―地下宮殿（定陵）。
　　　　午後　万里の長城（八達嶺）―帰途①動物園②友誼商店③宿舎直行。
　　　　夜　西園寺公一氏来談。
24日　午前　日中青年代表団と景山、北海公園での交歓。
　　　　午後　北京大学。
　　　　夜　バレー『白鳥の湖』鑑賞。
25日　午前　民族文化宮で経済講演会。
　　　　午後　人民大会堂で日中青年友好大交流会。
　　　　夜　京劇『奇襲白虎隊』鑑賞。
26日　午前　日中友好植林、万寿山。
　　　　午後　人民大会堂国家指導者と接見―天壇公園。
　　　　夜　人民大会堂で北京市長の招宴。
27日　午前　自由行動。

|　　　　午後　飛行機で北京―広州、羊城賓館で歓送宴会、交歓会。
| 28日　午前　汽車で広州―深圳―香港。
|　　　　午後　香港島遊覧、遊泳。
|　　　　夜　　総会。
| 29日　午前　市内買い物。
|　　　　午後　香港発。
|　　　　夜　　羽田帰着。

　――最大の幸運は、8月26日にやってきました。毛主席はじめ党と国家の指導者たちとの接見です。ネクタイや上着を持ってない人が多く、Yシャツのまま中国要人とカメラに収まりました。
　接見と記念写真の直後、列の一角が崩れて数人が走り出しました。毛主席と握手するためです。他の指導者には目もくれません。ほとんどの人が毛主席と握手したくて興奮しています。ふと傍らを見るとなんと周総理が立って居るではないかと、周総理と握手したＹ君はその晩、班会の後も、「これが周総理と握手した手だゾ。触らせてやる！」と鼻高々でした。

（『斉了！ちいら！』）

8月21日　日中青年友好大交流（281名）訪中。

　　　第一コース（東北）：北京・瀋陽・鞍山・北戴河・南京・上海
　　　第二コース（西北）：北京・西安・延安・洛陽・無錫・上海
　　　第三コース（南方）：北京・武漢・長沙・南昌・廬山・杭州・
　　　　上海

8月26日　日中青年友好大交流（281名）と第一次訪中学生参観団（126

名)が毛沢東主席、党や国家の指導者と接見。

　日中青年友好大交流…中日友好協会・中華青年連合会・中華全国学生連合会の3団体は、日本の日中友好協会や各界の青年組織など41団体に招待状を出した。日本の青年500名が8月から1ヶ月間、中国各地の主要都市で、中国の青年たちと「中日青年友好大交流」を行った。

「深き情・長き誼」──李鉄映

(『斉了!ちいら!』)

「日中青年友好大交流」

　佐藤内閣が反中国政策を推し進め、彭真(中共中央政治局委員、北京市長)を団長とする代表団(日本共産党招待)や、劉寧一を団長とする原水禁世界大会参加代表団の入国を拒否するなど、両国間の交流にも神経をとがらせる状況のもと、1965年8月、国交正常化前の日中関係で前例のない、画期的な交流が実現している。中国で開催した日中青年友好大交流に、日本の青年約500人が招待されて参加し、中国の青年と交流、友情を結んだのである。

　この年6月下旬、中日友好協会、中華全国青年連合会、中華全国学生連合会の3団体から日中友好協会宛に、日本全国各地域の各界青年の代表と友好協会、日本青年団協議会、総評はじめ労組など各種団体の青年代表を中国へ招き、中国の青年と交流する計画を伝えてきた。その後、中国から届けられた招請状は41団体、500人にのぼる大規模なものであった。中国ではすでに準備をはじめていて、期間は8月21日から一ヶ月間、北京をはじめ15の都市で、音楽、演劇、スポーツなどの交流イベントを催し、また名所旧跡の参観もするという計画である。記念のバッチや旗、それに記念切手の発行も予定しているという。

日中青年友好大交流については、実は7年前の1958年8月、ウィーンで開催された第7回世界青年学生平和友好祭の場で、中国から参加した廖承志（中華全国青年連合会主席）、胡啓立（中華全国学生連合会主席）、胡耀邦（中華全国新民主主義青年団第一書記）らと、日本から参加した鈴木重郎（日本青年団協議会副会長、現日中友好協会副会長）らとのあいだで、構想などに関して話し合いがなされていた。この意見交換を通して、平和擁護のためにも、日中友好発展のためにも、日中両国の青年交流が重要であり、できれば毎年、相互に交流することが望ましいなど、双方ともに交流の実現に積極的だったが、長崎国旗事件の直後でもあり、構想の具体化が持ち越されていたのである。

日中友好協会が窓口になって、招待された各地域・各団体との連絡調整に当たり、最終的には39団体、473人の青年代表が訪中することになり、外務省へ旅券発給申請をしたところ、問題が起きた。外務省は、24団体281人の申請を認めたものの、8月18日、残る15団体、192人への旅券の発給を打ち切ってしまったのである。外務省はその理由について、新聞記者会見で「多数の日本人青年が集団的に参加することは、最近の諸般の情勢を総合すると、我が国の利益を害し、かつ公安を害するおそれがあることが推定されるに至ったので、好ましくないと思慮する」と発表した。この処置に対して自民党の古井喜実は「政府・自民党が政治に自信があれば、何千何万交流しようとも、どんな大物が中国からやってこようが、少しも心配ないはずだ。気にするのはよほど自信がない証拠だ」と皮肉るとともに、政府の方針を是正するよううながした。

集会の期日が迫っていたので、旅券を取得したグループが、ひとまず先に中国へ出発する。拒否されたグループは、友好協会はじめ参加諸団体の役員たちとともに外務、法務両省などへ抗議行動を起こし、ねばり強く旅券の発給を要求した。結論を言えば、彼らも全員、10月中に旅券を取得し、11月には訪中することができた。この問題に関しては、明

らかに当局側にとって分が悪かった。281人ならよくて、473人ならなぜよくないのか、その理由付けがむずかしいうえに、AはみとめるがBは認めないというのも、行政上公平さを欠く。訴訟に持ち込まれれば、敗訴するケースであった。

　日中青年友好大交流は結局、8月と11月の二陣に分かれて行われたが、北京ではいずれも、毛沢東と周恩来が日本の青年と会見したのをはじめ、一万を超える中国の青年たちと交流し、友情を深めた。北京での交流の後、日本の青年たちは、東北、西安、延安、洛陽、武漢、長沙、杭州の3コースに分散して各地を訪問、いずれも最後に上海へ集合した。第一陣の一行全員が上海に集合、9月15日に文化広場で開かれた歓送大集会に、北京から駆けつけて上海の行事に参加した廖承志が、次のように語った。

　「中日青年友好大交流の挙行は、中日両国人民の生活の中で、決して小さな出来事ではありません。それは一つの大きな出来事です。大交流の成功は、中日両国人民の共同の勝利です。中日友好事業は、両国青年によって受け継がれ、固められ、発展させられるものであります。今回の大交流は、その幸先の良いスタートです。われわれの友好団結の前で、帝国主義といっさいの反動派をふるえあがらせましょう」

（日中友好協会編『日中友好運動五十年』、東方書店）

「旅券闘争」（第一回日中青年友好大交流 1965）

　日中友好協会青年代表団の一員に推された私は、文革前の中国をわずかでも知ることができ幸運でした。しかし多くの人々の支援のおかげにもかかわらず、その後お役に立たなかったことが心残りです。

最も鮮明な記憶は、出発に先立っての予期せぬ「旅券闘争」です。旅支度をして東京に集まったところ、政府が旅券法をたてに旅券発給を拒否してきたのです。日本の青年が中国に行くことは、日本国の利益または公安を害する恐れがあると言うのです。

　今日、外務省の無能力、放縦、無責任体質が明らかとなって、外務省の評価は地に落ちている始末ですが、あの当時の外務省は私達が旅券を出せと押しかけると、政府の方針と言って追い返し、あげくの果ては警察を呼んだのです。本郷の旅館に泊まり、連日省内を歩き回り、押し問答をしていると、八月八日彼らはつめていた私たち団員十三名を局長室へ招き入れ、参事官と名乗る人が旅券を発給する前に一言申し上げたいと話し始めました。「本日、法務省より異義がないという正式の回答がありました。また、政府の上層部の方からも同様の指示があったので、旅券そのものはこれから発給します」としたあとで、くだくだと語られた中に、「民間のみなさんと政府の側とになんら打ち合わせもない、今度のことの全体についての客観的データは何もない。そういうことが、どんな不幸な結果を呼ぶか、これからわかると思う。諸君が要らないと断るなら今です」と、まるで私達の身の上を案じての親心のような口ぶり、そして、「外務省は外交をやっているので、その他の配慮でうごいているのではない。日本の百年の大計を考えているので、それほどとんちんかんなことはしていません」と自己宣伝、自己弁護のような締めくくりでした。

　私達は、すでに出来上がっている旅券を事務室の窓ガラス越しにみつけていたので、なにをくだらない講釈をと思いながらも、その場はおとなしく聞いて、待望の旅券を手に入れたのです。

　しかし、まったくけしからぬことに、私達日中友好協会代表団の発給をもって以後停止とし、多くの各地方代表団と送り出した各地の人々に

とっては、厳しく長い旅券闘争を余儀なくされたのです。

　やがて日中の国交は回復され、経済優先の交流は活発となりましたが、私達のかかげる真の日中友好の精神は、政治や経済がどうあろうとも永遠に守り続けなければならないと思います。

　　　　　　　　　「劫波を度尽て（ごうはをこえて）」——今泉君義
　　　　　　　　　　　　（日中友好協会宮城県連結成50周年記念誌2002）

　1965年8月12日、日中青年友好大交流団と同時期に、中国国際旅行社総社の招聘で、学生たちが訪中した。以後、この学生訪中団の集まりは斉了会（ちいらかい）と名付けられ、21世紀に入っても中国への訪問が続いている。

「第一次訪中学生参観団(126名)」（主催：関東学生中国語研究会連合、協賛：大学仏教青年会議）
　　北京で日中青年大交流に加わる。
　　旅行期間 1965年8/12〜29
　　費用15万円　（取扱：富士国際旅行社）
　　接見：毛沢東主席およびそ党の指導者たち（人民大会堂）、記念撮影。
　　＊訪中学生参観団は「日中青年大交流」とは全く別の訪中団であった。

「第二次訪中学生友好参観団(118名)」（主催：関東学生中国語研究会連合）
　　1966年7/21〜8/5　佐藤ナヲ（1968年日中旅行社入社）参加。
　　　　　　　　　　　　　　　（取扱：富士国際旅行社）
　　廖承志中日友好協会会長主催の招待宴。

「第三次訪中学生友好参観団(117名)」（主催：斉了会）随員：斉藤和弘

1967年8/6〜22　費用14万7千円（取扱：日中旅行社）
影山博邦（1968年関西国際旅行社入社）参加。
会見：郭沫若全国人民代表大会常務委員会副委員長・中日友好協会名誉会長。
　　　　　　　　　　　　　　　　　　　　　　　　　　（於人民大会堂）

「第四次訪中学生友好参観団(118名)」（主催：斉了会）随員：斉藤和弘
　1968年8/6〜27　費用15万円　（取扱：日中旅行社）
　会見：陳毅副総理、郭沫若人大副委員長、趙安博。
　　　　　　　　　　　　　　　　　　　　　　　　　　（於人民大会堂）

「第五次訪中学生友好参観団(128名)」（主催：斉了会）随員：斉藤和弘・黒田正之助・影山博邦・佐藤ナヲ
　1969年8/11〜9/3　（取扱：日中旅行社）
　会見：郭沫若全国人民代表大会常務委員会副委員長・中日友好協会名誉会長　　　　　　　　　　　　　　　　　　　　　　　（於人民大会堂）
　　　王洪文（上海市革命委員会）上海錦江賓館にて。
　＊この時期の王洪文の肩書き…上海市工人造反総司令部總責任者・中国共産党第九期中央委員。四人組のひとり。

「第六次訪中学生友好参観団(120名)」（主催：斉了会）随員：影山博邦・岡本伊佐緒・佐藤ナヲ
　1970年8/7〜30　費用15万円　（取扱：日中旅行社）
　会見：郭沫若全国人民代表大会常務委員会副委員長・中日友好協会名誉会長。　　　　　　　　　　　　　　　　　　　　　　　（於広州迎賓館）

「関西学生友好訪中参観団（40名)」（取扱：関西国際旅行社）
　1971年3月13日、周恩来総理と会見（於人民大会堂）。
　＊現地滞在費(総合服務費)は、中国国際旅行社の計らいで無料となった。
　　　　　　　　　　　　　　　　　　　　　　　　　　　（影山博邦）

影山博邦…1968年、関西国際旅行社入社。
現在、（株）東アジア交流センター代表取締役

「第七次訪中学生友好参観団(51名)」（取扱：日中旅行社）随員：松尾藤男・峯田迪郎
1971年 8/5～31　予定の半数しか受け入れられなかった。
会見：郭沫若全国人民代表大会常務委員会副委員長・中日友好協会名誉会長。　　　　　　　　　　　　　　　　　　（於人民大会堂）

「第八次訪中学生友好参観団(15名)」（取扱：日中旅行社）随員：臼井潔　1972年 7/10～30
会見：張香山（中日友好協会副会長・外交部顧問）
＊第八次は七次で行けなかった学生で「日本関東地区学生友好訪中団」（日中旅行社主催）で構成された。

斉了会…学生参観団　旅行費用は約15万円

＊郭沫若は日本留学経験（約20年）があり、最初の奥さんは日本人であった。日本語が話せたが、人民大会堂の会見時は中国語で、通訳を入れて話した。
＊郭沫若は通訳が翻訳に困ったとき、助け船をだしていた。（影山）

斉了会（訪中学生参観団）の編成まで

旅行社の選択

　第一次訪中学生参観団の取扱い旅行社は富士国際旅行社でありました。当時、早稲田の学生の先輩がその旅行社に勤めていた関係で、富士国際に決まりました。第二次も富士国際でしたが、富士国際が日共系であったため、現地で問題も発生しました。

第三次の最終決定は1967年1月でした。1月6日付けで中国国際旅行社総社から手紙が届き、「斉了会が組織する学生参観団を歓迎する。日中旅行社を通して派遣することを希望する」の二点が明記してありました。

（第一次訪中学生参観団団長・田中健生、井垣清明）

学生参観団のメンバー構成

多種多様。大学であれ各種学校であれ誰でも応募可。

お金さえあれば誰でも参加可能。ただし、中国に敵意や悪意を持っていないこと。

2つの制約

1．お金…2週間の旅行で15万円弱。内容からすると破格に安い。しかし、15万円納めるとなると、困難な人が多かった。

2．思想的問題…「中国に行くと就職にさしつかえる」といわれた頃ですから、大企業や銀行の就職試験では中国へ行ったことを言わない人がかなりいました。後日「お前、なぜ中国行きを隠していたのか？」と上役に聞かれ、「質問されなかったので言わなかっただけです」と答えた友人が何人かいます。

応募への3つの動機

1．アヘン戦争以来、中国は欧米列強により「蚕食鯨呑」の憂き目にあい、さらに後発の軍国日本に浸食されていたが、その苦境をはね返した抗日戦争や中国革命への憧憬とか共感とかを抱く人々。

2. 古くから一衣帯水の間柄にあるので、文化的に歴史的に関係の深い中国に対してノスタルジアにも似た親近感を持つ人々。たとえば三国志や西遊記とか李白や杜甫、書画骨董に関心のある人々。

3. とにかく人が行けない所を見てみたいという好奇心旺盛な人々、なんでも見たがる買いたがる人々。地大物博の中国に未知の魅力を感じている人々。

「斉了会通史」――井垣清明（書家）
（『斉了！ちいら！』）

最高の礼遇と接待の基準

　中国で「極左」が盛んだった十年の内乱の時期、日本の学生が七団体、計688人も中国を訪問した。それは、当時の中国の旅行事業のみならず、外交往来の歴史でも、唯一、日本だけである。参観団は、ごく普通の旅行団として中国を訪れた。

　しかし、その背後には、人びとの知らない事実がある。それは旅行団が、中国の最高指導者である周恩来総理の批准を経ており、ときには毛沢東主席が「〇」をつけて批准したケースもあることだ。従って、接待の基準は前例がないほど格の高いものだった。

　例えば、毛主席や周総理の接見があり、対外的な活動では常規はずれのことがあり、陳毅副総理や郭沫若副委員長が接見した団があり、各地での指導者が会見したり、座談会があったり、専用列車を利用したり、飛行機をチャーターしたり等、完全に、旅行団の接待の基準を大きく超えたものだった。

「斉了会を永遠に忘れず」――席振寰
（元・中国国際旅行社総社日本処処長）
（『斉了！ちいら！』）

対外連絡

　当時は招聘するにあたり、国務院（政府）の許可を取り、その後、広州の公安局と香港中国旅行社に連絡をした。

陳巧英（元・中国国際旅行社総社幹部）

9月23日	日中友好協会第15回全国大会。中日友好協会代表団（団長・楊康華）が出席。
10月4日	北京で日本工業展覧会開幕。65万人参観（〜20日）。
11月2日	第一次に参加できなかった青年たち二次日中青年友好交流に参加する。
11月18日	劉少奇主席・周恩来総理・朱徳委員長は二次日中青年友好交流団と北京人民大会堂にて会見。
11月25日	毛沢東主席、上海にて二次日中青年友好交流団と会見。
12月1日	上海で日本工業展覧会開幕。81万人参観（〜22日）。
12月17日	日中漁業協定、改訂調印。

1966年

1966年1月1日号の『日本と中国』に、現地情報が掲載されていた。

　ホテル、北京に有名なホテルが新僑飯店ほか5つの外国人用ホテルがある。また、上海には和平飯店、南京の南京飯店、広州の羊城賓館など設備は一流である。食事は中国料理と西洋料理があって、朝が1元（150円）、昼1.5元、夜2.5元程度で腹一杯になる。流しタクシーはなく、「出租汽車」というハイヤーはあるが、輪タクの方が便利だし安い。

（『日本と中国』1966年1月1日号）

中国旅行新コース紹介 (抜粋)

　新しい20コースのなかからモデルコース8種を紹介しましょう。他は若干1～2の都市の組合せが違うだけなので略しました。くわしくは日中旅行社にお問合せ下さい。旅程の記号は交通機関を表します。

　　～飛行機、―鉄道、＝船舶（揚子江）

1号コース　23日間
東京～香港―広州～南昌―廬山―上海―曲阜―済南―北京―洛陽―鄭州～広州
　　10～14人　　＠　　423,000
　　15～19人　　＠　　393,000
　　20人以上　　＠　　386,000

4号コース　21日間（推薦コース）
東京～香港―広州―杭州―上海―無錫または蘇州―南京―天津―北京～広州
　　10～14人　　＠　　383,000
　　15～19人　　＠　　353,000
　　20人以上　　＠　　345,000

6号コース　21日間
東京～香港―広州―武漢＝（揚子江下り）＝廬山―南昌―上海～北京～広州
　　10～14人　　＠　　406,000
　　15～19人　　＠　　376,000
　　20人以上　　＠　　369,000

13号コース　14日間（推薦コース）
東京〜香港―広州〜杭州―上海〜北京〜広州
　　10〜14人　　　@　　　332,000
　　15〜19人　　　@　　　302,000
　　20人以上　　　@　　　295,000

15号コース　14日間
東京〜香港―広州〜鄭州―洛陽―北京〜上海〜広州
　　10〜14人　　　@　　　337,000
　　15〜19人　　　@　　　307,000
　　20人以上　　　@　　　300,000

18号コース　14日間
東京〜香港―広州〜上海―曲阜―北京〜広州
　　10〜14人　　　@　　　336,000
　　15〜19人　　　@　　　306,000
　　20人以上　　　@　　　299,000

19号コース　21日間
東京〜香港―広州―杭州―上海〜西安―洛陽―北京〜広州
　　10〜14人　　　@　　　420,000
　　15〜19人　　　@　　　397,000
　　20人以上　　　@　　　390,000

20号コース　16日間
東京〜香港―広州〜鄭州―洛陽―西安〜北京〜広州
　　10〜14人　　　@　　　395,000
　　15〜19人　　　@　　　367,000
　　20人以上　　　@　　　360,000

＊なお、このほか日中旅行社では10人以下の少人数でのデラックス旅行も別途見積もりしてお世話しています。
　また、中国経由東南アジア行き、同欧州行きもあわせてお世話しています。

（『日本と中国』1966年1月18日）

日中友好協会がおくる訪中旅行団の計画

　日中友好協会では1966年の一年間に計700名の訪中旅行団を送り出す計画を組んで、各ブロックではすでに募集に着手しています。

　A、地方別友好参観団　200名
　　　関西・東海地方　3月－20名、4月－40名。
　　　中国・四国・九州地方　5月－20名、6月－20名。
　　　東北・北海道地区　7月－20名、8月－20名。
　　　東京・関東・北陸地方　9月－20名、10月－20名、11月－20名。
　以上、コースの選定は3週間、または、2週間コースのうちから好みのコースを選ぶ。

　B、新中国・料理の旅　90名
　　　2月15名、3月15名、5月15名、7月15名、9月15名、11月15名
　新中国の建設を参観しながら北京・上海・杭州・広州の有名料理を食べ歩き、包丁さばきをみる。費用は15名一団、一人35万円。（2週間）

C、仏跡めぐり　60名
　　1月20名、4月20名、10月20名
　　コースは19号3週間、または20号2週間のいずれかを選ぶ。

D、教育施設コース　40名
　　7～8月40名。
　　コースは18号2週間または4号3週間を選ぶ。

E、文化史跡めぐり　20名
　　7～8月20名
　　コースは20号16日間とする。

F、書道の旅　40名
　　5月20名、11月20名
　　コースは19号3週間、または20号2週間のいずれかを選ぶ。

G、工芸美術をたずねて　40名
　　5月20名、9月20名
　　コースは15号の2週間または19号の3週間を選ぶ。

H、東洋医学の旅　30名
　　6月30名
　　コースは13号の2週間または6号の3週間を選ぶ。

I、囲碁親善の旅　20名
　　3月30名
　　コースは13号の2週間を適用。

　別表に各コースごとの料金表を明示。10～14人、15～19人、20人

以上で料金差をつけていた。

(『日本と中国』1966年1月18日)

1966年、日中平和観光が『中国旅行案内』を発行。

- 1月1日　旅行訪問先が新たに7都市（済南・曲阜・洛陽・鄭州・南昌・廬山・九江）が追加された。
- 2月28日　日本共産党代表団（団長・宮本顕治）北京着（3月28日帰国）。
中国共産党と意見対立のため共同声明不成立。
- 3月　富士国際旅行社、運輸大臣登録（第84号）。
- 4月　日本共産党と中国共産党、決裂。
日中友好協会をはじめ日中友好諸団体の中に、日共党員が多数所属していた。日共は、これらの団体に所属する党員たちを通して反中国方針を押しつけ始めた。
- 5月16日　中央政治局拡大会議「五・一六通知」を採択。「中央文化革命小組」を設立することを宣言。文化大革命を指導。
- 6月11日　日中友好協会の新聞『日本と中国』を『日中友好新聞』と改名。
- 8月8日　中共中央は「プロレタリア文化大革命についての決定」を発表（即16ヵ条）。

旅行業における文化大革命の影響

——1966年後半以後、「文化大革命」が全国に蔓延して、各級旅游機関が甚大な被害を受けた。"四人組"の極左思潮で、全面的に旅游業を否定した。それは外国人旅行者の訪中、遊覧観光に波及した。祖国のす

ばらしい山河を"ブルジョア階級に享受させることはない"と、名勝古跡と遊覧景勝地を封鎖する命令を下した。そのため地方の旅游機構は少なからず被害を受け、併せて、旅游業が長年にわたって築き上げた経営管理制度を破壊し、旅游接待人数が大きく減少した。

全国接待外国人旅行者数
1965年…12,877人、1966年上半期…500人超、1968年…303人

(『中国旅游業50年』)

日本人の海外旅行自由化により、労働者や、農業・漁業の従事者、教職員、学生など、いままで訪中できなかった一般人が中国に行けるようになった。多くの人たちに訪中してもらうため、中国専業旅行社が一般募集を行った。はじめの頃は、日程も詳しく紹介され、観光地が中心にスケジュールは組まれていた。旅行申込者に希望交流や参観場所を申込書に記入してもらい、できるだけ同じ希望者を集約して旅行を実施した。しかし、プロレタリア文化大革命が激しくなるにつれ、人民公社や工場の参観、革命の聖地などが中心になり、旅行内容に変化が生じた。また、観光施設などが閉鎖されはじめ、受け入れ態勢が整わなくなった。

当時、現地で暮らしていた西園寺一晃氏が当時の様子を下記のように述べている。

「文革の嵐」

西園寺一晃

――私は本当のところはじめ事態がよくわからなかった。大学の学友たちの中にもとまどいがあった。しかしそのとまどいを押し流すように紅衛兵旋風は大学を巻き込んでしまった。私の理解ではあれほどまでに

急激に、そして激烈に文革が中国全土を席巻したのには三つの理由があった。一つは毛沢東に対する個人的崇拝。二つ目は中ソ論争の中で「ソ連の変質・修正主義化」に対する怒りと危機感。三つ目は幹部の特権化、腐敗に対する不満である。これらが一つになって、中国の人々を文革へと駆り立てたのである。

(『しにか』1990年6月号、大修館書店)

8月19日　第1回訪中教育事情視察団（130人）　旅行期間2週間。
　　　　東京—香港—広州—上海—南京—北京—広州—香港—東京
8月23日　《天安門広場を東方紅広場と名称を改める》
8月23日　日本航空、中国人（香港）ホステス、香港線に乗務開始。
9月6日　日中貿易促進会の日共系3商社が中国から締め出される。
　　　　日共系3商社…睦・羽賀通商・三進交易
9月9日〜26日、ノンフィクション・クラブ有志の「文化人訪中団」大宅壮一、三鬼陽之助、藤原弘達、大森実、梶原季ら7人が自費で訪中（広州・杭州・南京・北京）。受入は中国国際旅行社。派遣は日中旅行社。菅沼不二男社長が同行する。
9月18日　中国国際貿易促進委員会は日中貿易促進会を除外し、日本国際貿易促進協会に一本化する。
9月20日　日本政府、日中青年友好交流に参加するものの出国を認めず。
10月26日　日中貿易促進会解散。
10月26日　日中友好協会（正統）中央本部で、再出発。
11月21日　日中友好協会の新聞『日中友好新聞』を『日本と中国』に戻す。

　　＊『日本と中国』に掲載された「おことわり」
　　　日中友好新聞の編集委員会と編集局員は、全員日中友好協会

（正統）本部に参加し、ひきつづき機関紙活動をおこなっています。

「日中友好新聞」の名称は読者のみなさんに混乱をまねくおそれがあるため、非友好グループが同名称の使用を止めるまで、旧名称の"日本と中国"を復活させます。

名称は変わっても、日中友好新聞の編集方針・内容は継承していきます。　　　　　　　　　　　　（『日本と中国』1966年11月28日）

● 内外の危機に際し再び日中友好の促進を国民に訴える（32氏の声明）

〈要旨〉

　日本と中国の友好・交流をすすめ、両国人民の団結をつよめることは、戦後の日本において、真に国を愛するすべての人にとり、一日もなおざりにできない重大事である。それはまた、かつて日本軍国主義が歩んだ侵略から破滅への道を、決して繰り返さないと心に誓う、圧倒的多数の国民の願いを反映したものである。

　（米国のベトナムに対する戦争の拡大と、ベトナム支援に関する中国の決意について述べたうえ）このような情勢の発展によって、われわれの日中友好・交流、両国人民団結の運動は、これまでにもまして緊急で重要なときを迎えている。……日中友好運動をとりまく環境はこんご、これまで以上に厳しいものとなるであろう。もっぱらアメリカ政府への追従をこととする勢力が、友好・交流にたいする妨害、圧迫をつよめてくることは疑いない。

　それと同時に、いま日中友好・交流の運動をさらに前進させるためには、日本の運動の内部に生れている障害をのりこえなければならない。われわれの運動の内部には、最近、さまざまな口実を設け、友好・交流の発展を極力妨げようとする傾向が生れている。このような傾向は、米

日反動勢力を喜ばせ、かれらの反中国政策に手をかすものにほかならない。

　私たちこの声明に参加した者は、広範な国民のみなさん、各界各層の国を愛するすべての人に、確信をもって日中友好の大業をさらに前進させるよう訴えるものである。

　　　　　　　　　　　　（日中友好協会編『日中友好運動五十年』、東方書店）

32氏…岩井章、伊藤武雄、海野晋吉、太田薫、大谷瑩潤、大内兵衛、兼田富太郎、亀井勝一郎、河崎なつ、木村伊兵衛、黒田寿男、金子二郎、小林義雄、小林雄一、佐々木更三、坂本徳松、白石凡、末川博、杉村春子、千田是也、高野実、田中寿美子、土岐善麿、中島健蔵、原彪、堀井利勝、深屋須磨子、牧野内武人、松岡洋子、宮崎世民、三島一、久布白落実。

　　　　　　（宮崎世民著『宮崎世民回想録』、青年出版社、1984年より）

1967年

1967年、中国国際旅行社総社、海外からの旅行者受け入れを縮小。
　　　　　4,551人（1966年）→ 866人（1967年）
　　　　　　　　　　（王琰氏の論文「中国における旅行業の展開過程」）
1967年、新日本国際（株）設立。

1月26日　《国務院、中央軍事委員会が民用航空系統を接収と発表》
2月28日　善隣学生会館事件起きる。東京の善隣学生会館で日本共産党指導下の非友好分子が中国人学生を襲撃する。
3月26日　（株）日中旅行社関西営業所を閉鎖。

　　　＊日・中共産党間の路線対立を背景に、1966年10月北京で調印

された日中友好協会訪中団と中国側との共同声明をめぐって日中友好協会内部に分裂が生じた。日中旅行社幹部は日中友好協会（正統）に属し、これに従わない社員を解雇するため、関西営業所を閉鎖した。裁判に発展。

この当時、関西営業所の売り上げの68％が業務売上で、残り32％が参観団売上であった。（裁判記録より）

日本共産党の妨害により、訪中を取りやめたグループ

①中国行政視察・国慶節参観、町村長友好視察団
②東京三多摩地区連合会の国慶節視察団
③北海道経済視察団（小樽市を中心にした各市）
④第二次東北・北三県友好参観団（岩手、青森、秋田）
⑤東北南三県友好参観団（宮城、福島、山形）
⑥和歌山県各界友好視察団
⑦三重県商工業者視察団
⑧三重県陶磁器業友好視察団
⑨長野県友好視察団（上田、須坂、長野の各市）
⑩囲碁親善の旅（アマチュア棋士が中心）
⑪東京商工団体連合会
⑫新日本医師会視察団
⑬大阪商工団体連合会
⑭大阪府保険医視察団

以上は昨年八月から十月にかけて実施する予定だった計画のものである。
（『日本と中国』1967年4月3日）

4月	中国国際旅行社、(株)富士国際旅行社(日本共産党系)との契約破棄。
5月29日	日中友好宗教者懇話会発足。
6月2日	日本国際貿易促進協会の新聞・週刊『国際貿易』創刊。300円(月)。
6月18日	《中国、最初の水爆実験に成功》
7月7日	「七・七」蘆溝橋事件30周年。日本各界の著名85氏、記念事業実行委員会を組織して全国へアピール。
8月11日	日本政府、中日友好協会訪日代表団(団長・周培源)の入国を拒否。
8月15日	(株)日中観光が大阪にでき、11月17日に(株)関西国際旅行社に社名を変更。(『日中旅行社解雇事件』裁判記録より)
9月7日	佐藤首相訪台。日中友好協会は羽田空港で座り込み阻止闘争。廖承志弁事処駐東京事務所代表、首相の訪台に抗議声明。
9月8日	右翼、廖承志弁事処駐東京事務所を襲撃。取材の中国記者に暴行。
10月	日中文化交流協会訪中団(河原崎長十郎)。
11月15日	《佐藤首相訪米。ジョンソン大統領と共同声明発表》
11月28日	『日本と中国』の広告に、日中旅行社の東京・関西・小倉が載る。
12月4日	日中漁業協定、暫定的に1年延長。

1967年、(株)日中旅行社社長・菅沼不二男は北京中南海紫光閣において、当時の副首相兼外交部長の陳毅から「よくやった、今後も頑張ってほしい」と激励された。　　　　　　　　　　(『日中のかけ橋百人集』)

　＊文化大革命が始まると、中国への渡航者が激減した。
　　1965年の訪中者が3,806人だったものが1966年に2,869人、1967年1,526人、1968年1,170人、1969年661人と落ち込んでしまった。

――67、8年は文化大革命のスライドを作り、交流のPRにしようと日中友好協会の各支部に持って行き、上映した。また、東京で常設物産展を開いた。特売日にはチラシ配りもした。特売場の人気商品は［パンダのぬいぐるみ］だった。

(1968年日中旅行社入社、佐藤ナヲ)

1968年

1968年、中国国際旅行社総社、資本主義国からの個人の旅行者と団体の取扱を中止。
1968年、LT貿易に替わり、日中覚書貿易が制度化される。
「日中間の出入国問題」、「旅券法」が大きな問題となる。

さて、1968年、第四次訪中学生友好参観団に参加した影山博邦氏の旅券が保存されていた。また、その旅券に奇跡的に当時の中国ビザと登記査証がクリップで留められていた。
旅券とビザ・登記査証を時系列に並べてみよう。

影山氏の渡航手続きの流れ

- 7月18日　中華人民共和国行きの一次旅券発給（発行官庁：日本外務省、交付官庁：兵庫県）
- 7月31日　香港ダブルトランジットビザ発給（有効期限3ヶ月、発行所：大阪・神戸イギリス総領事館神戸オフィス）
- 8月2日　住友銀行梅田新町支店でUS＄82に換金「渡航費用に関する証明」（7月6日）
- 8月3日　中国入出境査証発給（広州市公安局、8月29日まで有効）

(1964〜1972) 177

　　　　　ビザに旅券番号が記入。旅券にクリップで留める。
8月6日　羽田から日本航空チャーター機（出国スタンプあり）
　　　　　羽田税関支所のスタンプあり（携帯輸出金額20,000円）
8月6日　香港入境スタンプ（8月13日まで有効）
8月7日　中国ビザに深圳入境スタンプ押印
8月7日　登記査証発給（中国居留至8月29日、広州市公安局）
8月26日　中国ビザに深圳出境スタンプ押印
8月26日　香港入境スタンプ（9月2日まで有効）
8月27日　香港出境（香港ビザに「JOURNEY COMPLETED」押印）
8月27日　日本帰国（羽田着、スタンプ）

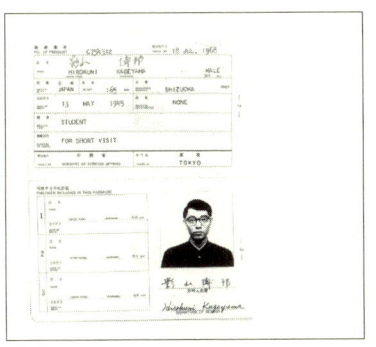

パスポート 　　　　　　　　　香港ビザ

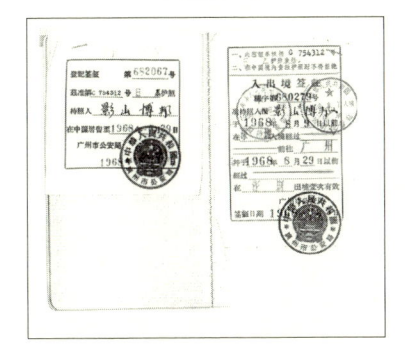

登記査証　中国ビザ 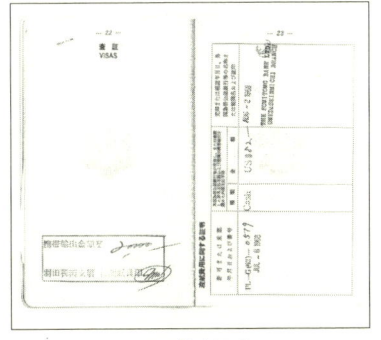　　　　　両替許可書

1月 2日　『国際貿易』、日中平和観光の広告に、東京・大阪支店とある。
3月 6日　古井喜実氏が訪中し、覚書貿易会談コミュニケを調印。
　　　　　覚書貿易（MT貿易）が開始された。
8月 6日　日中輸出入組合解散（1955年設立）。
8月20日　《ソ連軍、チェコスロバキア侵攻》
9月 8日　創価学会池田大作会長が「日中国交正常化提言」を発表。
9月29日　黒田寿男・穂積七郎（衆議院議員）、三好一・西川景文・雨宮礼三・古谷荘一郎（日中友好協会正統）、杉村春子（日中文化交流協会常任理事）、菅沼正久本州大学教授（北京シンポジウム東京世話人）、白土吾夫・村岡久平（日中文化交流協会）、西園寺公一（日中文化交流協会常任理事、現地参加）らが、国慶節に招かれ訪中。
11月 6日　《ニクソン、米大統領となる》

1969年

1969年、中国政府は「廈門華僑服務中心」を解散。中国国際旅行社総社の支社・分社も撤去。かろうじて総社の機構を残す。
　　　　　　　　　　（王琰氏の論文「中国における旅行業の展開過程」）
1969年、《北京地下鉄開通》
中国国際旅行社総社の総合服務費50元／日（ホテル・バス・食事・入場料込み）

2月14日　古井喜実・田川誠一（自民党代議士）、河合良一、渡辺弥栄司、大久保任晴、鈴木晃、森本訓次（田川秘書）ら覚書貿易協議のため訪中。
3月 2日　《中ソ両軍が国境で軍事衝突、珍宝島事件起こる》
3月15日　日中友好協会第9回常任理事会事件起こる。事後処理をめぐり組織の不正常状態発生。

3月24日	北京で日本工業展覧会開幕（〜4月11日）。佐藤内閣が19品目を展示不許可にしたため、開幕式は佐藤内閣の反中国政策への抗議集会の場となる。
4月1日	為替管理の規制区分（13分類）を渉外業務等、留学、その他の3分類に整理統合。渉外業務等渡航の単価制限（一律1日35ドル）を撤廃。 その他渡航（従来の500ドル口及び200ドル口）の為銀承認限度を700ドルに引上げ。ギャランティ渡航は原則として許可不要。
4月4日	日中覚書貿易会談コミュニケ調印。日中関係悪化の原因が日本政府にあることを指摘。
4月6日	周恩来総理、自民党議員の古井喜実・宇都宮徳馬両氏と会見。佐藤内閣の中国敵視政策を厳しく批判。
7月16日	日中総合貿易連絡協議会（会長・岡崎嘉平太）、「日中関係の障害除け」とアピール。
8月11日	第五次訪中学生友好参観団〈第五次斉了会〉出発。

「第五次訪中学生友好参観団（128名）」の出発までの流れ

2月	第五次訪中学生友好参観団募集開始。
3月23日	第一回説明会。以降5月18日まで説明会計4回催される。
5月15日	申し込み締め切り。
5月25日	結団式。
6月14日	中国国際旅行社より、今年の「学生友好参観団」の受け入れに同意する旨の電報が入る。"同意学生教師団来華請速人数名単及日程。"
6月16日	総数132名の招請電要請。中国側に参加する団員の名前を送り招請してもらう。

6月21日　再度、正式な招請電が届き、当初2週間の日程が3週間に延ばされ、各分団で、延安、井崗山への日程が追加される。"同意電随后即発根据次佳経験所提時間太短請速告貴社意見。"

6月24日　「中華人民共和国への渡航趣意書」を外務省へ提出。
　　　　　＊国交のない中国へ渡航するための旅券の発行を申請する。窓口は外務省だが、学生であるため、文部省そして法務省にも書類がまわることになる。

7月1日　チャーター便決定、東京香港間日本航空利用（8月11日〜9月3日）。

7月6日　第一回予防接種（コレラ、種痘）。

7月13日　第二回予防接種（コレラ）。

7月21日　渡航趣意書を文部省が決済し、外務省へ事務手続きの後、法務省へ。

7月23日　法務省が決済を下し、申請者全員訪中出来ることが決定する。
　　　　　中華人民共和国への入境申請書（3枚）送付。

7月28日　旅券受領。

7月29日　香港の査証（ビザ）を英国大使館に申請。

8月4日　香港ビザ取得。

8月11日　出発。出発までに学習会が10回開かれる。

　　　　　　　　　　　　　（池田秀男〈第五次〉『斉了！ちいら！』）

　この時代、中華人民共和国は未承認国であったため、旅券申請で通常の書類一式以外に「渡航趣意書」なるものが必要であった。また、関係部局で審査があり、旅券取得のための所要日数が一般の旅券取得よりも多くかかった。

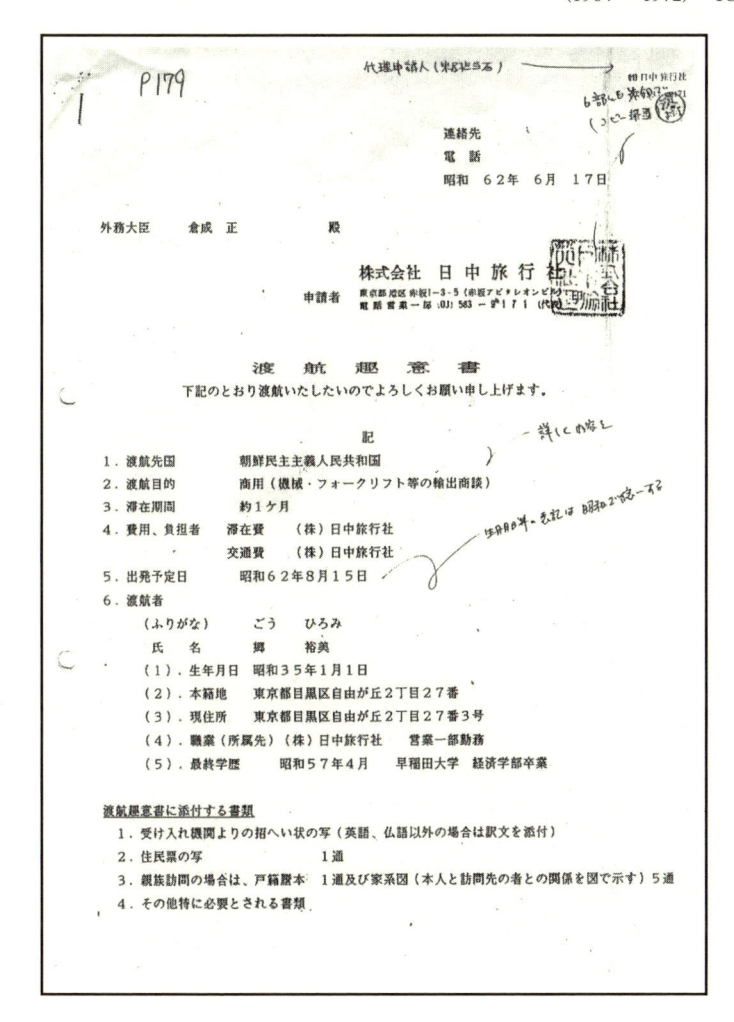

```
                                    代理申請人（第名記さる）          日中旅行社
     P179                                                   6部とも添付けっ
                                                           （コピー採用）
                                  連絡先
                                  電話
                                  昭和62年6月17日

   外務大臣 倉成 正 殿
                                  株式会社 日中旅行社
                            申請者  東京都港区赤坂1-3-5（赤坂ビチレオンビ
                                  電話営業一部（03）583-◯171（代

                         渡 航 趣 意 書
                  下記のとおり渡航いたしたいのでよろしくお願い申し上げます。

                                記
    1. 渡航先国        朝鮮民主主義人民共和国          一緒に飲む。
    2. 渡航目的        商用（機械・フォークリフト等の輸出商談）
    3. 滞在期間        約1ケ月
    4. 費用、負担者    滞在費   （株）日中旅行社     生年月日・本籍は昭和2年一部る
                     交通費   （株）日中旅行社
    5. 出発予定日      昭和62年8月15日
    6. 渡航者
       （ふりがな）    ごう ひろみ
        氏 名         郷 裕美
       （1）. 生年月日  昭和35年1月1日
       （2）. 本籍地    東京都目黒区自由が丘2丁目27番
       （3）. 現住所    東京都目黒区自由が丘2丁目27番3号
       （4）. 職業（所属先） （株）日中旅行社 営業一部勤務
       （5）. 最終学歴  昭和57年4月  早稲田大学 経済学部卒業

   渡航趣意書に添付する書類
    1. 受け入れ機関よりの招へい状の写（英語、仏語以外の場合は訳文を添付）
    2. 住民票の写         1通
    3. 親族訪問の場合は、戸籍謄本 1通及び家系図（本人と訪問先の者との関係を図で示す）5通
    4. その他特に必要とされる書類
```

　——「共産圏渡航趣意書」（資料3、4を参照）は当初、一人32枚提出。その後、だんだん枚数が減ってくる。入境申請書（3枚）。JALチャーター料（1万米ドル）。また、香港の査証は往復の通過VISA。申請には航空券が必要。　　（影山博邦）

　——「共産圏渡航趣意書」は当初、一人3枚提出。（斎藤和弘）

二人のうちどちらかが記憶違い。

　日中旅行社は、中国を「共産圏」として一括して呼ぶことには同意できないという考え方から、共産圏渡航趣意書という名称を「中華人民共和国渡航趣意書」と改め、外務省に書類を提出した。

（『斉了！ちいら！』）

渡航趣意書…1964年頃は32枚（3枚？）外務省に提出していたが、1970年には、15枚になっていることが、「資料4」で明らかである。1972年の中国との国交正常化以降は一般旅券での渡航が可能になった。ちなみに、1987年の北朝鮮行きの渡航趣意書については下記のような手続きを行った。

1. 渡航趣意書　6部（原本1部＋コピー5部）
（レターヘッドに必要事項記入）
2. 招請状　　　6部（原本1部＋コピー5部）
3. 住民票の写し　1部
4. 戸籍抄本または謄本　1部
5. 親族訪問の場合は戸籍謄本1通＋家系図5部
（本人と訪問先の関係を図で示す）

上記書類を外務省に提出して、決済受領まで2週間

決済受領（外務省）で必要なもの
1. 一般旅券申請書（一次旅券）　2部（決済時、受付番号を右上に記入）
　＊渡航先は必ず4カ所に〇をつける。
　（中国・ソ連・香港・北朝鮮）…旅券に渡航先国が明記される。通過する可能性がある国をすべて入れる。
2. 出張証明書または旅行契約締結証明書　1通

上記決裁書類を都道府県の旅券事務所に提出（申請から受領まで8日）
 1．決裁書類一式
 2．写真　2枚
 3．はがき（未使用）　1通
 4．身分証明書
 5．印鑑
 6．旅券（有効旅券の持っている方）

——香港到着後、香港中国旅行社のスタッフがパスポートを受け取り、深圳に持って行き、査証申請をする。査証はパスポートにホッチキスで留められる。パスポートは翌日、香港の羅湖で受け取る。

（影山博邦）

「第五次訪中学生友好参観団」訪中スケジュール

8月11日　08:30　お茶の水・学生会館出発。
　　　　　　　　第五次訪中学生友好参観団は前日より関西、関東が合流して最後の合宿に入った。
　　　　　17:25　羽田発。
　　　　　21:00　香港着。　　　　　　　　　　　　　　香港泊
8月12日　08:00　九龍出発。
　　　　　　　　税関の手続きを済ませ、中国人民の初の熱烈な歓迎を受ける。
　　　　　12:30　深圳発、列車で広州へ。
　　　　　15:00　広州着。
　　　　　　　　　第一分団は、駅舎で中国人民と交歓会。
　　　　　　　　　第二分団は、バスに分乗。
　　　　　16:00　広州駅発、四人一部屋のコンパートメント列

		車。いつも熱いお茶がある。 車中泊
8月13日	05:30	株州駅着。真っ暗なうちなのに人民解放軍等々が出迎え。バスで長沙に向かう。
	07:15	長沙湖南賓館着。一休み。
	09:15	清水塘。
		湘区共産党委員会跡。
	12:00	自修大学（船山学舎内）。
		湖南第一師範。毛沢東主席が在学し、後に教鞭をとる。
		1. 毛主席の学生生活の教室、冷水浴場、自習室、閲覧室。
		2. 工人夜学…小学校の場所に、労働者のための夜間学校。
		3. 教鞭をとった小学校。
	19:00	長沙民間歌舞団との交歓会。 長沙泊
8月14日	06:20	バスで韶山へ。
	08:45	韶山着。毛沢東主席生家参観。
		韶山陳列館見学。1～7室。8室は増築中。
12:00～14:00		休憩。韶山地区の文革について質疑応答。
	17:30	韶山発。 長沙泊
8月15日	09:00	岳麓山へ。
12:00～14:30		休憩。
	14:00	湖南省革命委員会と座談会。
	19:30	レセプション。
	21:30	株州のホテル泊（株州駅にとまっている列車の中で泊まる予定であったが、うるさいといけないのでということで急にホテル泊になった）。
		株州泊
8月16日	03:00	起床。汽車に乗り、また寝る。

	08:30	起床。食事、班会等々。
	14:30	中ソ問題についての紹介（席さんの講話）。13日またしてもソ連軍が中国国境侵犯とのニュースが伝わる。
	21:00	上海着。和平飯店泊。　　　　　　　　上海泊
8月17日	10:00	座談会（上海市の説明）。
	11:00	上海市内見学、買い物。
	14:00	工場見学。

　　　　　1班、電気メーター工場。国営十七綿紡績工場。
　　　　　2班、上海電球工場。
　　　　　3班、ボイラー工場。
　　　　　各班ともに、見学と上海の文革についての質疑応答あり。

　　　19:15　「紅灯記」「沙家浜」「海港」。
　　　　　文化革命広場にて上海市民数万と鑑賞。
　　　　　　　　　　　　　　　　　　　　　　上海泊

8月18日　08:00　工場見学。
　　　　　1班、上海工作機械工場。
　　　　　2班、揚樹浦発電所。
　　　　　3班、第一バルブ工場。

　　　14:00　錦江飯店にて、上海市工人造反総司令部総責任者・中国共産党第九期中央委員・王洪文氏の講話と質疑応答。
　　　　夜　上海の工人、紅衛兵らとの討論会。
　　　　　上海では病人続発、暑さと疲れで胃腸を悪くするものが多い。大事をとって入院するものもいる。万全の注意を払ってくださる中国人民！
　　　　　　　　　　　　　　　　　　　　　　上海泊

8月19日　午前　閔行電気工場。

(ここは上海郊外で、昔は上海市内にあった小企業だった。1958年ここに移り工場ばかりでなく、全く新しい町を、一つつくりだしたのである。世界で初めての内部二重水冷式タービンをつくった)。

     午後 書店で買い物。

     夕方 上海駅発。   車中泊

8月20日 車中 班会が続く。広い大地を汽車は西安へ。

    19:45 西安着。駅前は、歓迎の人の波。

    21:00 革命委員会代表の西安市の紹介。 西安泊

8月21日 08:10 西安飛行場発（1、3班のみ）。

       2班は西安市内八路軍弁事処跡。

    09:40 延安飛行場着（2班は13:30延安着）。

       1班、延安陳列館見学。

       3班、鳳凰山麓の延安革命旧跡。

        37年1月～38年11月毛主席住居跡。

        『実践論』『矛盾論』を書く。

    午後 1班、延安陳列館残りを学習。

       2班、延安陳列館で中国革命史を学習。

       3班、楊家嶺、党中央大会堂、中国共産党政局会議室、毛主席の住居跡、延安文芸座談会会場。

     夜 交歓会。映画『南京長江大橋』。 延安泊

8月22日 午前 1班、鳳凰山麓。

       2班、延安革命陳列館の昨日のつづき。

       3班、棗園、43年～45年毛主席住居、周恩来の住居、中国共産党会議室、『愚行移山』『連合政府論』を書き、「為人民服務」の演説をした所も見学。

    午後 1班、楊家嶺。

		2班、鳳凰山麓、宝塔山（唐時代の塔）。

2班、鳳凰山麓、宝塔山（唐時代の塔）。
3班、抗日軍政大学（抗日戦争中、多くの革命的青年を教育した学校。校長は林彪、毛主席らもここで講義）、宝塔山。

夜　旧延安女史大学跡の洞窟前で星空のもと中国の方々と交歓会。かつての遊撃隊員雷さんの話や歌を聞く。洞窟に泊まる。

8月23日　午前　1班、棗園。
　　　　　　　2班、抗日軍政大学。
　　　　　　　3班、延安革命陳列館。
　　　　午後　1班、王家坪。37年1月〜47年中央中共の軍事地委員会、解放軍総司令部所在、宝塔山。
　　　　　　　2班、楊家嶺。
　　　　　　　3班、延安革命陳列館。
　　　　夜　レセプション。　　　　　　　　　　延安泊

8月24日　07:30　1班、抗日軍政大学。
　　　　　　　　2班、棗園、王家坪。
　　　　　　　　3班、王家坪。
　　　　09:30　（1班、3班）延安から西安へ飛行機。
　　　　11:00　西安着。
　　　　午後　（1班、3班）西安八路軍弁事処市内見学。大雁塔。
　　　　　　　（2班）国営西北第四綿紡績工場見学。
　　　　　　　西安市革命委員会と会見。
　　　　20:00　現代京劇『智取威虎山』を観る。　　西安泊

8月25日　08:30　西北大学にて座談会。
　　　　15:00　華清池。
　　　　23:05　西安駅発。　　　　　　　　　　　車中泊

8月26日　　　　車中で各班は班会。国際旅行社の責任者は各班に意見を聞いて回る。

	20:30	北京駅着。　　　　　　　　　　　　　　　北京泊
8月27日	07:30	黄土崗人民公社見学。製粉工場、水田、果樹園、養豚場、農業機械工場、中学校、診療所。各貧農・下層中農家庭で昼食。
		交歓会。
17:00〜18:15		買い物。
	20:00	映画『新ツアーの反中国暴挙・九全大会』。
		北京泊（第2分団と合流）
8月28日	07:30	楊村人民解放軍見学。
		歓迎会、軍内見学、食事。　　　　　　　　北京泊
8月29日	07:30	首都工農兵体育学校。
	15:00	人民公園（頤和園）で休息。
19:00〜21:30		レセプション。　　　　　　　　　　　　　北京泊
8月30日	07:30	万里の長城。
15:00〜18:30		郭沫若氏との接見（人民大会堂）。
	19:00	夕食。
	22:10	北京駅発。　　　　　　　　　　　　　　　車中泊
8月31日		車中で班会が続く。　　　　　　　　　　　車中泊
9月1日	15:20	広州着。
	15:45	広州農民運動講習所旧跡見学。
		市内見学。
	20:00	レセプション（広州市革命委員会）。
	21:45	総会。各班の総括。
		各班で通訳の方々との、ささやかなお別れ会。
		広州泊
9月2日	06:00	起床。
	07:20	広州駅発。
	10:20	深圳着。食事、税関、交歓会。
	15:30	中国、中国人民さようなら！

	17:10	香港着。買い物、食事、班会。 香港泊
9月3日	09:00	香港島見学。
	16:40	香港空港発。
	20:50	羽田着。斉了会の出迎え。

＊第2分団は広州・長沙・韶山・井崗山・南昌・上海・北京を巡る。
＊全線随行員…現在で言えばスルーガイドを「全線随行員」と呼んだ。各班ごとに日本語が話せない幹部と日本語を話す通訳の二人がついた。
　　　　　　　　　　　　　　　　　　　　　　　　　　（井垣清明）

「あの頃の中国と『斉了会』と私」

——いつものことながら、中国旅行の初日は香港である。その香港で食事にあたって下痢した学生が何人かいた。深圳の海関での健康検査の結果「コレラ」の疑いをかけられ、数名の学生が一行と離れて深圳の医院に留め置かれたことがあった。時あたかも「文化大革命」の高揚期でもあり、医師が治療にあたる前に、先ず、「毛主席語録」の一節の唱和からはじまったことを昨日のように思い出すのだが、今ではとても考えられないことだ。幸いにも病気そのものは「食あたり」という軽いものだからよかったと、冷や汗ものだった。

　　　　　　　　　　　　　　（斎藤和弘〈第三・四・五次〉『斉了！ちいら！』）

持ち出し外貨

　当時の海外旅行の費用や制約を調べてみるとおもしろい。64年4月に海外旅行が解禁されると、その年10万人が海外へ旅立ち、その後年々増加することになる。当時ドルレートは戦後継続していた360円の固定相場であった。そして一人の外貨申請限度が700米ドル（25万円）で、

総費用が25万円を超えてはいけないということは、旅行費用が15万円で残り10万円程度の小遣いが持参できることになる。当然「日本円」は中国では使えず、「元」を日本では交換できない。敵対国の米ドルも中国内では流通しておらず、当時の対中貿易の決済は英ポンドか仏フランで、日本国内で交換でき、中国で元に交換できる通貨は日中間では通例ポンドであった。1ポンド850円のレートで約100ポンドと日本円の持ち出し限度額2万円を加え、12万円あまりがこの旅行で持ち出せる正式な金額だった。
　　　　　　　　　　　　　　（池田秀男〈第五次〉『斉了！ちいら！』）

9月18日　日本政府、華僑総会の「国慶節祝賀団（76人）」の中国渡航を許可せず。
　　　　　──中国と国交がないため、在日華僑の再入国許可は原則として認めず。墓参や親族訪問など人道的理由に限って認める。
　　　　　1932年～69年8月まで、1746人の在日華僑が再入国申請、うち982人が許可。許可されたものは正規旅券にかわる「日赤の身元保証」による便法で中国本土を訪問。
　　　　　　　　　　　　　　（『中国新聞』夕刊1969年9月19日）
11月21日　《佐藤首相、ニクソン米大統領と共同声明発表》
11月29日　周恩来総理、アルバニア解放25周年パーティーの席上「日米共同声明は米日反動派が軍事的野合を強化した自白書」と指摘。
12月1日　佐藤首相、国会で「もし韓国と『中華民国』が侵犯される事態が発生したなら、すぐさま安全保障の事前協議条項が適用される」と述べる。

　1969～1970年にかけて、香港のトランジットビザが不要になった。影山博邦氏のパスポートに1970年8月の訪中時のパスポートにトランジットビザのスタンプがない。1969年8月はビザスタンプあり。

1970年

1970年、日中旅行社は香港中国旅行社と、日本・香港間航空貨物運輸協定締結、香港を経由した中国向け航空貨物の路を開く。

1月20日　《ワルシャワで「米中会談」。雷陽中国臨時大使とステッセル米大使がワルシャワの中国大使館で会談》
3月1日　その他渡航（従来700ドル）の為銀承認限度額を1,000ドルに引上げ。
3月15日　《米国人の対中国大陸渡航規制を撤廃》
3月20日　松村謙三・藤山愛一郎ら12人の友好訪中団派遣。22日、飛行機で北京到着。民族飯店泊。
　　　　　覚書貿易について協議。（帰国4月23日）
4月7日　周恩来総理、金日成朝鮮民主主義人民共和国首相と平壌で、日本軍国主義復活に中朝共同して反対するとの共同声明調印。
4月15日～5月15日、広州交易会開幕。
　　　　　在日華僑の再入国許可（個別審査）を認める。申請者34人に対し、21人許可。
4月19日　日中覚書貿易会談コミュニケ調印。
4月24日　《中国初の人工衛星打ち上げ》
7月10日　《1964年来、初めての「フランス政府代表団」、周恩来総理が会見》
8月　　　外交部が「旅游工作体制改革に関しての意見」を提出。対外工作の重要性を説く。周恩来総理が接待外国人の人数を増やすよう指示。
8月18日　中国、「日華協力委員会」出席企業との貿易往来を断絶。
8月20日　海外渡航のための外貨購入手続を簡素化。
10月12日　浅沼稲次郎殉難10周年記念祭、北京で開催。日中友好協会代表団・社会党浅沼記念訪中団が招かれ参加。

10月13日 《中国、カナダと外交関係樹立》
10月24日 社会党第5次訪中団(団長・成田知巳)、中日友好協会と共同声明発表。
11月6日 《中国、イタリアと外交関係樹立》
12月1日 施行された旅券法の一部を改正。5年間有効の数次往復用旅券の発給基準が大幅に緩和された(資料3)。

＊5年間数次有効の旅券を大幅に発給しうるようになり、また、その渡航先も、一部の除外地域を除き、原則として全世界に有効というように、包括記載することができるようになつた。
＊都道府県知事に一般旅券に関する事務の一部が委任され、事務処理の迅速化がはかられた。
＊申請者の出頭義務の緩和、旅券の合冊、査証欄の増補制度の採用など、旅券制度の合理化がはかられた。
＊手数料が改訂された。
＊また、"横すべり"渡航が禁止された。

12月4日 浅沼稲次郎未亡人が北京に到着。招聘:中日友好協会
12月9日 日中国交回復促進議員連盟(会長・藤山愛一郎)発足。
12月13日 公明党の日中国交正常化国民協議会発足。
12月26日 「侵略とたたかうアジア婦人会議」(団長・松岡洋子)10人、訪中。(～71年1月22日)周恩来総理と2回会見、郭沫若氏と会い、北京滞在中のシアヌーク殿下とも会見。

1971年

1971年、《2人のアメリカの科学者が訪中》
　　　国務院の許可を得て、中米旅行史上初の接待。

1月22日	佐藤首相、施政方針演説ではじめて「中華人民共和国」と正式国名を採用。
2月1日	日本卓球協会・日中文化交流協会、政治三原則に照らして日中卓球界の友好交流を進めることを表明。第31回世界卓球選手権大会に中国選手団招請を決める。
2月1日	業務渡航の渡航者資格を緩和し、為銀承認限度額を3,000ドルに引上げ（従来2,000ドル）。留学渡航の渡航者資格を緩和し、為銀承認限度額を1日当15ドルに引上げ（従来1日当たり10ドル）。
2月10日	日本国際貿易促進協会一行（木村一三、田中脩二郎、森田堯丸）ら北京着。
2月11日	訪中議員団、藤山愛一郎、永田亮一、田川誠一、黒金泰美、今野良蔵（国民経済研究協会副会長）、山本保（秘書）らを派遣。
2月11日	日中覚書貿易交渉団（団長・岡崎嘉平太）、松本俊一、渡辺弥栄司、大久保任晴、安田桂三らが出発。17日、古井喜実、片岡清一が出発、河合良一も追って出発。
2月26日	日中国交回復国民会議（議長・中島健蔵）結成。
3月1日	日中覚書貿易会談コミュニケ調印。
3月28日	名古屋市で第31回世界卓球選手権大会開催（〜5月15日）。中国選手団（団長・趙王洪、副団長・王暁雲）が参加。
4月11日	米国卓球選手団、中国に招かれる。
	＊日中旅行社が中米国交正常化のきっかけとなるアメリカ・カナダ・イギリス・コロンビアの卓球選手団43名の中国入国手配業務を請け負う。
4月14日	《米大統領の対中貿易規制緩和措置を発表》

1. 米中間の直接貿易を再開するため、非戦略物資を自動承認制の対象とし、そのリストを検討する。また中国からの指定品目の直接輸入も認める。
2. 中国からの旅行者、旅行団体に査証を発給する。
3. 中国が米ドルを使用できるよう、為替制限を緩和する。
4. 中国に出入港する船舶、航空機に対するアメリカ石油企業の燃料補給制限を解除する。
5. アメリカの船舶、航空機が中国外で中国向け貨物を運び（第3国間輸送）、また、アメリカ人所有の外国籍船舶、航空機が中国に出入港することを認める。

6月10日　観光渡航等一般渡航の為銀承認限度額を3,000ドルに引上げ、一般渡航と業務渡航を統合し手続を簡素化。留学渡航の為銀承認限度額を入学前3,000ドルに引上げ（従来1,000ドル）。

6月17日　《沖縄返還協定調印》

7月2日　公明党代表団（団長・竹入義勝）、中日友好協会と共同声明発表。国交正常化の五原則（「復交五原則」）明記。

7月9日　《キッシンジャー米大統領特別補佐官秘密訪中》
周恩来総理と会談（〜11日）。

7月15日　《ニクソン・ショック》
ニクソン米大統領が72年5月までに訪中することを、中米両国政府と同時発表。

8月21日　《松村謙三氏死去》

8月26日　松村謙三氏の葬儀に中国政府が弔問団（団長・王国権中日友好協会副会長ら）を派遣。

8月29日　日中友好協会団結勝利の全国大会開催。王国権中日友好協会副会長が出席。

9月　　　《民航総局の下に、6地区に管理局を設置。省（区）局21カ

　　　　　　所、空港ターミナル50、飛行総隊2、飛行大隊20》
9月15日　関西財界訪中団（団長・佐伯勇）訪中。
9月21日　竹入義勝公明党委員長、同党全国大会で佐藤内閣の中国政策を批判した直後に右翼暴漢に刺される。
9月22日　松山バレエ団が北京入り。西安・延安・上海など8都市で公演（～12月2日）。
9月25日　松山バレエ団、改編「白毛女」訪中公演はじまる。
10月1日　松山バレエ団、北京の中山公園で「国慶節祝賀公演」。周恩来総理、郭沫若、王国権らが観劇。
10月1日　円貨の持出し限度額を10万円まで引上げ（従来2万円）。
10月2日　日中国交回復促進議員連盟代表団、中日友好協会と共同声明発表。復交四原則を確認。
10月25日　《第26回国連総会、日米両国の提案を否決。「中華人民共和国の代表が国連における中国の唯一の合法的な代表であることを承認し、蔣介石政権を追放する」というアルバニアなど23カ国の決議案を可決》
11月12日　東京都経済人訪中団（団長・東海林武雄）訪中。
11月20日　日中国交回復国民会議代表団（団長・飛鳥田一雄）、中日友好協会と共同声明。
12月21日　日中覚書貿易会談コミュニケ調印。

1972年

1972年、華僑の接待機関「廈門華僑服務中心」が「中国旅行社」に社名を変更。

2月10日　法務省、在日華僑の子弟に中国への修学旅行を許可。
2月21日　《ニクソン大統領訪中。毛沢東主席と会見》
2月28日　《中米共同声明"上海コミュニケ"発表》

3月1日	「日中国交回復国民大会」日比谷公会堂で開催。
3月6日	上海で72年日本工作機械展覧会開幕(〜20日)。
3月13日	《イギリスとの国交関係を、大使級に引き上げる》
4月	日中平和観光大阪支店開設。
4月13日	民社党代表団(団長・春日一幸)、北京で中日友好協会と共同声明。復交三原則確認。
5月15日	《沖縄返還なる》
5月18日	《中国、オランダとの国交関係を、大使級に引き上げる》公明党第2次訪中団、北京で周恩来総理・廖承志氏と会談。
5月28日	古井喜実自民党衆議院議員、周恩来総理・廖承志氏と会談。
7月3日	中国覚書貿易事務所駐東京連絡事務所首席代表の肖向前(蕭向前)氏着任。 [ママ]
7月7日	《田中角栄内閣成立》
7月10日	上海舞劇団(208名、団長・孫平化)来日。7/23〜8/1来阪。日本航空・エールフランス機など3便に分乗して香港/羽田。
7月16日	佐々木更三社会党前委員長、周恩来総理と会談。
7月20日	藤山愛一郎、ホテルニュージャパンで東京に赴任してきたばかりの中国覚書貿易事務所の肖向前代表と孫平化団長の歓迎宴を催す。大平正芳外相はじめ、国務大臣三木武夫、通産大臣中曽根康弘、参議院議長河野謙三らの現職の政府要人、自民党三役、野党の党首が出席。
7月22日	孫平化・肖向前両氏、大平外相と東京で会見。
7月25日	竹入義勝公明党委員長が田中首相の密使として訪中。周恩来総理と3度会談。
7月30日	《馬王堆漢墓の発掘を発表》
8月11日	大平外相が孫平化、肖向前両氏と会い、田中首相の訪中決定を伝える。

「初の直行便と藤山愛一郎」

——中日友好協会の孫平化会長(故人)は回想録のなかで、72年7月に上海バレエ団(孫平化団長)を率いて訪日した際、藤山氏主催の歓迎会に招かれ、その席上、大平正芳外相らと会見したことを述べている。それがきっかけとなり、田中角栄首相との初会見も果たしたのである。まさに、国交正常化の曙光を見た瞬間であった。バレエ団の帰国前に、藤山氏は日中国交正常化はまもなくだと見てとり、「バレエ団を二機の日航機で帰国させたい」と初の直行便の手配を自発的に申し出た。個人では判断できないので、孫団長は「日本側の飛行機は必要ないと思われるが……」と本国の指示をあおいだ。はからずも周総理の書面による指示が下った。「きわめて必要である」と。これは、政治的にすぐれた眼力をもつ、藤山氏のエピソードのひとつである。

(『人民中国』2001年9月号)

8月16日　日本航空と全日空の初チャーター便(羽田—上海)。上海舞劇団(208名)を2機に分乗。

8月18日　中国銀行・東京銀行間で円・元決済実施に関する合意書調印。

8月20日　日中友好協会主催「日中国交回復即時実現中央集会」日比谷野外音楽堂で開催。全国から6,000人参加。

8月24日　国際電電公社は、8月24日から香港経由で日中間の電話取扱を開始。従来、東京—北京は短波電話回線(臨時2回線を含め全部で6回線)であったが、日本—香港間は26回線(衛星経由)と9回線(海底ケーブル)、中国—香港間は回線数は不明。より一層スムーズになる。

8月30日　周恩来総理、萩原定司日本国際貿易促進会専務理事・稲山嘉寛日本経済人訪中団長と会見。国交正常化後の日中貿易

	は政府・民間の二本立てで進めると言明。
8月31日	《田中首相、ハワイでニクソン米大統領と会談》
9月	日中旅行社関西支店を開設。
9月9日	田中首相の訪中をテレビ中継するため、国際電電公社は全日空ボーイング727をチャーターして、報道関係者、技術者82人とチンパンジー夫妻、コハクチョウ一対を載せ、北京へ。帰りは中国からの贈り物、コウノトリ一対、中国産クロヅル一対。日本機の北京初飛行（羽田—上海—北京—上海—羽田）。
9月12日	周恩来総理、古井喜実氏らと会見。
9月14日	自民党訪中団（小坂善太郎同党国交正常化協議会会長一行）北京着。周恩来総理と会見。
9月25日	田中首相訪中。
9月27日	田中首相ら、毛沢東主席と会見。
9月29日	日中共同声明調印。日中両国関係正常化と外交関係樹立を正式に宣言。
10月11日	《中国、西ドイツと外交関係樹立》
10月23日	中日友好協会、日中友好協会代表団（団長・宮崎世民）など日本の民間代表を招き、日中国交正常化を祝して人民大会堂で盛大なレセプションを挙行。
10月29日	北京で、復交記念の日本のオオヤマザクラ・カラマツ苗木引き渡し式。東京では復交記念のパンダ贈呈式（11月4日）。
11月8日	衆議院、日中共同声明支持に関する決議を全会一致採択（参議院は13日）。
11月21日	日中覚書貿易事務所 →（財）日中経済協会に継承。
11月27日	日中経済協会（会長・稲山嘉寛）、東京で成立。
12月1日	《『光明日報』、嘉峪関での魏晋壁画墓の発掘を報じる》

第3章　地方への交流拡大 (1973〜1979)

　日中国交正常化に伴い、各界各層の人たちが中国との交流を望むようになった。経済界はもちろん、政治、文化の面でも交流が活発になってきた時代である。特に、友好都市の締結などが盛んになり、各地から「…の船」、「…の翼」と呼ばれる大型訪中団が派遣された。しかし、プロレタリア文化大革命の嵐はまだまだ収まっていない状況で、受け入れにも多くの問題があった。

　1974年9月、待望の航空機による日中路線が開設された。数日かけて、香港・広州を経由して北京に行ったのが、数時間のフライトで北京・上海に着くようになった。近くて遠い国から本当の隣国となり、旅行者の行きやすい環境が整ってきた。

　1976年に周恩来、朱徳、毛沢東と建国の指導者たちが相次いでこの世を去った。華国鋒による四人組の逮捕、鄧小平の復活、1978年の経済開放への政策転換と、大きく時代が変わろうとしていたときである。

　文化大革命の影響下にあった、日中国交正常化以降の人事交流は、様々な困難と闘いながら、日中平和友好条約締結という大きな目標に向って進んでいった。

1973年、株式会社日本旅行開発（社長・松村進）設立。

　──松村謙三氏死去（1971年8月）に伴う、中国政府の弔問団の答礼として、家族が訪中した際、周恩来総理から旅行社の設立を勧められる。松村進氏は、日中覚書貿易事務所の理事。将来は船会社で運送関係の仕事を希望していたが、周総理から「これからは人の交流が大事、中国が応援します」と言われた。松村氏自身は周総理との会見で"ボー"と、あがっていたので、社交辞令と思っていた。その後、廖承志会長が

来日（1973年4月）した際、「あの話はどうなっていますか？」と聞かれたので、初めて周総理が本気であると気がついた。

（米咲郁久…元・日本旅行開発取締役営業部長）

――日本旅行開発の設立が1973年で、最初に中国国際旅行社総社と契約を結び、その後、法人登録をした。中国国際旅行社総社との契約（仮）の覚書はノートに書かれていた。後に、正式なものに調印した。

（米咲郁久）

1973年

1973年、1年分の訪中団枠の申請（団名・人数・訪問希望都市）。リストを作成。

（影山博邦）

1月11日　駐中国日本大使館開設。
1月17日　中曽根通産相訪中団、特別機使用（～21日）。
2月　　　《北京で新国際クラブ、オープン》
2月1日　駐日本中国大使館開設。
2月8日　「観光産業労働者友好訪中団」が、中国国際旅行社総社の招請で訪中。日中旅行社、観光労連などの労働組合訪中団（日本交通公社や近畿日本ツーリスト）などの橋渡しをする。最初の頃は幹部が行き、その後、現場担当者が参加する。

（臼井潔）

2月12日　周恩来総理、松山バレエ団と会見（同席：江青）。
　　　　　小劇場で『紅灯記』。張春橋・姚文元の両党中央政治局員、呉徳国務院文化組組長、廖承志中日友好協会会長、王国権副会長、姫鵬飛外相、喬冠華外務次官らが鑑賞。
3月10日　《北京に外国人用小学校開校。外国人生徒69人》
3月23日　中国民航初フライト、上海―羽田テスト飛行。2時間13分。

3月27日　陳楚初代中国大使着任（上海―東京直行便にて来日）。
3月30日　「日中友好旅行業者協会」、JATA会社18社で発足。
4月1日　《北京「友誼商店」オープン》
4月3日　日本相撲訪中団、JAL・ANAの2機の特別機で北京へ。
4月5日　陳楚初代駐日中国大使、天皇に信任状提出。
　　　　日本大相撲訪中団の歓迎式、北京で挙行。
4月13日　小川平四郎初代駐華日本大使、董必武国家主席代理に信任状提出。
4月16日　中日友好協会代表団（団長・廖承志、54人）、北京発15日の特別機で東京着（〜5月18日）。
4月21日　日中友好協会1973年度全国大会（〜23日）。中日友好協会代表団が出席。
4月24日　日中議員連盟、東京で発足（会長・藤山愛一郎）。
5月4日　久野忠治郵政相、北京で日中間の海底ケーブル敷設の取り決め調印。
5月23日　大谷瑩潤氏（日中旅行社会長、日中友好協会顧問、日中友好宗教者懇話会名誉会長、元東本願寺宗務総長、元参議院議員）死去。
5月23日　中国国際旅行社参観団(16人)、日中友好協会や中国専業旅行社4社（日中旅行社・日中平和観光・新日本国際・関西国際旅行社）の招きに応じて来日（協力：日本交通公社・近畿日本ツーリスト）。

　　団長：張雨（中国国際旅行社総社副総経理）
　　副団長：趙志遠（北京市服務局副局長）
　　副団長：魯曼（中国国際旅行社西安分社責任者）
　　団員：胡天錫（上海市錦江飯店革命委員会主任）
　　団員：劉汝昆（中国国際旅行社北京分社責任者）
　　団員：楊献庭（広州市東方賓館革命委員会主任）

団員：程慶梓（北京市北京飯店革命委員会副主任）
団員：朱鴻興（中国国際旅行社上海分社責任者）
団員：李崇明（中国国際旅行社広州分社責任者）
団員：胡景春（中国国際旅行社遼寧分社責任者）
団員：宋昌基（中国国際旅行社天津分社責任者）
団員：馮慶生（中国国際旅行社長沙分社責任者）
団員：張鶴賢（中国国際旅行社南京分社責任者）
秘書：段雲（中国国際旅行社総社副処長）
団員：何儒昌（中国国際旅行社総社通訳）
団員：王玉琢（中国国際旅行社総社通訳）

一行は、東京・福岡・熊本・大分・神戸・大阪・和歌山・京都・奈良・名古屋・静岡・北海道を巡った（〜6月18日）。

5月26日 日本自治体首長訪中団（団長・千田正岩手県知事、顧問・大橋正雄和歌山県知事）北京着。

6月1日 《北京はじめ主要都市で、ホテル・レストラン5割値上げ》

6月9日 「中華人民共和国出土文物展」（主催：日中文化交流協会、朝日新聞社、東京国立博物館、京都国立博物館）、東京国立博物館で開幕。

6月19日 大阪・京都・神戸各市長代表団北京着。

6月23日 国貿促訪中団は北京飯店おいて中国国際旅行社総社と会見。日本側は菅沼不二男日中旅行社社長と津田弘孝日本交通公社社長が出席。中国側からは中国国際旅行社総社張雨副総経理が出席。

1. 大手旅行社首脳の訪中団派遣について
2. 各社現場で働く実務担当者の訪中
3. 中国専業旅行社(4社)以外の旅行社の扱いをどうするか

「これまで旅行4社との契約書は文革前のもので、今日の情勢に合わなくなった。68年来どことも契約書をとり交わしていない松村氏との間でもそうである。古い友人を尊じつつ新しい友人とも付き合っていく。現時点では、ホテル、交通、通訳などの物理的条件が不充分」（張雨副総経理）

（『国際貿易』1973年7月17日）

6月24日　神戸市と天津市が友好都市を宣言（締結第1号）。
8月11日　「中華人民共和国出土文物展」京都国立博物館で開幕。
9月1日　対中経済視察団（団長・植村甲午郎）、JAL特別機。
9月11日　中国経済貿易友好代表団（団長・劉希文）来日。
9月28日　中日友好協会、中日復交1周年祝賀レセプション開催。日中友好協会代表団（団長・宮崎世民）が招かれ出席。
10月25日　日本旅行業界訪中友好代表団19社（団長・菅沼不二男日中旅行社社長）が訪中（〜11月10日）。
11月30日　横浜市と上海市が友好都市を宣言。

　2010年3月、北京で「斉了会」の集まりがあった。プロ文革時代に訪中した学生達が往時を懐かしみ、中国の老朋友と会い、訪中時の思い出を語り合った。その「斉了会」にわたしも参加して、当時の中国旅行について取材をした。その中の一人が伊藤俊彦氏であった。伊藤氏は第四次訪中学生友好参観団のメンバーの一人で、大学卒業後、中国貿易の専門商社（友好商社）「東京貿易」に勤められた。その伊藤氏が当時の商社マンとしての体験談をレポートにして送ってくれた。

北京新僑飯店 25 年ぶりの宿泊

新僑 NOVOTEL 飯店

　2010年3月18日より21日まで私用で北京を久しぶりに訪ねた。北京は筆者が1973年から1985年までの足掛け13年間、20〜30歳代の青春時代を駐在員として過ごした場所である。当時北京の滞在は公安局の発行するビザの期限が一度最長半年だったので半年毎に交代をしていた為、この間北京に滞在した合計期間は半分の6年間ほどである。1973年と言えば日中国交回復（1972年9月29日）1年後で、文化大革命がまだ終了してなかった時期である。

　筆者は1970年に大阪外国語大学中国語学科を卒業し、中国と友好貿易を行っていた商社「東京貿易」に就職し、中国向け車輌輸出の仕事を担当していた。1970年代中国への出張のチャンスは春と秋に広東省の広州市で開かれる中国輸出商品見本市（通称「広州交易会」）に参加する位しかなかった。しかも商社の駐在員事務所は北京に限られ、駐在員は1商社1名が原則であった。従って駐在員の交代は春・秋の交易会の終了と共に、半年に亘る何の娯楽もない仙人の様な社会主義生活から逃れ、娯楽あふれる刺激的な自由主義社会へ戻れる「帰国組」と、これから過酷な単身生活が始まる「北上組」（南の広州から北の北京に行くのでそう言われる）との間で引継が行われる。この為「北上組」予定者は

自由溢れる「香港」で出来る限りの快楽に浸り思い出を脳裏に蓄え、「帰国組」は「香港」で社会主義に染まった垢をすっかり落とし自由主義の良さを確かめる。そういった意味で「北上組」「帰国組」双者にとって当時の「香港」の存在は非常に重要で必須なものであった。そんな状況下で筆者は1973年の秋の「北上組」に指名された。

当時僅か26歳、始めての海外駐在で北京に駐在する日本人では最年少であった。広州から北京までの交通手段として当時プロペラの飛行機もあったが、筆者は敢えて乗車時間33時間もかかる特急寝台列車を選んだ。列車が好きなこともあったが中国を代表する二河川「揚子江」と「黄河」を自分の目で見てみたかったのが本音である。列車は一等寝台車を意味する「軟臥」で4名1部屋の上下二段ベッドのコンパートメント、その4人部屋に筆者たった1人である。当時普通の中国人が列車の切符を買うには勤め先の紹介状が必要で且つ「軟臥」に乗るには一定の職位以上の者でないと売ってくれないという制度があった。外人は別である。「北上組」は全部で50名ほどいたはずだが列車で北上する物好きは筆者以外に居なかったのであろう。朝・昼・晩の食事は「餐車」の食堂車へ、食事時間になると車掌が呼びに来る。食堂車には「外賓」と言われる外人が数人居るだけで一般の中国人旅客は一人もいない。外国から来た人に失礼がない様に賓客として扱い礼儀を尽くそうと言うことだろうが、一方で一般大衆庶民との接触を少なくし、変な行動をしない様に「監視」をする意味もあったと思う。それは兎も角としても「外賓」には何かと特別待遇で優先してくれる居心地の良いものであった。勿論その分列車料金は中国人と違って高い「外賓価格」が適用される（この制度は1980年代後半まで続けられた）。

しかし食事に呼びに来る車掌以外は誰とも口を利かないのは非常に辛いものがあった。コンパートメントで本を読んだり車窓の景色を眺めたり、途中停車する駅のプラットファームでその土地の名物食品を買うぐらいで退屈するばかりであった。中学校の時地理で習った「揚子江」は

夕方の武漢の近くで鉄橋を渡ったが「これが毛沢東が泳いだと言うあの河か」と思い出しながら眺めた。武漢の「揚子江」は意外と川幅が狭く、あっという間に過ぎてしまった。勿論当時鉄橋は撮影禁止だったのでカメラには収めることが出来なかった。「黄河」は残念ながら夜中通過で見ることが出来なかった。

　乗車してから三日目の朝に北京駅に到着。駅には旅を心配して商社の先輩が出迎えてくれた。連れて行かれたのは駐在事務所と個人の宿泊部屋が一緒の新僑飯店であった。1973年当時北京に事務所を設けることが出来た企業は貿易商社だけで、しかもその大分は友好商社と言われる中小商社で、大手商社や製造メーカーなどの駐在事務所はなかった。会社数は全部で50〜60社で人数も出張者も含め100名ほどしか居らず、新僑飯店、民族飯店、北京飯店、友誼賓館に集中していた。と言うのも他に長期滞在に適するホテルがなく、それらに限られたと言った方が正確である。東京貿易の事務所はホテル三階の角にあるスイートルームを使い、駐在員はそれとは別に同じホテルの標準ツインベッドルームを自分の休む部屋として借りていた。通勤時間は僅か1〜2分である。事務所は三階の崇文門西大街に面した南西の角部屋「395」室であった。

　仕事は先ず朝一番で中国側貿易窓口である「進出口公司」（公司…中国語で『コンス』とは言わば会社に相当し「進出口公司」は国営の輸出入会社の意味である）の担当者に商談のアポイントを取る事から始まる。輸出入公司は8時半に始まる。公司は全て代表電話しかなくこの時間に一斉にアポイント取りが集中する。これに失敗するとその日一日仕事がなく棒に振ってしまう事になる。従ってこれは正しく絶好の体調で気合を入れて臨む真剣勝負である。しかしこれがまた大変で当時は電話状態が非常に悪く、しかもこの時間帯に集中するのでなかなか成功しない。

　電話機は今では見かけない黒色の大きなダイヤル式電話で、外線は

「0」を回して「ツーン」と音を確認して始めて相手の電話番号を回すことが出来る。外線電話を掛けるのにはちょっとした技術とコツが必要である。「0」を回してその「0」が元の位置に戻ってくるか否かの状態ですばやくその穴を「ピーン」と弾く、そうすると相当の確立で外線に繋がる。

　文革大革命（1976年に終了）中、公司の先生方（当時男女の別なく全て「先生」と呼ぶ）の商談は午前中だけで午後は毛沢東語録の学習で外賓の我々は休みとなり何もすることが無い。運よく目的の担当者と商談のアポイントが取れるとタクシーで商談公司のビルが集中する北京北西の「二里溝」まで出かけて行く。入り口でアポイントを告げると商談室の部屋番号が言われる。商談を終え又タクシーで新僑飯店に戻る。飯店で昼食を取り、午後は商談の内容を日本との通信手段である電報を作成する。そんな毎日を繰り返していた。

　国際電報料金は1ワード幾らと計算される。ローマ字だけなら15字まで1ワード扱い、ローマ字と数字が混入すると7字が1ワードなので出来るだけ短く成る様言葉を圧縮する。『出来るだけ早く返事をください』なら『ASAPHENTAMU』ASAPとは英語の「as soon as possible」の圧縮。『数量500台』なら『Q500DAI』等など色々工夫して電報を作ったものである。また当時電報電話は中国側に盗聴される恐れがあったので暗号を使って本社とやり取りすることもあった。タイプで打ち上げた電報は新僑飯店の1階にある郵便局に17時まで持ち込む。支払いは日本の国際電信電報局が発行したコレクトカードを利用。しかし時々商談が遅くなったり、宴会などがあったりでこの時間に持ち込めない場合はホテルの玄関前に待機しているタクシーで長安街にある24時間営業の「電報大楼」に持ち込む。電報以外に通信として国際電話はあったが、申し込んで繋がるまで早くて1時間も待たなければならないし音声状態が悪くよく聞き取れない、しかも費用が高いのでよほど重要で緊急な要件でなければめったに掛けなかった。

筆者はトラックや乗用車などの車輌の中国輸出が担当だった。その頃北京市内のタクシーは中国国産の「上海号」、イギリス製の黒色の小さな「オースチン」それとソ連製の「ボルガ」が主だった。ある年東京貿易は機械公司からタクシー用乗用車100台の引き合いを貰った。車の仕様や値段の交渉を色々行い、最終的にトヨタ初の乗用車輸出（名古屋の新聞には此の事が記事になった）としてRT81L「コロナ」の成約に成功した。4ヵ月後その「コロナ」が北京のタクシー会社「首都汽車公司」に分配され、我々が毎日使用する様になった。筆者は「コロナ」タクシーに乗る度に運転手に得意になって「この車は俺が成約し輸出したのだ」と言い振れ回った。「コロナ」のタクシー運転手は「我々は元人民解放軍で車の運転をしていた兵隊で北京出身で長男でしかも身長が低い青年が優先的に50名ほど選ばれた」と誇らしげに言っていた。それからタクシーとして使用始めて数ヶ月経って「クラクションが壊れる」というクレームが機械公司から正式に出された。
　そこでその調査の為トヨタ自動車から技術者が北京に派遣されて来た。その技術者は実車検証せずして、北京の飛行場からホテルに来るまで「コロナ」タクシーに乗って「クラクションが壊れる」原因を既に突き止めた。彼が言うには「こんなに頻繁にクラクションを鳴らす様であれば数ヶ月でクラクションのダイアフラムが壊れても仕方が無い」だった。当時中国の交通規則では「歩行者等に警告しないで事故を起こした場合は運転手の責任」という事項があった。その為車はやたらとクラクションを鳴らし神風タクシーの如く猛スピードで走り回る。トヨタでは10万回のテストを行いそれでダイアフラムが壊れなければ合格となっていた。日本ではクラクションは出来るだけ鳴らさない様になっている。当時中国では車の鳴らすクラクションが騒がしく五月蝿いという苦情が多かった。クレーム対策はダイアフラムの厚さを厚くした物に交換することで解決した。国情が違えは事情も違う事がこの実例から知ることが出来た。

新僑飯店は筆者にとって仕事の場でもあり私生活の場でもあった。当時外交官以外、民間人駐在員には家族を連れて来て一緒に住むアパート類は与えられなかったので仕方なく単身でホテルに宿泊せざるを得なかった。ホテルでは自炊が出来ない為食事は一日三食ホテルの食堂で食べる。しかも毎日がそれこそ中国料理である。当時北京には日本料理屋があるわけもないし、外食しようとしても外賓が食事できるレストランは数ケ所に限られ、それも全て国営なので夜8時を過ぎるとコックも服務員もお客を置いて、さっさと退勤してしまう状況である。従って特に昼・夜食は食事時間になったら先ず食堂に行かないと食い逸れる恐れがあったので、仕事や何を差し置いても優先して実行するのが食事であった。新僑飯店の中華レストランは1階の正面入り口の奥にあり広かった。

　駐在員は1商社1名だったので食事は一人で食べても美味しくないし不経済だったので、気のあった商社仲間10名ほどが集まって一つのテーブルで一緒に食事をしていた。夕食なら毎日6時に集合と決めておく。一番先にテーブルに着いた人が料理を先に注文しておく。注文された料理に好き嫌いの文句は言わない。もし自分が食べたいものがあれば先に来て注文しておけばよい。当初その注文は筆者の役目。食事を一緒にする先輩達が一番若い筆者に中国語を早く覚えさせ鍛える意味を込めてであったのだろう。そこで筆者は料理の名前をメニューを見ながらウエーターに、あの野菜の名前は中国語で何と言うのとかと根掘り葉掘り聞きながら毎日ノートに書き留めそれを見ながら注文したものである。その試練があってか今では料理の注文はほぼ問題が無く出来、非常に感謝している。

　料理が出てくる頃には全員が揃い世間話や商談の話を面白おかしく、お互い友人ではあるが競合相手でもあるので「狐と狸の化かし会い」の如く会話をする。そんな話の中から相手の商売の動きを探ったりヒントを得たりもする。例えば『今日は契約件数が多くサインし過ぎで手が痺れてしまった』等と本当とも嘘ともつかない会話を交わす。時には本当

は成約が出来ず泣きたくなる様な心境でも、逆に自分を鼓舞する意味を含め上記の様な嘘の発言をすることもある。1時間もの食事が終わると集まった人数でその場で精算し、三々五々解散する。値段は当時一人2〜3元（当時の円元レートは1元＝150円）が相場であった。

　中国人なら1元あれば一日三食出来ると言われていた時代である。ただ新僑飯店の中華レストランの特徴は日本人駐在員が多いため『日僑飯店』とも言われ、日本食に近い料理や薄味のものをその日のお勧め料理として出してくれる。日本人の中には厨房まで入っていって味の按配調整を指示する人もいた。その日のお勧めメニューには「豆腐の冷奴」、「天婦羅」、「ポテトサラダ」などがあった。日本から持参した半加工品を料理してもらう人も大勢いたし、自分たちの固定テーブルの上には日本から持ってきた醬油やマヨネーズ、振りかけ、梅干などが置いてあった。

　レストランの服務員に陳さんと言う大柄で背が高く目玉の大きな山東省出身の主任が居た。この人は模範労働者で北京市の市議会委員に当たる役職も持っていた人で、実に気配りが良く効き、若い服務員への指示を的確にやっていて、我々の大概の我侭は聞いてくれた。例えば日本から持参したレトルトカレーを温めてくれたり、メニューにないキャベツの千切りを頼んでも文句一つ言わず厨房に的確にオーダーしてくれてサービスしてくれた。

　当時中国で食事をし精算する時お金以外に必要なものがもう一つあった。それは「糧票」と言われる「食料配給券」である。外賓が泊まる新僑飯店や外賓が利用認可されているレストランは国から特別配布されていたのでその「糧票」はいらないが、一旦ホテルを出て一般の食堂で食事をするとこの「糧票」がないと大問題になる。欧米人なら食堂に入る前から断られるが日本人は中国人と見た目では判別できない。一度外でうどんを食べ終わってから「糧票」が無いことで一悶着した経験がある。その時は余分に「糧票」を持っていた親切な中国人に助けてもらっ

て解決できた。「配給券」は「糧票」以外に「布票」、「油票」、「自転車票」など様々な「票」があった。それだけ生産が需要を満たすことが出来ず配給制限をせざるを無かったであろう。

1966年発行の全国共通食料配給券（250g）

　新僑飯店には中華料理以外に6階に北京でも味で有名な洋食レストランがあった。ここには中華に飽きると数人で行ったりする。時には一人で行くことがあった。ここで先ず注文するのは「ブラックキャビア」（『黒魚子』）これをパンにバターを塗って沢山載せて贅沢に食べると抜群、至福の一時。次に「オニオンスープ」（『洋葱湯』）微塵切りにした玉葱だけをじっくり時間を掛けて煮込んだスープは何とも言えない美味しさ。筆者の定番のメインディッシュは豚の角切り肉のカレー（『猪肉咖喱』）である。日本のカレーとは味付けが少し違うが何回食べてもカレー味がよく出ており何時も同じ味で美味しい。又推薦できるのが「牛肉の壺入りシチュー」（『罐燜牛肉』）良く煮込んだ牛肉を口に入れると糸状になった肉が崩れてくる。それにナンという回教徒が好んで食べるパンがあるがこれも噛むほど味が出てくる。パキスタン人、インド人もよく食べに来ていた。現在この6階は幾つかの部屋に仕切られ貸事務所に変わっていた。あの洋食はどこへ行ってしまったのだろうか？

　こんな中で中国は徐々に変化し発展してきた。このゆっくりとした大きな変化を筆者はこの新僑飯店で暮らすことでそれらを体験してきた。

新僑飯店NOVOTEL旧館　　（昔の新僑飯店）

　文化大革命が終了し、周恩来・毛沢東の逝去、第一次天安門事件、対外開放宣言、合弁のホテル進出などの大きな時代の変化を自分の目で見てきた。またこの間個人的には結婚し妻を新僑飯店に連れてきて、不自由な半年の生活、妻の妊娠など忘れられない個人的な生活の記憶が沢山残るこの新僑飯店にはそれが一杯詰まっている。今回その新僑飯店に25年ぶりで宿泊した。ホテルはすっかり様変わりをし合弁のホテル「新僑NOVOTEL飯店」となっていた。6階建ての旧館の隣に13階建ての新館が増築され、正面玄関も従来の北側から崇文門西大街に面した南側に変更されていた。案内された新館3階の部屋は全く普通の部屋の構造でしばらく窓から崇文門街をじーと眺めて昔を思い出していた。以前東京貿易の事務所があった旧館の部屋の前まで行ってみた。部屋番号は「395号」ではなく「B375号」室と変わっていた。今はツインルームの客室になり中には入れなかったが廊下の間取りは昔のままで非常に懐かしかった。しばらく昔を思い出すかの様に部屋の前で立っていると、生地の厚い白い中山服風制服を着たトンジーが「イートン・シエンション、ヨウシェンマシー？」（"伊藤先生，有什么事？"伊藤さん何か用事ですか？）と呼び掛ける様な錯覚を覚え、ふと後ろを振り返ってみたがそんな姿はなかった。

当時新僑飯店に限らずどこのホテルでも各フロアにお客に色々なサービスと他所者の出入りを監視するサービスマンが待機していて、それら服務員のことを「同志」（トンジー）と呼んでいた。今ではその「トンジー」という言葉はどうしてそうなったか分からないが「同性愛者」の意味で使われている。時代が変われば言葉も変わるものである。ホテルの外に出て周りを一周してみた。まだ冬の名残が漂う夕方の新僑飯店の北側、昔の正面玄関は封鎖されていたが昔の面影が色濃く残っていて、夕暮れの陽射しを浴び綺麗に建物が浮かび上がるを見て懐かしくほっとした感じを覚えた。台基廠に繋がる東交民巷は昔のままの姿を残していた。その先をずーと行くと天安門広場の前門に行き着く。

　昔のエピソードをもう一つ、1980年代に入り、筆者の岳父から新僑飯店の筆者宛に手紙が送られて来た。しかしその封筒の宛先を見ると「北京市　伊藤俊彦様」とだけしか書いてない。良くもまあこんな簡単な宛名だけで届いたものと感心したが、それは当時そんなに難しいものでもなかった。と言うのは北京の郵便局に着いた手紙は名前から日本人と判断できる。兎も角日本人が一番多く住んでいる新僑飯店に配達し、フロントでホテルの服務員に見せれば、たちどころそれは「395号室」の『伊藤』先生だと分かるのである。そんな良き古い時代もあったが、今回タクシーに乗り「新僑飯店」と言っても直ぐ分かる運転手は一人も居なくお客の筆者が道案内をしなければならず寂しい思いをした。

　そんな中で1983年に東京貿易事務所に運転手として入った中国人「張志忠」君は今でも東京貿易で働いている。当時30歳だった彼は入社し実に27年間勤め続け既に55歳になる。彼と一緒に食事をしたが彼曰く「60歳の定年までの後5年間を恙無く勤め上げるのが私の目標です」と言っていたのが救いだった。

2010年3月27日
伊藤　俊彦

1974年

1月3日 　大平正芳外相訪中（〜6日）。4日周恩来総理と、5日毛沢東主席と会見。

1月5日 　日中貿易協定、北京で調印。

1月23日 　中国青年代表団（団長・王淑珍）、日中友好協会と青年諸団体の招きで来日。

2月1日 　奈良市と西安市、友好都市を宣言。

2月18日 　日本各界の青年4000人、千駄ヶ谷体育館で中国青年代表団を歓迎して集会。

3月30日 　国貿促旅行社部会は、2月25日に発足した「日華観光協会」を糾弾。

4月5日 　日中友好協会派遣第1期留学生（公費）11人、東京を出発。

4月7日 　《鈴木一雄氏死去》

4月18日 　大阪市と上海市が友好都市を宣言。「大阪日中友好の船」上海着。

4月20日 　日中航空協定、北京で調印。大平外相、台湾機の旗の認識などについて談話。台湾、日台航空路線の断絶を声明。

5月10日 　京都市と西安市が友好都市を宣言。

5月10日 　日本旅行業界友好訪中団が訪中（〜24日）。

5月30日 　創価学会第1次訪中（〜6月14日）。
池田大作会長、李先念国務院副総理と会見。

7月13日 　大阪で中華人民共和国展覧会開幕。260万人参観（〜8月12日）。

8月15日 　日中平和観光が情報誌『中国旅行』を創刊（隔月発行）。
定価200円、年間購読料1,000円

中国旅行の定期情報誌『中国旅行 No.1』発行

（日中平和観光、1974 年 8 月より）

◆香港中国旅行社では、今後も香港経由で訪中される旅行社の皆様の便利をはかるため、10名以上のグループに対しては、甲、乙二種の標準料金を設定しました。

	甲種		乙種
接送費	HK$92.00		92.00
空港税	15.00		15.00
ホテル代　ミラマーホテル　新館	70.00	旧館	49.00
食事代	68.00		34.00

(1) 接送費は、空港―ホテル―九龍駅―羅湖の往復および荷物一個ならびに電話代を含みます。
(2) ホテルは"美麗華酒店"で二人一室の場合。その他のホテルやシングルルームを使用される場合は別計算となります。

◆中国国内線（CAAC）時刻表が 6 月 2 日に変更になり、広州―北京間の毎日便（136 便）は、広州発 18:00、北京着 20:35 と 1 時間早くなりました。改訂時刻表は下記の通りです。

中国国内線時刻表（1974 年 6 月 2 日から変更分）

出発地	到着地	週　日	発	着	便名	経由地	着	発
北京	上海	月．木	0745	0925	151			
北京	広州	火．金	0745	1040	131			
北京	広州	火．金	0905	1200	133			
北京	広州	火.水.金.土.日	0905	1140	133			
北京	広州	毎日	0955	1450	135	上海	1135	1245
上海	北京	月．木	1015	1200	152			
広州	北京	火．金	1205	1500	132			
広州	北京	月．木	1315	1810	134	上海	1510	1615
広州	北京	火.水.金.土.日	1255	1735	134	上海	1445	1550
広州	北京	毎日	1800	2035	136			

　◆広州—北京間の予約発券の円払いができます。CAACの搭乗予約については、現在、ドイツ航空、英国航空、イタリア航空の 3 社が、東京—香港間ご利用の顧客様にかぎり、予約の便を計っています。
　香港中国旅行社では、発券を伴う場合にかぎり、予約を受けております。

9 月 20 日　東京で中華人民共和国展覧会開幕。138 万人参観（〜 10 月 10 日）。
9 月 29 日　日本—中国直行便開通。日中定期航空開始。

　　　　日本航空（JL）特別便　羽田／大阪／北京
　　　　　日中航空開設友好訪中団（団長・小坂善太郎）
　　　　中国民航（CA）特別便　北京／羽田　（団長・王震）

直行便開通時の日中航空時刻表および運賃

日中航空時刻表

JL785	CA922	JL781	CA924	便名	JL786	CA921	JL782	CA923
月	火	水	金	曜日	月	火	水	金
09:00	16:40	09:00	15:15	東京	21:30	15:10	21:35	13:45
↓	│	↓	↓		↑	↑	↑	↑
10:05			16:20	大阪		14:05	20:30	
10:55	│		17:10			13:15	19:40	
↓	│		↓			↑	↑	
12:30	18:50		18:45	上海		10:15	16:40	10:15
13:30	19:50		19:45			09:15	15:40	09:15
↓	│	│	↓			↑	↑	↑
15:15	21:35	12:35	21:30	北京	16:45	07:30	13:55	07:30

JAL：DC-8（136 席）

CAAC：B707（148 席）またはトライデント（90 席）

日中航空旅客運賃（片道）

```
東京―北京   ファーストクラス   87,350 円
            エコノミークラス    62,400 円
東京―上海   ファーストクラス   61,300 円
            エコノミークラス    43,800 円
大阪―北京   ファーストクラス   76,300 円
            エコノミークラス    54,500 円
大阪―上海   ファーストクラス   47,750 円
            エコノミークラス    34,100 円
東京―香港   エコノミークラス    63,600 円
```

10月3日　鄧小平副総理、日中友好協会代表団（団長・黒田寿男）と会見。

10月15日　藤山愛一郎氏ら各界20氏、平和友好条約締結促進の「国民への呼びかけ」を発表。

11月9日　第3次日本旅行業界友好訪中団が訪中（〜22日）。

11月13日　日中海運協定、東京で調印。
　　　　　日中平和友好条約第1回予備交渉、東京で行われる。

11月20日　イラン航空、東京―北京―テヘラン、週2便（日・水）就航。

12月8日　日中友好協会中央本部主催「日中平和友好条約の実現を目指す国民集会」開催。全国代表2300人参加。

12月9日　《三木武夫内閣成立》

日中平和観光の『中国旅行No.2』に、1974年夏の訪中記録が載っていたので、当時の参観の状況などの参考にしていただきたい。

「労働者・教員訪中団」訪中スケジュール

第1日　広州博物館（越州公園）参観。

第2日　天安門、故宮参観。盧溝橋中国ルーマニア友好人民公社（公社員住宅、託児所、ハダシの医者、売店、衛生院見学）。

第3日　野菜市場見学。北京師範学院訪問。中日友好協会副会長・張香山先生と会談。労働者体育館にて中国ルーマニア対抗親善バスケットボール観戦。

第4日　万里の長城（八達嶺）、明十三陵（定陵地下宮殿）参観。友誼商店、琉璃廠（書道用品店、書店）、北京放送中国語講座担当者と懇談。

第 5 日　外文出版印刷工場訪問。北京建築機械工場（地下壕）見学。
第 6 日　天津財貿伍・七幹部学校訪問。天津市河東区第一中心小学校訪問。
第 7 日　天津市重光五金工場訪問（盲人工場）。天津病院訪問（整形外科、ハリ麻酔、中西医結合による治療）、天津雑伎団公演参観。
第 8 日　天津市定年退職労働者養老院訪問。天津市婦女連合会訪問懇談。
第 9 日　列車にて移動、上海へ。
第10日　上海市彭浦新村（労働者団地、託児所、団地工場）訪問。光明電気メッキ工場訪問（公害問題）。
第11日　上海工業展覧館見学。魯迅故居、魯迅記念館参観。上海市静安区少年文化宮参観。上海市労働者文化宮参観。
第12日　上海電気機械工場訪問。上海市第六中学校訪問。アマチュア書道家と懇談。
第13日　広州農民講習所参観。映画「偵察兵」鑑賞。
第14日　広州市郊外羅崗人民公社訪問（農産物加工工場見学）。中国国際旅行社随行諸先生と懇談。

　私たち労働者・教員訪中団は、8月3日に日本を発ち、予定通り18日に無事、友好訪中の役割を果たして帰国した。私たちは中国において、農村、工場、学校、病院等々を訪問し、そこで働き、そこに生活する人々と懇談して、私たちの社会とは全く異なった人生観や価値観に強い印象を受けた。中国において私たちは、今日の日本では求められない多くの美点を学び、語らいと心のふれあいの中で、日本と中国の永遠の友好を改めて誓い合った。

(了)

日本人の中国渡航人数（1970～1974）

　さて、昨74年の渡航であるが、月別・分野別に訪中団の数をまとめたものが表2である。この表は可能な限り訪中団を網羅しているが、資料入手の関係から完全なものとはいえないが、ほぼ大勢を知ることが出来る。団数の上では経済関係（表1の「業務」に含まれる）が4割、人民交流（表1の「観光その他」に相当する）が3割と、渡航人数の割合とかなり異なっているが、これは経済関係が訪中団という形態より個々の企業ベースによる個別渡航が多いことによるものである。一方、人民交流は訪中団という形態がほとんどで、個人ベースのものはごくわずかである。

　表3はこの人民交流を階層別に分類したものである。この中では労働者・農民も訪中団が全体の約3割を占め、トップである。「その他」には友好諸団体、各界代表、教員、語学者などが含まれているが、労働者・農民がやはり数多く含まれているから、実際の労働者・農民の数は確実に3割は越えているであろう。

　青年の船の訪中も特筆すべきものである。73年には兵庫県、三重県の青年の船が中国の青年たちと活発な交流を行ったが、74年には福岡市を始めとし、大阪、神戸の各都市や九州、和歌山県の青年約1800名が訪中し、友好を深めた。

（『中国旅行No.4』1975年3月）

表1　日本人の中国渡航人数

（　）内は構成比

年度	総数	外交	公用	業務	海外勤務	学術調査	留学技術	役務提供	永住	同行同居	観光その他	不詳
1970	1,447 (100)	—	7 (0.5)	1,099 (76.0)	3	40 (2.8)	—	13 (0.9)	—	8 (0.6)	276 (19.0)	1
1971	5,167 (100)	—	29 (0.6)	4,228 (81.7)	7	2	—	45 (0.9)	—	—	865 (16.7)	
1972	8,052 (100)	111 (1.4)	84 (1.0)	6,676 (82.9)	9	—	—	—	1	28 (0.3)	1,143 (14.2)	
1973	10,238 (100)	107 (1.0)	122 (1.2)	7,720 (75.4)	3	26 (0.3)	12 (0.1)	56 (0.5)	7	20 (0.2)	2,165 (21.1)	
1974 1〜10	10,753 (100)	115 (1.1)	143 (1.3)	7,195 (66.9)	3	136 (1.3)	355 (3.3)	25 (0.2)	153 (1.4)	15 (0.1)	2,613 (24.3)	

出所：法務大臣官房司法法制調査部編「出入国管理統計年報」

表2　1974年度の月別訪中団の数

74年月	経済	政治	スポーツ	文化	人民交流	計
1	3	4	—	1	4	12
2	13	1	—	2	6	22
3	12	1	1	2	8	24
4	9	2	1	2	10	24
5	7	4	1	1	4	17
6	10	1	3	1	7	22
7	6	2	2	5	7	22
8	8	3	2	6	11	30
9	5	4	—	3	10	22
10	5	6	—	2	8	21

11	11	3	—	2	9	25
12	5	1	—	1	4	11
計	94	32	10	28	88	252

表3　74年の訪中団数（人民交流）の主な内訳

内訳　　月	1	2	3	4	5	6	7	8	9	10	11	12	計
労働者	2	1	1		1	1	2	3	1	4	1	1	18
農民		1	3						1	2	3		10
学生							1	2		1			4
婦人		1	2				1	1	1			1	7
自治体	1		1	7	4	2	1	1	1	1	1	1	21
青年の船				3					1		1		5
その他	2	3	1	2	2	5	3	5	6	3	4	1	37

　自治体、および労働者の訪中団の中には、表2の政治に分類されているものから該当する団を加えている。

　『中国旅行No.4』（1975年3月）に、当時のいろいろな訪中団が紹介されていた。

「横浜市代表友好訪中団」
　　　　　（団長・大場助役31名、受入：上海市革命委員会）
「千葉県教職員友好訪中団」
　　（団長・富永中央執行委員長30名、受入：中国国際旅行社総社）
「日本海運訪中団」（団長・三和普新和海運株式会社代表取締役）
「横浜市港湾友好訪中団」（清水恵蔵横浜市助役18名）
また、中国国際旅行社総社より、以下の参観訪中団に招請状が参りました。「石川県山中労働者訪中団」（4月）、「日中友好神奈川県活動家訪中団」（4月）、「茨城県労働者第三次友好訪中団」（5月）、「京都西

陣織物青年訪中団」（7月）。

『中国旅行No.5』（1975年5月）に、

「横浜市港湾運輸友好訪中団」
　　　　　　　　（団長・清水助役18名、受入：交通部水運局）
「日中友好婦人活動家代表団」
（団長・斉藤きえ日中友好協会常任理事17名、受入：中日友好協会）
「日中友好神奈川県活動家訪中団」
　　　　　　　　（団長・浜田糸衛22名、受入：中国国際旅行社総社）
「関西財界人訪中団」
　　　　　（吉村孫三郎氏10名、受入：中国国際貿易促進委員会）
「石川県山中労働者訪中団」
　　　　　（団長・谷口郵便局職員19名、受入：中国国際旅行社総社）
「日本航空貨物業界友好訪中代表団」
（団長・筒井日新運輸倉庫専務16名、受入：中国対外貿易運輸総公司）
「岐阜県友好訪中団」
　（団長・平野三郎知事・日中平和観光取締役、受入：中日友好協会）
「茨城県労働者第三次訪中団」
（団長・鈴木県労働組合連盟事務局長20名、受入：中国国際旅行社総社）
「昭和海運友好訪中代表団」
　　　　　　　　（団長・末永社長10名、受入：中国遠洋運輸総公司）
「岐阜県訪中青年の船」（団長・高橋睦氏97名、三重・愛知・愛媛・香川の青年とともに『日中友好東海四国青年の船』団長・西井勇氏）

　また、「日朝国交回復国民会議代表団」や「日朝科学技術協力委員会訪朝団」などの北朝鮮への代表団も取り扱っていた。

1975年

1975年、日本交通公社、中国旅行取扱開始。

1975年、近畿日本ツーリスト、中国旅行取扱開始。

1975年、《中国外交部の許可でアメリカの「特別旅行社」は代理権を取得。初めて民間の旅行会社として中国国際旅行社と業務関係を締結》

1975年頃の総合服務費は50元（都市間交通費を除く）。日本人の中国訪問者10,000人。

1月	エールフランス、東京―北京―パリ、週2便（火・金）就航。
1月10日	中国婦人代表団（団長・パサン・チベット自治区婦女連合会主任）、日中友好協会の招きで来日。
1月20日	観光労連訪中団（団長・高内正浩観光労連事務局長）10名。
2月1日	中国査証料、1,650円に改訂。査証申請書1通（写真添付）と招請状。前年中国に渡航された方も写真が必要。ビザ取得所要日数1週間。

運賃改定（片道）　東京―北京 91,750（F）、65,550（Y）
　　　　　　　　　東京―上海 64,450（F）、46,000（Y）
　　　　　　　　　大阪―北京 80,100（F）、57,200（Y）
　　　　　　　　　大阪―上海 50,150（F）、35,850（Y）

2月14日	日中平和友好条約の政府間第3回予備交渉で、中国側は「反覇権条項」を必須とする基本見解を示す。
2月17日	パキスタン航空、カラチ―イスラマバード―北京―東京線の運航開始。
4月5日	政府派遣の日本学術文化代表団（団長・吉川幸次郎）、鄧小平副総理と会見。
5月12日	社会党第6次訪中代表団（団長・成田知巳）、中日友好協会

と共同声明。覇権主義反対を明記。
5月17日 「日中平和友好条約促進国民集会」、東京・九段会館で開催。
6月25日 静岡県の条約実現市民連合代表、8000人の署名を携え政府に陳情。
7月10日 《新華社は「陝西省臨潼県の秦始皇帝陵の東側に、巨大な秦代の陶製の兵馬俑坑(へいばようこう)が発見された」と報じた》
8月10日 「日中友好東北信越農民の船」（団長・黒田寿男日中友好協会会長一行486人）新潟より出港。
9月2日 日本総領事館、上海に開設。
9月19日 中日友好協会代表団（団長・楚図南顧問、副団長・孫平化秘書長、一行9人）、日中友好協会創立25周年祝賀に来日。
9月21日 日中友好協会創立25周年祝賀大会、日比谷公会堂で開催。
9月29日 日中協会発足。

　チャーター船を利用した訪中団は「…の船」という名称が一般的に使われ、飛行機をチャーターしたのが「…の翼」と呼ばれた。

　ちょうど、『中国旅行No.9』1976年1月発行に「横浜市民の翼友好訪中団」（団長・小泉富太郎助役、132名）の訪中記録があったので、紹介しよう。

●「横浜市民の翼友好訪中団」訪中スケジュール

11月21日　14:00　壮行会（羽田空港貴賓室）、市長壮行の辞。
　　　　　16:15　羽田空港出発（CA924、大阪経由）。
　　　　　20:00　上海着、張振亜上海市革命委員会常務委員ほか500人以上が空港で歓迎。　　和平飯店泊
　　　　　21:30　上海第一百貨店参観。

22日　08:30　班別に労働者住宅団地を参観。
　　　　　　　閘北区彭浦新村（第2班）
　　　　　　　徐滙区永嘉街道（第3班）
　　　　　　　楊浦区控江新村（第4班）
　　　　　　　楊浦区鳳城新村（第5班）
　　　　　　　楊浦区長白新村（第6班）
　　　　　　　虹口区欧陽路街道〈大連新村〉（第7班）
　　　09:00　上海市革命委員会表敬訪問（本部、第1班）。馮国柱副主任、張振亜常務委員ほか面談。記念品贈呈（写真パネル、50号横浜風景画、横浜航空写真）市長のメッセージを渡す。
　　　10:30　防空地下道（上海市公共交通トロリーバス停車場地下道）参観（本部、第1班）。
　　　13:00　西郊公園にて記念植樹（南天）およびパンダ見学。
　　　14:45　分散して青少年課外文芸体育活動参観。
　　　　　　　盧湾区少年宮（本部、第1、6班）
　　　　　　　盧湾区馬当路小学校（第2班）
　　　　　　　静安区少年宮（第3班）
　　　　　　　虹口区青少年業余体育学校（第4、5班）
　　　　　　　南市区少年宮（第7班）
　　　18:30　上海市革命委員会主催「歓迎宴会」全員出席。上海側、馮国柱副主任ほか来浜経験者等120人出席。記念の額を受領、相互に文芸の出演。
23日　08:30　上海工業展覧館参観。
　　　09:30　横浜・上海交流事業事務所折衝（秘書団）。
　　　13:00　班別に人民公社参観。
　　　　　　　嘉定県封浜人民公社（本部、第1班）
　　　　　　　上海県新泾人民公社（第2班）

　　　　　　嘉定県黄渡人民公社（第3班）
　　　　　　上海県華庄人民公社（第4班）
　　　　　　上海県虹橋人民公社（第5班）
　　　　　　上海県龍華人民公社（第6班）
　　　　　　嘉定県長征人民公社（第7班）
　　18:45　友好都市提携2周年を祝う体育交歓会（廬湾区体育館）。
　　　　　　全員出席。馮国柱副主任出席、観衆4000人。錦旗（友好の旗）の交換。ママさん卓球交歓会。シングル4試合、日中混合ダブルス2試合。上海少年の武術、体操の実演参観。
24日　07:30　魯迅の墓参詣・献花。菊花展参観（虹口公園）。
　　09:30　分散参観。
　　　　　　　　上海博物館（本部、第2、3、4班）
　　　　　　　　防空地下道（第5、6、7班）
　　　　　　　　大連新村（第1班）
　　13:00　班別に工場を参観。
　　　　　　　　上海蒸気タービン工場（ママさん卓球交歓）、途中、上海体育館見学（第3班）
　　　　　　　　嘉定県県立工場〈セメント、化学肥料、漁船〉（第4班）
　　　　　　　　上海ディーゼル工場（第5班）
　　　　　　　　風雷五金工場〈ガス、石油コンロ〉および上海第十五ウールシャツ工場（第6班）
　　　　　　　　英雄万年筆工場（本部、第1班）
　　　　　　　　上海マイクロベアリング工場（第2班）
　　　　　　　　上海第九化学繊維工場（第7班）
　　18:45　訪中団歓迎の「文芸の夕べ」（上海市革命委員会講堂）。

　　　　　　　上海側の歌、おどり、民族楽器演奏、舞劇公演に対し、横浜側も民謡、歌、アコーデオン演奏を行う。
　　　21:00　友誼商店へ。
25日　08:15　班別分散参観。
　　　　　　　華山医院（本部、第1班）
　　　　　　　上海市市西中学（第2班）
　　　　　　　上海師範大学附属中学（第3班）
　　　　　　　上海市継光中学（第4班）
　　　　　　　上海紡績工学院（第5班）
　　　　　　　上海師範大学（第6班）
　　　　　　　瑞金医院（第7班）
　　　12:00　訪中団主催「答礼宴会」（上海宴会ホール）全員出席。
　　　　　　　上海側、張振亜常務委員ほか130人出席。双方の文芸の出演あり。
　　　15:00　グループ別座談会。
　　　　　　　①議員（行政一般）
　　　　　　　②産業・労働（工業、農業、公害、労働条件ほか）
　　　　　　　③教育・文化（教育制度、教科、スポーツ、文芸ほか）
　　　　　　　④婦人（婦人の役割、物価、保育所ほか）
　　　　　　　⑤医療・保健（医療の現況、針灸、予防医学ほか）
　　　　　　　横浜・上海交流事業事務所折衝（秘書団）。
　　　19:00　上海駅発列車にて杭州へ。
　　　　　　　張振亜常務委員ほか500人以上が駅頭、プラットホームで歓送。

| | 22:05 | 杭州駅着。蒋宝娣浙江省革命委員会常務委員ほか関係者出迎。　　　　　　　　　杭州飯店泊 |

26日　09:00　西湖、三潭印月、花港公園、六和塔など遊覧。
　　　13:30　杭州茶葉試験場参観。
　　　18:00　浙江省革命委員会表敬訪問（本部、第1班）杭州飯店別館。
　　　　　　　張子石副主任ほか面談。
　　　18:30　浙江省革命委員会主催「歓迎宴会」全員出席。
　　　　　　　張子石副主任ほか60人出席。記念の額を受領。

27日　08:30　2組に分かれて、杭州絹織物工場、園芸センター、黄龍洞など参観。
　　　15:50　杭州空港発（CA182）。
　　　18:00　北京空港着。
　　　　　　　張雨中国国際旅行社副総経理、孫平化中日友好協会秘書長ほか関係者出迎え。　北京飯店泊

28日　08:00　分散参観。
　　　　　　　北京大学（本部、第1、7班）
　　　　　　　体育学院（第2、3、4班）
　　　　　　　積水潭医院（第5班）
　　　　　　　友誼医院（第6班）
　　　14:00　天安門広場及び故宮参観（第2～7班）。
　　　　　　　中日友好協会及び中国国際旅行社表敬訪問
　　　　　　　（本部、第1班）於北京飯店。
　　　　　　　中日友好協会張香山副会長、中国国際旅行社総社張雨副総経理ほか。
　　　　　　　張香山副会長、中国の現況、方向など説明。
　　　　　　　小泉団長、横浜・上海交流事業を説明。
　　　17:30　北京市革命委員会表敬訪問（本部、第1班）於北京飯店。

北京市革命委員会楊寿山副主任ほか。
18:00 北京市革命委員会主催「歓迎宴会」全員出席（北京飯店新館）
楊寿山副主任ほか60人出席。
錦旗を受領、双方で文芸の出演。

29日 08:00 万里の長城、明の十三陵参観。
15:30 友誼商店へ。
19:15 人民解放軍長征40周年記念「音楽会」（天橋劇場）。人民解放軍歌舞団出演。

30日 08:30 班別分散参観。
①大型電気機械工場（本部・第1班）
②北京楽器工場（第2班）
③棉紡績第二工場（第3班）
④メリヤス本工場（第4班）
⑤工芸美術品製造工場（第5班）
⑥新華印刷工場（第6班）
⑦北京薬品製造工場（第7班）
14:00 分散参観。
①建築機械工場防空壕および天壇公園（第2、3、4班）
②大柵欄防空壕および天壇公園（第5、6、7班）
③故宮（本部、第1班）
団長は故宮にて、王冶秋国家文物管理局長、呉仲超故宮館長と面談。
18:00 訪中団主催「答礼宴会」（北京ダック店）。
横浜側：本部、第1班、各班長30人。
北京側：楊寿山副主任、張雨副総経理、孫平化秘書長、王冶秋局長ほか30人出席。
19:00 映画「創業」鑑賞（第2～7班、班長を除く）。

12月1日 07:30 朝市（東単食料品市場）参観。団長以下70人。
　　　　 08:45 歴史博物館参観。
　　　　 11:00 中華全国体育総会訪問（北京体育館）。
　　　　　　　植村秘書長ほか宋中秘書長に面談。
　　　　 17:20 北京空港発（JL786）。
　　　　 22:15 羽田空港着。市長夫妻等多数出迎え。

（了）

1976年

1月8日 《周恩来総理死去》
2月8日 日中友好協会、「日中平和友好条約促進東日本緊急集会」を九段会館で開き「今国会中に締結」要請決議。
2月10日 周恩来総理国民追悼会を日比谷公会堂で挙行。各界代表3000人参列。
3月8日 中華人民共和国駐大阪総領事館開設。大阪キャッスルホテル内。
4月5日 《天安門事件起こる》
4月7日 《鄧小平氏失脚》
7月6日 《朱徳全国人民代表大会常務委員会委員長死去》
7月28日 《唐山地震》
8月5日 日中友好協会主催「反覇権・日中平和友好条約締結要求中央集会」開催。
9月9日 《毛沢東主席死去》
10月6日 《"四人組"逮捕される》
10月6日 毛沢東主席国民追悼会を日比谷公会堂で挙行。三木首相ら各界代表3000人参列。
10月19日 魯迅逝去40周年を記念し「中華人民共和国魯迅展覧会」を

　　　　　　仙台で開催。引き続き、東京・名古屋・神戸・広島で開催。
10月24日　《華国鋒、党主席就任。"四人組"打倒祝賀デモが北京はじ
　　　　　　め中国各都市で行われる》
12月24日　《福田赳夫内閣成立》

　1976年、実施された大型訪中団と来日団の資料が『中国旅行No.15』
（1977年6月発行）に載っていた。

「友好の船」「友好の翼」一覧

〈友好の船〉

日中友好山陰山陽訪中青年の船（3月）	420名
東京都日中友好青年の船（3月）	409名
日中友好九州青年の船（8月）	418名
兵庫県青年海洋大学訪中団（8月）	498名
日本青年団協議会第一回訪中青年の船（9月）	457名
計	2,202名

〈友好の翼〉

日中友好愛知県青年の翼訪中団（1月）	132名
京都府民友好の翼訪中団（2月）	118名
日本書道家日中友好の翼訪中団（3月）	134名
第一回「日中三誌読者の翼」（3月）	140名
第一次日中友好教職員の翼（3月）	140名
和歌山県日中友好の翼訪中団（4月）	141名
京都・滋賀・奈良3府県経済界「日中友好の翼」訪中団（4月）	132名
福岡市「日中友好の翼」訪中団（5月）	132名

静岡県民の友翼各界友好訪中団（5月）	140名
山梨県日中友好のつばさ（8月）	134名
宮城・長野農民の翼（8月）	135名
岐阜県日中友好の翼訪中団（10月）	137名
日中友好勤労青年の翼訪中団（10月）	122名
日中友好秋田県農業青年の翼（11月）	136名
日中友好婦人の翼第一次訪中団（12月）	136名
計	2,009名
合　計	4,211名

来日団（人民交流）も紹介する。

来日団一覧

中国マラソン代表団（団長・陳方中華全国体育総会雲南省分会責任者）
　　　　　　　　　　　　　　　　　　　　　　　6人（1月）
中国卓球代表団（団長・楊有為中華全国体育総会宣伝部責任者）
　　　　　　　　　　　　　　　　　　　　　　　14人（2月）
中国人民対外友好協会代表団（団長・王炳南中国人民対外友好協会会長）　　　　　　　　　　　　　　　　　　　　　　　　12人（3月）
中国医学代表団（団長・石美鑫）　　　　　　　　5人（3月）
中華人民共和国古代青銅器展中国代表団（団長・王冶秋中国国家文物事業管理局局長）　　　　　　　　　　　　　　　　　5人（3月）
中国囲碁代表団（団長・高文治中国囲碁協会副秘書長）　10人（4月）
中国上海京劇団（団長・向旭中国人民対外友好協会上海市分会責任者）
　　　　　　　　　　　　　　　　　　　　　　　130人（5月）
中国バスケットボール代表団（団長・張長禄中国バスケットボール協会秘書長）　　　　　　　　　　　　　　　　　　　　34人（6月）
中華人民共和国魯迅展代表団（団長・朱永嘉上海革命委員会常務委員会

委員、顧問・周海嬰中央放送事業局技術弁公室副主任) 7人（10月）
西安市友好代表団（団長・鄢祥丕西安市革命委員会副主任） （10月）
西安市女子バレーボール・チーム（団長・雷志敏） （10月）
中国重量挙げ代表団（団長・王秀泉中華全国体育総会山東省分会責任者） 15人（10月）
中日友好活動家訪日代表団（団長・王芸生中日友好協会副会長）
6人（11月）
中国ライフル射撃代表団(団長・孫正華中国射撃協会主席、アジア射撃協会副主席) 35人（11月）
中華医学会肝炎研究代表団（団長・陶其敏北京人民医院検験科主任）
3人（11月）

1977年

1977年、藤山愛一郎氏、（株）日中旅行社の取締役会長に就任。

3月31日　日中友好議員連盟、会長に浜野清吾氏を選出。日中平和友好条約早期締結への日本政府の決断を求める決議採択。
5月2日　中国天津歌舞団一行60人、日中友好協会の招きで来日。全国20都市で公演。
5月3日　中華人民共和国展覧会、名古屋で開幕。131万人参観（〜23日）。続いて、札幌市で開幕、101万人参観（9月15日〜10月11日）。
6月24日　日中民間海運事務所、北京と東京に開設。
8月12日　中国共産党第11回全国大会（〜18日）、文化大革命終結を宣言。
9月29日　日中国交正常化5周年を記念して、全国で日中平和友好条約促進県民集会開催。
9月29日　日中商標保護協定調印。

10月4日　観光労連が第4次友好訪中団を派遣（〜14日）。

　1977年、内閣府が行った世論調査によると、「アジアの中で中国と最も良い関係を築くべき」と答えた人は66%。1982年には「中国に親近感を感じる人」は72.7%に達し、「米国」を抜いて日本人が最も親しみを感じる国となった。

1978年

1月	旅行遊覧事業の全国会議、北京で開催。李先念副総理、耿颷（こうひょう）副総理が出席して重大な講話を行ったのみでなく、華国鋒主席が自ら出席して指導。 旅行遊覧事業を「急速に」「大胆・大規模に」…。 「旅行形態の変化」…　従来2週間前後のパターンであった中国旅行が10日間、7日間、3日間というような短期間の日程が認められるようになった。日本人のニーズに合致したものとなった。旅行は「観光事業」と位置づけ、外貨の獲得を目的とする。もちろん、基本は「相互理解」と「友好」。
2月	中国「全国観光事業工作会議」開催。外国人が行けなかったフフホト・寧波・敦煌・ウルムチ・トルファン・大同・黄山・峨眉山・泰山・三峡下りなど、約100カ所の開放を決定。
2月	毎日サービスが、香港経由の中国旅行を、わが国で初めて一般募集（日中旅行社が肩代わり実施）。 　　　　　　　　　　　　　　　　　　『日本国際ツーリズム』
2月16日	日中長期貿易取り決め、北京で調印。協定の有効期間（1978〜85年）8年間の輸出入総額を200億ドルとする。
3月5日	中国の旅游管理体制の重大改革。

1. 中国旅行遊覧事業管理局→国務院直属の管理総局となり、外交部により管理される。
2. 各省市区に旅游局を置く。地方の旅游事業の管理責任を負う。
3. 旅游事業指導委員会を置く。

国家旅游管理総局と外交部の関係

　主要任務：国務院に年度の接待計画を制定し、外国人旅行者の入国を批准、旅游事業に関係ある管理規則、費用の設定、開放都市の指導、遊覧区の建設、旅游の対外宣伝資料の作成、旅游通訳・服務員などの養成。

・旅游活動中の重大案件に関し、外交部に指示を仰ぐ。
・党の関係、政治学習は外交部の方針に従う。
・党の構成員、局級幹部は外交部により管理される。

(『中国旅游業50年』)

4月 1日　日中旅行社に新入社員十数名入社（応募者は約700名）。
4月12日　「尖閣列島事件」発生。21日、王暁雲外交部アジア局次長は漁労行為の際に偶発したものと説明。一応決着。
5月 1日　旅券取得の手数料（収入印紙）改訂。
　　　　　数次旅券　6,000円→8,000円
　　　　　一次旅券　3,000円→4,000円
6月26日　中国外交部、「日韓大陸棚共同開発協定」批准書交換を中国の主権侵犯として日本政府に抗議。
8月 9日　園田直外相訪中。日中平和友好条約に調印（12日）。
9月 1日　中日友好協会など中国11の民間団体、日中平和友好条約調印祝賀パーティーを人民大会堂で開催。日中各界友好人士2500人参加。

10月16日　衆議院、日中平和友好条約を批准（参議院は18日）。
10月18日　日中友好協会など日中友好10団体、「条約締結祝賀国民集会」九段会館で開催。
10月22日　鄧小平副総理、公式友好訪問のため来日（～29日）。
10月23日　日中平和友好条約批准書交換式が首相官邸で行われ、正式発効。
10月24日　日中友好協会など日中友好10団体、条約批准祝賀・鄧小平副総理歓迎会開催。福田首相・園田外相ら各界2000人参加。
12月7日　《大平正芳内閣成立》
12月18日　《中国共産党第11期3中総会》（～22日）。
12月21日　名古屋市と南京市、友好都市を宣言。
12月22日　上海宝山製鉄所の基本協定書調印。
12月21日～29日　日中旅行社、社員を対象に初の中国研修旅行。
　　　　（北京・重慶、定期船"東方紅"で三峡下り、沙市・武漢・深圳・香港）
　　　　中国査証料：1700円

　——それまで訪問することが許されていた40余都市のほかに、さらに新しく約50にのぼる都市および観光地が中国旅行のコースに組み入れられることとなったわけです。成都・蘭州・合肥・昆明・ウルムチ・フフホト・煙台・連雲港・寧波・温州・重慶・山海関・泰山など…。
　1978年、1元＝132円（5月）、126円（6月）、118円（7月）
　郵便は中国→日本　1週間　はがき…0.55元　封書…0.6元
　日本への電話…ホテルのフロント、または交換台で申し込む
　3分間…14.4元、1分増すごとに4.8元加算
　　　　　　　　　（『中国旅行』、日中平和観光、1979年6月）

中国主要旅行遊覧城市と地区

北京、上海、天津、広州、肇慶、仏山、従化、杭州、紹興、寧波、温州、南京、無錫、蘇州、揚州、鎮江、常州、宜興、連雲港、徐州、合肥、蕪湖、馬鞍山、済南、青島、泰安(泰山)、淄博、煙台、昌潍、石家荘、邯鄲、秦皇島、承徳、趙州橋、西柏坡、崗南水庫、遵化、沙石峪、唐山、瀋陽、鞍山、撫順、大連、長春、吉林、ハルピン、牡丹江(鏡泊湖)、南寧、桂林、柳州、武鳴、陽朔、桂平、賓陽、成都、重慶、昆明、路南(石林)、南昌、廬山、井崗山、景徳鎮、長沙、韶山、湘潭、衡陽、武漢、沙市、襄樊、丹江、咸寧、鄭州、開封、洛陽、安陽、林県、新郷、輝県、鞏県、禹県、三門峡、西安、延安、太原、大同、陽泉、大寨、フフホト、包頭、錫林浩特、蘭州、ウルムチ(天池)、石河子、大慶、大港、勝利油田、重慶—上海長江水域、上海—青島—煙台—大連—天津沿海線。

最近の新開放都市と地区

黄山、青陽(九華山)、曲阜、万県、楽山、峨嵋山、景洪(西双版納)、岳陽(洞庭湖)、酒泉、嘉峪関、敦煌、トルファン、楽清(雁蕩山)、莫干山、信陽(鶏公山)と海口。

(『北京旅游手冊』、北京出版社、1980年1月)

中国旅行の種類

「中国旅行の種類」…中国旅行は、ほかの海外旅行のように、自分の都合のよい時に旅券をとって、その国の大使館でビザをもらい、都合のよい飛行機ででかけるというわけにはいきません。中国へ旅行する場合には、中国側のそれぞれの関係機関からの招請状を必要とします。

現在、中国への旅行は大別すると次の三つのケースに分かれます。

1. 訪中を希望する団体（または有志）が中国と業務関係のある日中平和観光などの旅行社に「参観団」のあっせんを申し込み、中国国際旅行社総社の同意を得た場合。
2. 訪中を希望する個人が、日中平和観光がお世話している「中国旅行読者の会」の会員となり、読者の会が企画する参観団に参加する場合。
3. 個人または団体が直接、中国の関係部門と連絡を取って、文化・スポーツ・政治・学術などの「使節団」、商談・技術交流などの「業務渡航」、および日中友好諸団体の「代表団」として訪中する場合。

「参観団」…中国旅行では、旅行社は一般の海外旅行のような公募の形式は原則としてとりません。したがって中国旅行を希望される方は、旅行社と相談の上それぞれ同好の士を募ってグループを組織してもらいます。ひとつの参観団のメンバーとしては20～30人が適当です。団を結成したら、団の性格、目的、訪中を希望する時期、構成メンバーの指名、経歴などの資料をまとめて、中国国際旅行社総社に参観団の受け入れを要請します。中国側からOKの招請状が来てから訪中が決定します。

以前は、団を結成し中国側に要請を出しても、訪中できる団の数が限られていたためになかなか招請状が来ず、2年も3年も待たなければならない場合もありましたが、現在は、前に述べたように中国側の受け入れ態勢が大きく変化したため、比較的早く訪中が実現するようになってきました。1979年を例にとると、78年8月までに旅行社から79年の年間計画を中国に提出し、10月頃から逐次招請状がとどくといった状況です。なお、個人旅行は原則として不可能ですが、旅行社に相談し、最も適したグループに、そのグループの了解を得て参加させてもらうという方法もあります。

参観団を結成したら、訪中までに是非やっておかなければならないことがあります。それは組織づくりと学習活動です。組織作りの要となるのは団長と秘書長の決定です。参観旅行は団体旅行の一種ではあります

が、いわゆる寄せ集めの団体旅行ではありません。団としてのまとまりをもち、目的を持った旅行です。そうしたまとまりを有効に生かし、参観団としての成果を上げるためには、団長および秘書長を中心とした行動がとれる団に組織していくことが必要です。一方そのためにも、学習会を持ち、団員の意志をはかり、親睦を深めておくことが必要となります。同時に日本とは社会体制の異なる国を訪れるのですから、物事の判断基準の違いや理解を深めるのに役立つ知識の学習や交換のための勉強会は是非やっておかなくてはなりません。

訪中に先立つこういった準備については、日中平和観光としてもできるだけのお手伝いをさせてもらっています。団の方々が自主的になさる学習会のほかにも、弊社が主催して、旅行の手続きはもとより、中国事情を解説する説明会も開催します。

さて、中国から招請状が来て、費用を一括して旅行社に払い込めば、旅行の手続き、その他旅行中いっさいのお世話は旅行社が行います。

「中国旅行読者の会」…日中平和観光では「中国旅行」という小冊子を1974年から発行しています。ささやかな冊子ですが、日本で中国旅行を紹介している唯一の定期刊行物です。

そしてこの雑誌の購読者で作っている「中国旅行読者の会」は毎月1回、定例の中国事情を学ぶ会合を開き、講師をまねいて会合を持ったり、映画やスライドを通じて親睦を図っています。

読者の会は日中平和友好条約の立場から中国との友好を深めたいという方ならどなたでも参加できます。

そして読者の会としての参観団も毎年送り出してきましたし、これからはさらに回数も多くなることと思います。

中国に行きたい、しかしどうしたらいいかわからないという方は、まず読者の会に参加し、読者の会が企画する参観団の中から、本人が希望する時期なりコースなりを選んで訪中なさることをおすすめいたします。

(『中国旅行』、日中平和観光、1979年6月)

1979年頃の航空券予約状況と査証

航空券： 座席が圧倒的に少ない。キャンセルがでれば、簡単に航空会社に取り消しの電話はできない。なんとか、NAME CHANGEをしようと、航空会社との折衝に苦労をする。中国民航やJALに、日参するのが仕事であった。（筆者）

査　証： 領事館は吹田にあった。「桃山台」からタクシーに乗り、領事館に日参する。
　　　　 必要書類はパスポートと招聘状と申請書。査証には目的地が記載された。（筆者）

査証（ビザ）の種類

「入出境査証」… 普通の査証。日本で取得。帰国すれば失効。
「居留査証」　… 入出境査証の期限が切れ、しかも滞在が相当長くなる場合は、居留査証を取得。入出境査証は取り消される。さらに長くなる場合は、居留査証を延期。
「出境査証」　… 居留査証を取得した場合、入出境査証は取り消されるので、出境の際、改めて出境査証を取得。（中国で取得）
「入境査証」　… 中国より帰国後、ただちに再訪中する場合、入出境査証を取得する余裕がない。中国で再入国のための査証を取得。
「過境査証」　… 中国を経由して第三国に行く場合。24時間以上滞在する時はトランジット査証を取得。必要書類…航空券＋（第三国の査証）

「中国国内旅行手続きについて」…査証に記載されている都市以外に行かれる場合、必ず国内旅行の手続きを行い、「外国人旅行証」を取得してください。手続きは招請主（公司）に依頼してください。公司の同意書があれば、直接公安局に行って手続きすることもできます。2日以上あれば手続きできます。

（『中国旅行のしおり』日中平和観光）

『中国』（集英社、1979年1月10日発行）に伊藤正氏（共同通信元北京特派員）の「実感・北京特派員」というコラムのなかに、「外国人旅行証」について書かれていた。

——私たちがどこか地方に行く場合、まず特派員の監督官庁である外務省報道局に手紙で申請し、許可が出ると北京市公安局に行って旅行手続きをする。2、3日で公安局は「外国人旅行証」なるものを発行、それを持って国際旅行社でホテル、ハイヤーなどの予約や旅行先での希望を伝え、飛行機旅行なら民航総局で航空券を購入する。
　旅行に出かけても、出発地点と到着地点でいちいち現地公安局のハンを押してもらわねばならない。　　　　　　　　　　　　（了）

　パスポート…台湾の査証があるかどうか要チェックである。台湾の査証があれば、一次のパスポートをとらなければならない。

　招聘状…査証の発給権限のある機関からのもの。たとえば「省人民政府外事弁公室」、中央機関など。「大学」などは発給権限なし。北京大学ならば「教育部」の招聘状が必要。また、わたしたちを悩ませたのは「碼電」である。「碼電」とは4桁の数字コードで、漢字に直すことができる。『碼電表』で漢文に直し、領事館に持って行く。また、「碼電」の招聘状だけでは、査証は降りない。必ず、本土からの領事館に送られた

「公電」を確認して、名前が載っているかどうかのチェックを受ける。領事館の担当者が見逃す場合もあるので、「公電」を写したノートを見せてもらうように、常日頃、領事館の担当者と仲良くなっておくことが大事である。ときどき、お客さんが「公電」の入っていることを知らない場合もある。「公電」が入っていれば、招聘状は不要。

当時のビジネスマン（遊庵散人）の訪中手続きや訪中記について「インターネット」に掲載されていた。

この"ビジネスマンの訪中記"を掲載するかどうか悩みました。というのは、ペンネーム（偽名？）を使用しているため、執筆者の正体が不明ということもありました。しかし、わたしが当時、商社やメーカーの中国出張を取り扱っていたとき、担当者から聞いた話と合致していました。(株)国際交流サービスの辻田順一社長（1974年、日中旅行社入社）や日中平和観光(株)大阪支店の岩田直樹支店長（1975年、日中平和観光入社）に読んでもらい、確認したところ、当時の訪中ビジネスマンであろうと、彼らもわたしと同意見でした。

それでは、なぜ本名を名乗らないのでしょうか？　推測ですが、当時はなかなか辛口の中国批評ができなかったのです。まだ、友好商社、友好メーカーの時代で、反中国的なことを書けば会社に迷惑がかかると、思われたのかもしれません。そのような時代を過ごした人だと思います。いまは、時代も変わり、中国も変わりました。本当に体験された訪中記だと思い、載せようと決めました。

● 当時ビジネスマンのレポート

――1978年の8月に始めて1ドル200円を割り、私の初訪中した9月1日のレートは1ドル189.90円でした。それに対する中国人民元の

交換レートは、正確に米ドルと連動はしていませんが、確か￥120／人民元程度だったように記憶しております。〈中略〉

──それらお送りいただいたメールの多くは"10年前頃より対中貿易に係わっているのだが、その前の状況を知りたい"という方々が多く、中には"父はその頃中国へ出張したがそれまでの海外出張より帰国した時と全く違って、小学生の私にもなにも旅の出来事について一切喋らず、写真も無く不安を感じた記憶がある。その頃の実態を知りたい"というような切実なメールも頂戴しました。

1978年9月香港との国境を荷物を両手に持ち深圳の鉄橋を、徒歩で中国側に入境した所まで書きました。

インビテーション・ビザ発給

当時中国入国のための手続きから説明しよう。

☆当方より訪中者の氏名、職階、生年月日、旅券番号、訪中目的、訪中希望期等を記入し中国側取引公司へ入国の申請を打電する。

☆公司はこれを了解したら日本の中国大使館に対し、我々にインビテーションを出し、大使館はそのインビ到着を我々に連絡する。〔ママ〕
　＊大使館からは連絡しない。旅行社のビザ担当者が連絡する。

☆我々はパスポートを大使館へ持参し、それによりビザの発給を受ける。
　＊一般的には旅行社が代行する。

こう書けばいとも簡単そうだが、普通この手続きに約2ヶ月は必要とな

る。

　今もあの国は厳然たる社会主義国家である事に変わりはないが、当時はそれこそ完全な共産主義国家であり、全ての処理は公的機関即ちお役所である。我々の出した申請書は、幾つかの部、科を経て極めて多くの人々のサインを得て決済される。その間の決済の遅滞振りは、想像できるであろう。

　我々が、我々の窓口である公司の営業をプッシュしても、答えは「私は回したよ」その一言が返ってくるだけ、彼らにすれば自分の所から次に回せばそれで終わりなのだ。今どの辺で決済され、何時頃発信が可能なのか、凡そ無関心で彼ら自身も判らないのが実情の様だ。この様な困難さは仕事が進むに連れ嫌と言うほど味わうこととなる。

　結局我々は仕事の都合上、出発の日程がさし迫り、矢も楯もたまらず六本木の中国大使館にインビ着信確認のための日参（？）をせざるを得なくなる。時には緊急出発の必要性を認識させるため、大使館にスーツケースと航空券を持ち込んで、早期確認を促す等の芝居じみたことまでした記憶もある。

　これらの中国よりの電信が入る場合問題がある。中国は漢字の国、従って漢字を全て四つの数字で表現した暗号の様なマ電と称する文章でくる。それだけに余計面倒だ。時には大使館員の了解を得て、我々自身でマ電を漢字に転換された、汚い入電のファイルをくりながら、必死で我が名を探し出すことも屡々経験した。午前、午後と二度電信が入りファイルされると聞き、日に二度通った事もあった。

　殆どは見あたらず落胆し帰路に就く毎日が続く内、やっと自分の名の記述された電信を見つけだした際の喜び（？）、ようやく旅券にビザの捺印を受け、ホッとするまでのイライラと苦痛は大変なものだった。

この様な状況なので、訪中するには少なくとも2ヶ月前からの準備が必要となる。少し訪中回数が増え、馴れてくると訪中の際現地の会社に対し次回のインビの発給を直接依頼して帰る様になり、少しはその待機期間も短縮できる様になった。しかし常にマルチビザを持ち、航空機の座席さえとれればその日にでも飛べる現在とは正に隔世の感ありの思いがする。

二重パスポート

時に国家間の取り決めはナンセンスな事態を引き起こす。

現在もそうであるが中国は厳然として「一つの中国論」を国是の中心としてこれを堅持している。日中国交正常化も、この年調印された日中平和友好条約も、この中国の主張を日本が全面的に承認し成立したことは御承知の通りである。従って過去に台湾を訪問した日本人は、訪中する資格がないという訳だろう。我々周囲の業界人達は、嘗て殆ど業務上訪台経験を持っており、その数次旅券にはベタベタと台湾のビザや出入国印が押されているのは当然である。しかしその旅券では中国のビザは発行して貰えないのである。

それでどうしたか。訪中の度に日本外務省（各都道府県の出先機関）へ出頭し、所持している数次旅券を一旦預け、その上で別に一次旅券を申請する。それにはやはり一般旅券申請と同じ書類、写真、手続き、期間そうして費用が必要なのは当然である。そうしてその新しい一次旅券に中国のビザの判をもらい、いざ出発となる。

そうして帰国すれば、当然その旅券をまた旅券発給オフィスへ持参し旅券使用済みの刻印を受けた後、預けてある元の数次旅券を返してもらうという次第となる。これを訪中の度に繰り返し行う訳だからとても煩わしく面倒なことだった。

こんな煩雑なからくりの実情は、日中双方共知っている筈なのだが、その面倒なからくりにより中国側は面子を保ち、日本側は日中協約の実行のゼスチュアを示し双方納得という訳なのだろう。

今私の手許には、当時の一回きりの中国出張用使用済み旅券が、あの頃の記念品の様に十数冊残っている。

香港—羅湖—深圳—広州

深圳の入国審査の建物は、三階建て位だがでかい建物だった。高度成長期中の当時の日本の新築ビルは、ビル全体は巨大でも内部はその合理性を考慮して概ね天井は低く、極めて効率性を重視した、どちらかいえば"ややせせこましい"感じの建物が多かった。

それにある程度馴らされていた日本人にすれば、約2倍はある天井の高さと、内部は壁面を飾る毛沢東のでかい肖像画以外、全く何も無い様な無味乾燥な広大な空間だけの部屋に先ず戸惑い驚かされた。

香港より同じ列車で到着した数組の日本人入国者は、それぞれ別部屋にわけられる。不思議なことに香港で預けた我々の荷物は、既にその指定された部屋に積まれている。やがて旅券チェック、税関と続くコースは殆ど双方無言のままで進んでいく。何も喋らないことで、決して上質の物とは言えないグリーンの制服を着た税官員の威厳を示しているようにも思えた。しかし何事もなく通関できる嬉しさに先ず安堵の感を持った。

ところがその時一人の検査官がいきなり、きれいな日本語でこう叫んだ。「あなた方の会社は日本を代表する巨大な企業です」私は一瞬ドキッとした。相手は資本主義を敵とする共産主義のチャンピオンだ。その資本主義の代表的企業に何を言い出すのか。「このまま帰れ」とでも言われるのか！ 更に言った彼の言葉に又驚いた。

「我々は世界と貿易を拡大したいのです。そういうとき、貴社のような偉大な会社を通じ、貿易拡大をはかれることは、我々にとってはこの上なく嬉しいことです。我々はあなた方を歓迎します」私は唖然とした。

そうして彼は最後に言った「これは先月決定した党中央の方針です」と。これらのことを教科書を読む調子で正確な日本語で言った。これがどうやらいとも簡単に通関がスムーズにいった原因らしい。

共産主義国家は縦割り組織社会、中央の決定が素早い上意下達の組織の中で、北京の決定が即深圳の税関まで徹底する見事さ、それは逆に北京で「ノー」と出れば、即全国中「ノー」と伝わるだろう恐ろしさも、その後の中国ビジネスで度々経験することになる。

正にこれがその最初の経験だったと言えるだろう。

通関が終わり一室へ案内される。やがて、頼みもしないのに中国料理の数々のお皿がテーブル狭しと運ばれてくる。どうぞ昼食をというわけだ。深圳より広州へ向かう特急の出発時間まで、未だ三時間近くあるとのことで取り敢えず出された昼食を取る。食事後は外部へも出られず、室内で時間を持て余している内に「乗車」と告げにくる。

程なく列車は動き出す。広軌鉄道の客席４列しかもゆったりしたリクライニングだから、極めて優雅な列車の旅だ。

ただお断りしておくことがある。香港出発の前日我々は中国国際旅行社（香港中国旅行社？）に出向き、広州への列車のチケット等を購入する必要がある。はっきりした記憶はないが、大体100元程度であったと思う。九龍―羅湖・深圳―広州間のチケット代は、チケットに定価が印刷されており、それはせいぜい５元程度だったと思う。だから後は、アテンドフィーと明細には書かれているが、いうなればそれが深圳での食事代であり、豪華な応接間での列車待ちの休憩代や、荷物が自動的に広

州のホテルまで配達されるサービスの代価になっている仕掛けの様であった。

　車窓から見る初めての中国農村風景、あまり日本と異なるものではないが、当時の中国での農作業はすべて人民公社による集団作業。だから日本の農村のように、あちこちで数人が作業している光景はない。作業しているのは何処も数十人或いは数百人の集団による作業風景が異常だった。列車は、深圳より約3時間、夕暮れの中を目的の街「広州」に近づきつつある。

　筆者の感想…この方はご自身で中国大使館に出向いていたのであろうか？　当時はほとんどのビジネスマンは、日中旅行社や日中平和観光などの中国専業旅行社に中国査証の取得手続きを依頼した。旅行社のスタッフが大使館の査証の窓口に出向いていた。もちろん、「公電」が入ってないケースもあり、受け入れ公司への確認も商社に再々依頼した覚えがある。台湾ビザの押印された旅券には中国査証は発給されなかったので、「一次旅券」を取得してもらった。
　当時の香港の旅行社は「香港中国旅行社」であり、中国国際旅行社はまだ香港には事務所がなかった。

　再び、（遊庵散人）さんのプログから

広州まで32時間

　前日午前10時成田を出発したフライトは、午後2時香港に到着。ホテルにチェックイン後、直ぐ九龍北京道にある、中国国際旅行社を訪問します。そこで予め日本の旅行代理店より予約しておいた九龍―広州の列車チケットを購入します。それでともかくその日は終わります。

翌朝8時に九龍駅より列車に乗り、そこから第1編、第2編で述べたように、深圳での入国検査を経て、再び列車に乗りその日の夕刻5時頃ようやく目的地広州に着きます。その間成田出発より約32時間。現在広州へは関西空港より直行便が出ています。

関空発10:10広州着13:30時差を入れても正味4時間20分。何と近くなったことでしょうか。

広州到着

★「明後日までごゆっくり静養下さい」

列車は夕暮れの広州駅に到着した。

当然のように、取引先貿易公司の女性担当者がホームで嬉しそうに手を振って我々を出迎えてくれる。我々もホッとする。何故なら万一公司の出迎えがないとすれば、もう我々一行は駅のホームで立ち往生して一歩も足を踏み出すことが出来ないためだ。

当時中国へ入国した場合、それ以降の手配は全て現地貿易公司の外事科がやってくれる。

有り難いようだがその代わり一切の自由は利かないわけだ。例えばホテルの選択にしても一切向こうさん任せで、現地に着き公司に案内され、到着してそこで始めて今回の我々の宿はここかと知るわけである。

今回の初訪中で公司が我々を案内してくれたホテルは「東方賓館」、駅から車で5分程の大ホテルである。丁度春秋の年2度催される有名な広州交易会々場の巨大建築物と真っ正面に向かい合って建てられている。当時の広州では最高級のホテルといえるだろう。また不思議に我々の荷物は既にロビーに積まれていた。

チェックイン後案内された部屋は、覚悟はしてきたものの、全く必要最小限、一切飾りのない木製実用的家具（ベッド、机、椅子）のみで、しかも床はコンクリートのままを平らに加工した状態で、僅かベッドの下だけお粗末なカーペットが敷かれており、およそ居住空間としての潤い的要素の一切をなくしたような部屋だった。しかし一応バス、トイレは備わっていることに安堵した。ただそれが用を足せるかどうかは疑問だ。そんな中サイドボードにおかれた魔法瓶が、壊れ防止に、見事な竹細工の手製の籠で包まれている事だけ異様に目を引いた。

　同行者は取り敢えず一室に集合、公司と今後の打ち合わせに入る。しかしそれは約5分間一方的な話で終わった。公司代表の担当女性はこう我々に言った。
　「皆さん遠いところお越し頂き大変だったでしょう。お疲れになっていると思いますから、商談は明後日午後公司で行いましょう。2時に来て下さい。今日はゆっくりお休み下さい」

　約2日を費やしここまできて、今宵はともかく当然明朝から商談をと意気込んでいた我々の矛先をかわすかの様に、殆ど未だ2日待てとは何たることか。こちらも丁重にせめて明日午後からでもと言う我々の要求に対しても、先方は「ごゆっくり」と「当方にも予定があるので」を繰り返すだけで、とりつく術もない。その間我々は一体何をすればよいのか。もう我々は否応なく全く向こうさんのペースにはまり込んだ格好だ。
　中国の工場に効率化が叫ばれ始め「時は金なり」のスローガンが張り出されるようになるのは、それから10年以上先のことである。

　夜が更ける。外は街路灯も少ない殆ど真っ暗な道を、通る車もなく夜勤の人らしい自転車が時折走り抜ける。ホテルの廊下も病院のそれのように薄暗く、部屋の中も本も読み辛い程の暗さである。持ち込んだウイ

スキーを呷り第一日の夜は終わる。

市内散見

★「君が後をやってくれると安心だ」

　このテーマは死の床にあった毛沢東主席が、病院のベッドの上で半身を起こし、見舞いにきた華国鋒の手を握りしめ「私に万一の時は私の後を君がやってくれるなら私は安心だ」と遺言したといわれる（中国人の殆ども作り話といっていたが）歴史的名場面の超特大看板が、先ず街中至る処に張り出され、嫌でも目に付いた。
　それは毛沢東死去以後も毛路線を堅持し、その正当な後継者として華国鋒を祭り上げ、国民の団結と、従来路線を継承していくことを、国民に周知徹底させようとする、芝居がかった様な党中央の意図はその大看板を見て我々にも読みとれた。ついでにその当時、街の至る所で見られた多くのスローガンを思いつくままに書いていこう。これにより読者の方に当時の時代が理解していただけると思う。

「マルクス、レーニン主義堅持」
「毛沢東思想万歳」
「偉大な中国共産党万歳」

「戦って勝たないことのない中国共産党万歳」
「世界無産階級勝利団結」

「覇権主義反対」
「四つの現代化…農業、工業、国防、科学技術実践」
「我が友は天下に遍く」等々。

地方の農村へ行けば、あの文革時代の有名なスローガン「造反有理」「農業は大塞に工業は大慶に学べ」

既に6年前ニクソン訪中を終え、上海コミュニケを発表したアメリカに対する「米帝国主義は張り子の虎」のスローガンさえ消されずに現存していた。そうして至る所毛沢東の大肖像画が目に付く。しかしその大肖像画は数年後その一部を残し、殆どが消えていく運命になるとは未だ誰も知らない。

ともかく初めて中国の市街地へ出て気づいた事は、「街中スローガン」の印象だった。中国民族は漢字の国。考えてみれば日本の格言や、いわゆる四字熟語と称する教訓も、そのほとんどのルーツが中国であることを考えると、中国は古代よりスローガンの国ではなかったのだろうか。それはその時代時代の為政者達により、人民を統帥するプロパガンダとして利用されてきた伝統のようにも感じた。

それ以前に度々訪台していた私は、台湾でも「街中スローガン」の印象を持った。所謂「三民主義万歳」「大陸反攻」「光復大陸」「共匪殱滅」等々。これを見るとスローガン大書は、漢民族の共通的、伝統的政治工作の手段なのかも知れない。しかし台湾の某経営者は、工場の塀に大きく画かれたスローガンをさして「これを書くとお役所の受けがよいのよ」と苦笑していた。その辺りが真実のようだ。

広州散見で街中スローガンの事だけを書いた。
宿舎東方賓館は市の北部にあり、汽車の駅や空港には近いが、住民の居住区である市街地とは少し離れている。だから簡単にホテルから歩いてぶらっというわけには行かない。
だからタクシーを利用することになるが、これが少ない。流しを拾うというシステムは許可されておらず、結局ホテルの玄関に並んで車を待

つ以外にない。運が良ければ5分間、悪ければ一時間近く待つことになる。こんな状態で当初ゆっくり市中徘徊などは望むべくも無い。結局タクシーに乗ったまま、南方らしい檳榔樹の巨木が多い町並みと自転車の群と、スローガンの多さに驚き、結局最初の市中見学は終わる。

広大な公園の朝と夜

　東方賓館は今日の冒頭に書いたように、正面に広州交易会の大会場があるが、東側は越秀公園、西側に流花公園という、とてつもない広大な公園に、東西が囲まれるように立っている。流花公園の方はその面積の90％位が、流花湖と言う巨大な池が占めており、越秀公園は逆に公園全体が小山といえるほどで、その中に一寸した山あり谷ありで、何れも市民の憩いの地ではあるが、その憩い方は端的に言えば二通りであることは、何度か公園へ通うと直ぐ判るのだ。

　早朝5時公園は開門される。待ちかねたように市街地から自転車やバスでやってきて開門を待っていた人々は、どっと入ってくる。この人達は90％以上が、定年退職（男性55歳、女性50歳）した年金生活者だ。彼らのほとんどは、それぞれのサークルに所属しており、そのサークル毎に集まって、一斉に体操を開始する。ほとんどが我々が通称して呼んでいる太極拳であるが、それでも各流派があるのか、あちこちで体を動かし始める。その他剣舞、拳法と様々だ。後は日没近い頃より公園は、第二部の舞台となる。言わずと知れた若いカップルにより、この広大な公園の木陰や池畔の全ては埋め尽くされるのだ。さすが巨大人口国中国だ。それも他国と異なり、男性は全部人民服であり、女性も同様な服装で上着を取れば男女とも白のシャツ。この暗がりで良く相手を間違えないものかと感心する。

　お互いの行為は可成り濃密に進展するそうだが、それも10時になれば突如無粋にも閉園を告げる大アナウンスと、革命歌らしいものが鳴り

響き、それを合図に若者達は立ち上がりる。そうして園外に止めておいた自転車で一斉に家路につき始める。

　この朝の公園と夜の公園には共通の関連があるそうだ。狭い家(大体二間)での大家族の中、朝は年寄りが気を利かし外に出て、若い二人のゆっくりした朝寝の愉しみを作ってやり、夜は若い二人が、外で恋を語り、家で早寝の年寄りに憩いを提供すると言う意味もあるのだとは、後日親しい中国人から聞いたが、そんな美談は何処までが本当だろうか。

　日本人の我々の仲間で、わざわざ人民服を買い、中国人を装い夜の暗闇の公園を逍遙徘徊し、その実態観察を続けた好き者がいた。しかし当時我々出張者にとって、仕事と夕食後は、ホテル内にバーすらなく、部屋は暗く読書も出来ず、室内で仲間と一杯飲む以外、何の愉しみも得られなかった中で、せめてホテルに隣接する夜の公園での、不逞な実態観察以外は、全く楽しみのかけらも得られないそんな時代であった。

　越秀公園は先に述べたように、公園内はアップダウンが激しい。その為石段を多く作っているのだが、私は足下の石段を眺めながら登っていたら、その石段に何か字が掘られているのに気づいた。一段ずつ字も違うわけだが、よく見ると間違いなくそれは墓石だった。墓石を片端からぶっ倒し、それを並べて石段にするなら、確かに手っ取り早く出来上がるだろう。

　共産主義にとって宗教は麻薬であり、百害有って一利無しとのかけ声で、文革時代随分多くの寺院や仏像その他文化遺産まで破壊された話は当時仄聞していたが、それからすると個人の墓など、全て倒して人民の公園の石段に利用するくらい、実に簡単なことだったのだろう。あの墓石は今もそのまま置かれたままになっているのだろうか。公園のことを述べたついでに思いだし、書きつづっておきたくなった。

(了)

┌─ 旅行社番号を導入 ─────────────────

　経済開放政策に伴い、中国国際旅行社総社は「観光」目的の旅行の受け入れを決定。訪中団の増加が予想される中、日本の提携旅行社に番号を与えた。

　たとえば、訪中申請する場合、日中旅行社のグループは「2－001」、「2－002」などと整理番号によって管理されるようになった。

中国国際旅行社との提携旅行社の番号……提携旅行社は9社＋日中友好協会
①日中友好協会　②日中旅行社　③日中平和観光　④新日本国際旅行社　⑤関西国際旅行社　⑥日本旅行開発　⑦日本交通公社　⑧近畿日本ツーリスト　⑨日中国際旅行　⑩日本旅行

└────────────────────────────

日中国際旅行について

大谷さん

　日中国際旅行には私は所属しておりません。出資会社の中国担当者として深く関わっていました。
　同社は、1979年に出資4社（西鉄旅行、阪急交通社、南海国際旅行、三井航空サービス）が、当時の訪中旅行の窓口会社であったCITS総社と契約するために設立しました。
　当時の情勢は、中国側が専業旅行社とJTBを指定旅行社とした後、しばらくは指定社を増やさない方針でした。残る大手の近ツーのほかに1社だけ指定する方針だったため、積極的だった4社が「最後の1枠」と

いうことで、合弁会社を作って第9号の指定会社となったものです。

　社長と専任の取締役は阪急から、他社はそれそれ第1線のスタッフを出しました。4社は日中国際旅行の中国旅行「送客枠」を平等に分配し、受注団の手配はすべて日中国際旅行を通じて行いました。

　しかし、（翌年か翌々年）中国側はNTAやジェットツアーなども指定旅行社としたため、「最後の1枠」との矛盾が生じ、日中国際旅行は（何年か）会社解散し、同社のプロパー採用したスタッフは4社が引き取りました。

2008年10月22日

　　木沢誠名（元・三井航空大阪支店長、元・中国国際航空福岡支店長）
　　　　　　　　　大阪国際大学　国際コミュニケーション学部　准教授

筆者（大谷）の記憶

　1978年に入社した私は、同年の10月14日〜23日まで、広州交易会参加者のお世話をするため、香港出張を命ぜられた。当時は、各専業旅行社からスタッフが派遣され、ミラマーホテルに滞在した。

　そのとき、日中国際旅行のスタッフも一緒であったことを覚えている。だから、木沢氏の記憶とは一年以上のずれがある。

募集旅行の開放

　1978年、香港経由のパッケージ旅行に日本人の参加が認められるようになる。

　　1．香港・広州
　　2．香港・広州・南昌・上海
　　3．香港・広州・桂林・南寧
　　4．香港・広州・桂林・南寧・昆明

5．香港・広州・長沙・武漢
6．香港・広州・桂林・南寧・昆明・長沙・武漢

1979年、上記コースに追加
7．香港・広州・杭州・上海
8．香港・広州・杭州・北京

(『中国の旅1 北京とその周辺』講談社、1979年)

1979年「中国旅行読者の会」訪中団のコースと旅行費用

5月10日〜21日　　60人　広州〜杭州〜北京　330,000円
5月11日〜24日　　20人　広州〜昆明〜重慶〜三峡下り〜武漢
　　　　　　　　　　　　〜広州　429,000円
7月29日〜8月5日　60人　上海〜蘇州〜南京　230,000円
10月25日〜11月6日 40人　北京〜昆明〜西安〜北京　395,000円

中国旅行に対するアンケートが『中国旅行』に載っていた。

回答者134名（二重回答方式）
「いままでの中国旅行でご不便を感じたこと、改善すべきこと」

・ホテルの設備	風呂	47名（35%）
	トイレ	22名（16%）
・旅行日程	短い	29名（22%）
	きつい	33名（25%）
・日中間の航空路線	便数が不足	27名（20%）
	料金が高い	16名（12%）
・中国内での旅行について	参観場所の選定	23名（17%）
	参観交流の内容	22名（16%）

- 日本の取扱旅行社　　　料金が高い　　　　　18 名（13％）
- 中国での買い物　　　　商品の種類が少ない　17 名（13％）

(『中国旅行 No.23』、1978 年 12 月発行)

郵便・電報・電話

郵便…中国から日本までは航空便で約 1 週間、船便で約 1 ヶ月かかります。北京からならば、3 日で着きます。絵はがき…0.55 元、封書…0.6 元、10 グラムを超すと 10 グラムごとに 0.3 元加算。郵便施設はホテルにあります。平日は午前 8 時～午後 1 時、午後 4 時～ 7 時まで。日曜日は正午まで。祭日は休み。

電報…ホテルのフロントで用紙をもらい、普通の国際電報と同じようにローマ字か英文打電します。ホテルの電報取扱は午後 8 時まで。
普通電報 … 7 語まで 5.04 元（1 語増すごとに 0.72 元）
至急電報 … 7 語まで 10.08 元（1 語増すごとに 1.44 元）
書信電報 … 22 語まで 7.72 元（1 語増すごとに 0.36 元）
写真電報 … 使用面積により料金が決まる。取扱は電報局。ホテルは不可。
36 元（120mm × 125mm）、54 元（135mm × 180mm）、72 元（180mm × 180mm）

電話…国際電話はホテルのフロントまたは交換台に申し込む。ホテルの部屋の電話で可。
国際電話局を呼び出し、国名・都市町村名・電話番号・相手の名前を告げる。

> 料金は最初の3分…14.4元、1分増すごとに4.8元加算。コレクトコール（受信人払い）も可。
>
> 　　　　　　　　　　　（『中国旅行』、日中平和観光、1979年6月）

1979年

1979年、団体査証（ビザ）の発給開始。

　　　　　　　　　　　日本人観光客30,000人受け入れ予定。
　1人民元＝144円（9月）　外貨兌換券（兌換元）を発行。

1月1日　《中華人民共和国、アメリカ合衆国と国交樹立》
2月7日　大平首相、訪米帰途の鄧小平副総理と会談。
3月14日　東京都と北京市が友好都市提携。
4月1日　日中旅行社、新入社員23名入社。
5月9日　廖承志中日友協会長の率いる初めての「中日友好の船」（600名）、下関着。日本を1ヵ月訪問。各地方で友好都市の提携が盛んになる。
7月　　中国旅行自由化

　　　　　　　　　　　（『日本国際ツーリズム年表』トラベルジャーナル）

7月8日　中国、初の合弁法を公布、即日施行。
9月9日　日本国際貿易促進協会創立25周年記念式典を開く。谷牧副総理が式典のために来日。円借款を提起。
9月10日　日中友好協会・国際交流基金・朝日新聞社主催の中国建国30周年記念「平山郁夫日本画展」北京市労働人民文化宮で開催（〜23日）。広州でも開催（10月9日〜23日）。
12月5日　大平首相訪中（〜9日）。円借款供与を決める。

大平首相の訪中

12月5日　13:05　日航特別機で北京着、華国鋒首相が出迎え。中国製高級車「紅旗」で、釣魚台迎賓館へ。休息後、第一回首脳会談。
冒頭、華国鋒首相からパンダ「ホアンホアン」贈呈がある、日本からは書籍を贈る。

　　　　19:00　華国鋒首相の歓迎宴（人民大会堂）。

　6日　午前　毛沢東主席記念堂で献花。歴史博物館で周恩来首相記念展を参観。鄧小平副首相と会談、引き続き、鄧小平夫妻主催昼食会に臨む。
鄧小平氏は大平内閣の"目玉"大来外相を指しながら「大来さんを中国の顧問に貸して欲しい」と冗談を言う。

　　　　夜　「文芸の夕べ」を楽しむ。

　7日　午前　大平首相、政協礼堂で「新世紀をめざす日中関係」を講演。
大平夫人は北京動物園で贈られるパンダ「ホアンホアン」と対面。同行の鄧小平副首相から夫人の卓林さんを指しながら「うちのパンダ」と冗談を言われる。

　　　　午後　大平首相、王府井の東風市場見学。その後、内外記者団と会見。

　　　　夜　答礼宴。西安に向かう。

　8日　　　西安。

　9日　　　西安に遊んだ首相一行は上海空港から帰国。

　1979年、日中旅行社・日中平和観光は「LOOK中国」に参加。日本旅行開発は「JALPAK」に参加。

ホテルの独自仕入れが始まる。北京や上海のホテル不足が深刻。

『太陽』(平凡社、1979年10月12日発行)に、中国旅行のコース、費用が紹介されていた。

- 北京・上海コース　11月23日〜30日　295,000円
　　　　　　　　　　　　　　　　日中国際旅行、阪急交通社扱い
- 広州・西安・北京・上海コース　11月15日〜26日　388,000円
　　　　　　　　　　　　　　　　　　　　　　ジェットツアー扱い
- 成都・北京コース　12月1日〜13日　395,000円　日本交通公社扱い
- 上海・南京・北京コース　12月11日〜22日　435,000円
　　　　　　　　　　　　　　　　　　　　　　日本交通公社扱い

最後に、(株)日中旅行社を創立した菅沼不二男社長の当時の回想を紹介しよう。遺稿集『叢中笑』に、『人民中国』(1978年8月号)への出稿文「友好往来——その回顧と展望」が掲載されていた。

1978年に桂林で書かれたものだが、菅沼社長の日中友好、人事往来にかける思いがにじみ出ている。

「友好往来——その回顧と展望」

菅沼不二男

——北京空港に着くと、飛行場の一角には赤地に白く「我們的朋友遍天下」という大きな文字が人目を引く。また、北京飯店の一階の突き当たり正面にも同じ文句の装飾文字が電光に輝いている。じじつ、中国に行ってみると、皮膚の黄色い、黒い、白い、ありとあらゆる階層の人々が大勢来ており、まるで世界中の人種の見本市のようである。これらはみな、中国を見たい、中国について知りたい、中国人民と仲良くなりた

いと願って中国を訪れた人々である。

　日本人もその例外ではない。いや、それどころか、世界中から中国を訪れる外国人のうち、一番多いのが日本人である。今日では、一度中国に行ってみたいという日本人は、おそらく百万人台を上回るだろう。

　日中旅行社が、故大谷瑩潤師を創立委員長に、友好団体の支援をうけて誕生してから、今年で14年になる。今日では、中国国際旅行社総社と業務関係を持つ日本の旅行社は8社にのぼっているが、1964年に、中国で国務院直属の中国旅行遊覧管理局が設けられたちょうどその年の9月に創立された日中旅行社が、日本と中国間の人事往来を斡旋する会社の第一号であった。

　私は、会社創立の直後、中国国際旅行社総社の招きをうけて北京を訪れ、同社とはじめて業務契約をむすんだ。今でも忘れられないのは、中国側の契約書の案文を徹夜で日本語に訳し、訳文と原文の照合から、双方の文書の具体的意味のつき合わせまで完了したのは、10月1日の国慶節の観礼台上においてであり、式典の開始直前であったことだ。そして、日本語の案文はすぐさま外文出版社に回され、同社のタイピストが、休日にもかかわらず、わざわざ出勤してタイプしてくれたのだった。

　調印式は、その翌日、当時台基廠にあった国際クラブで、中国側幹部や在北京日本人の立ち会いの下に、おごそかに執り行われた。

　ところが、困難は日本国内で生じた。日本の旅行業法（当時は旅行斡旋業法）によると、外国への旅行斡旋をするには、運輸省への登録が必要なのである。登録という名の実質許可をとるには、当局の審査をうけねばならず、その基準は、資力・信用・経験・能力の八文字、四点に絞られていた。われわれはそれらの条件をすべて充たした上で申請したにもかかわらず、「国交のない国との人事往来を主たる目的とする会社の登録など、前例がない。もっての外だ」「認められない」の一点張りで、問題にされなかった。「前例は状況に応じてつくるべきものではないか」「日本のためである」と強行にねばったが、とり上げられなかった。結

局、半年にわたる押し問答のすえ、直接運輸大臣に談判して、やっと受理された。そして、その一週間後には、訪中第一団を送り出すことができたのだった。

しかし、それから1、2年の間は、旅券の発給をかちとるため、訪中する人々は外務省やその出先に座り込みをおこなったり、デモをかけたりしなければならぬ事もしばしばだったし、会社としても、「数次旅券」の発給は認められぬばかりか、毎回「共産圏渡航趣意書」なるものも一人一人につき15通も提出させられた。

その翌年、私は北京を訪れた。そのさい、中日友好協会の廖承志会長は、中南海の古風な宮殿のような建物の一室で公式に接見してくださった。そのさい、日中間の人事往来にあたり、働く若い人々のために、船を利用して安く行けるようにする問題について話し合ったのを、今でもはっきりと覚えている。結局、当時としては、中国はまだ船を外注するのは困難であるとの結論に達したが、それから十年あまりたった今日では、中国の客船——耀華号（一万トン級）が四、五百人余の旅客を乗せて、毎年いくども「船の旅」に奉仕している。

さらに、その翌1967年には、業務打ち合わせのため訪中した私たちを、陳毅副総理兼外交部長が、やはり中南海の建物で接見し、「この三年間、よくやった」と激励してくださった。

あの豪快不屈の陳毅先生は惜しくも他界されたが、私は今、自宅の床の間に、次のような先生自作自筆の掛け軸をかけて、当時を偲ぶよすがとしている。

　　青松頌

　大雪圧青松
　青松挺且直
　要知松高潔
　待到雪化時

（大雪　青き松を圧するも青き松すくとそびえ立つ
　松の高潔を知らんとせば雪の溶ける時を待つべし）

　日中両旅行社間の契約の第一条には友好を原則とすることが、はっきり謳われていた。私は、当時の友好の具体的な内容としては、(1)中国を敵視しない、(2)「二つの中国」をつくる陰謀に加担しない、(3)日中間の復交を妨げない、ことを内容とする「政治三原則」と「政経不可分の原則」を、訪中する人々に毎回いろいろな例を挙げて説明し、協力をお願いした。国際法上、日中両国は、まだ戦争状態にあった当時としては、これは当然のことであり、最低限度の要求であった。
　このような経過をへて、日本からの訪中者の数はしだいに増えてゆき、各界、各層の方々の間に、新中国への理解を深め、広めるうえで、微力ながら一定の役割を果たすことができたと思っている。
　一方、この頃から、中国では、プロレタリア文化大革命が進展し、劉少奇打倒のあと、林彪「四人組」が出現し、いろいろなことがあった。日本側でも、それに関連して、ずいぶんと混乱があり、各方面から妨害をうけ、苦難の時期がつづいた。
　日中間の人事往来が大幅に増えだしたのは、1972年の、日中国交回復の半年ぐらい前からであり、田中首相の訪中を契機として、飛躍的に増大した。
　中国国際旅行社では、中日間の人事往来の目的は、あくまでも全面的な相互理解とそのうえに立っての友好促進であるとされた。この点は、昨年の日本からの「旅行社レベル」の訪中者一万余り（このほかに各種「代表団」、貿易・商談などのための渡航者などが春秋の交易会などを含めて約一万人あった）から、今後大幅に増えてゆくに当たっても少しも変わらない。
　ところで、私どもの社を通じて訪中する人々は、中央、地方の政界、経済界から、知識人、労働者、農民、教師、学生、一般サラリーマン、学者、芸術家、組合関係、地方自治体の人々まで多種多様である。年齢

的にも様々だし、戦前派や戦中派の旧中国を知っている人もいれば、戦後生まれの、中国について、全く白紙状態の人もいる。

　したがって、その要求も、種々雑多である。そうした人々を、各方面の協力を得て、できるだけ共通の目標を持つ人々の団に編成し、中国に送り出すよう努めてきたが、すべてがすべて思うようにいったという訳では必ずしもない。いろいろな人々の混成部隊となることがさけられない場合も少なくなかった。

　それにもかかわらず、中国を訪問し、中国側の熱烈な歓迎、至れり尽くせりのもてなしをうけ、建設のすばらしい成果とその展望に接した人々は、ほとんどが深い感銘を受けて帰っている。そして、多くの団参加者たちは、その感動を訪中報告書にまとめ、何百部も印刷し、友人知人に配布したり、写真展を開催したりしているし、中には、「東京都民友好の翼」「桐朋学園訪中団」のごとく、実に立派な、豪華本の訪中報告書を多数出版したものもある。座談会、報告会などを開いて活発に日中友好のため努力しているグループに至っては、数知れないほど多い。

　さいごに、私自身、ここ十数年にわたる仕事を通じて感じている中国旅行の意義について、思いつくまま若干の感想を述べ、しめくくりとしよう。

　まず、第一に、日本と中国のスケールの違いである。物差しが全く違う。中国は日本の人口の十倍、面積は二十六倍ということは、どの本にも書いてある。

　しかし、広西チワン族自治区桂林の高さ百メートル余りにおよぶ無数の突兀たる山々は、どうしてできたのかと聞くと、「二億年前に海底が隆起してできたのです」という答えが無造作に返ってくる。四川省の成都から重慶に近づくと自流井という駅があり、その近くでは、地下から塩水を汲み上げて、塩を精製している。大昔、ここは海底であったのが、これまた、地殻の大変動で陸地となったので、地底には塩水があるのだという。まさに滄海変じて桑田となるの言葉どおり、「滄桑の変」である。万里の長城に登ってみても、重慶から長江を下ってみても、その感

を深くせずにはいられない。毛沢東主席の詩詞は、この雄大な大自然を背景に世界を変えようとする不撓不屈の意志を、ものの見事にうたいあげている。つまらぬ事でくよくよするなど愚の骨頂だということをしみじみ教えられる。

そして、今、中国では、華国鋒主席を中心に、長年風雪に耐えてきた、文字通り筋金入りの老幹部がその周辺に固く団結して指導部を形成し、プロ文革で鍛えられた全国人民は「大いに張り切り、つねに高い目標をめざし、多く、速く、立派に、無駄なく社会主義を建設する」というスローガンに導かれて、今世紀内には、農業、工業、国防、科学・技術の現代化を大急ぎで実現しようと軒昂たる意気に湧き立っている。中国に来ると、人類の未来については、いささかの懸念、危惧ももつ必要のないことをはっきりと感じさせられる。

残念ながらどこかの国のように、どこもここも行き詰まって腹立たしいことばかりたくさんある社会にともすれば絶望しがちになるものだが、ここに来ると、地球上の人々にも大いに前途があること、けっして悲観絶望したものではないことを痛感せずにいられない。

文化について述べよう。日本は、明治までは、まさしく中国の文化圏に属していた。「脱亜入欧」以後様変わりはしてきたが、文字にしろ、食物にしろ、あるいはその原料にしろ、中国とは切っても切れぬ関係に今なおある。中国では、往年の長安の都——西安郊外の半坡村にみるごとく、悠久五千年前からの各種の遺跡を見、人類文化発展の足跡を辿ることができる。奈良の正倉院展は毎年秋冷の候に開催されるが、毎年十万人を超える入場者があり、出陳の宝物はテレビで全国に伝えられている。これを見ただけでも、日本の文化と中国のそれ、さらには遠く西域に通じる関係は明らかであろう。

さらに、日中貿易、戦後、日本の先進的・友好的な人々と中国側の合作で日中貿易の道が開かれてから、幾多の紆余曲折をへて、ついにはさきごろの日中長期貿易協定が結ばれるまでに至った。これによって、向こう8年前に往復二百億ドルの取引が可能となった。これに従来から

の年間三十数億ドルの友好貿易を加えると、アメリカやヨーロッパで猛反撃を食っている日本の経済にとって、まさに旱天に慈雨の思いである。しかも、これらの数字は、今後さらに大幅に伸びる可能性もある。それに伴って、あるいはこれらとは独立して、日中間の技術交流も、今後ますます活発化することは、間違いあるまい。

　こうした交流の中で、中国の社会制度の強みが遺憾なく検証されるであろうし、経済の発展、科学の進歩が急速に促進されることは疑いを入れない。日本が明治以来百年かかったところを、中国は今世紀内に世界の最高水準に追いつき、さらに二十一世紀には、それからさらに、大きく飛躍して世界のトップを切るようになることを目指しているのである。

　かつて、筆者が北京の外文出版社で仕事していたころ、北京飯店に滞在中の石橋湛山先生と長時間話し合ったことがある。そのとき、石橋先生は、次のような趣旨の話をされた。

　今の日本の技術を持ってすれば、長江をまたぐ大橋、人民大会堂のような建物を建設することはなんの造作もないことである。しかし、中国のように、国民が毛主席、周総理を心から尊敬し、信頼して、その指導の下に一致協力して奮闘努力し、国民の道徳水準がまた非常に高い点では、日本は、残念ながら、足元にも及ばない。今日、日本の隣にすばらしい国家ができつつあることを理解しなかったら、それは日本国民にとって、不幸である……。

　これは、さすがに非常な卓見といわねばならない。日本でも欧米でも、いろいろな面で行き詰まりを感じさせられる今日、石橋先生のこの言葉の持つ重さを考えてみる必要があろう。中国を旅行してみれば、人類の将来について悲観することは少しもない。大きな希望がもてると信ずる。私は、北京に行くたびに、いつも「また入浴に来ました。そして望遠鏡を借ります」とよくいう。中国に行くと、心が洗われる。日本でついたシミ、汚れをはっきり感じる。そして、世界の明日がよくわかるようになる。そういう意味である。

いろいろ挙げればキリがない。両国の切っても切れない関係、人類の明日を考え、心ゆくまで名勝旧跡に遊ぶことは、われわれの生涯にとって深く考えさせられるものが多くある。
　今年に入って、中国では、第五期全国人民代表大会が開かれ、大きな成果を収めた。「四人組」の残した数々の悪影響も一掃されつつあり、その一環として、旅行遊覧事業も本来の姿にもどされ、非常に重視されるようになった。今年の春、北京で開かれた「全国旅行遊覧事業工作会議」では、華国鋒主席以下の指導者が会議の代表たちと会見し、李先念党副主席国務院副総理が重要な指示を、また耿飚(こうひょう)党中央政治局員、第五期全国人民代表大会で副委員長に選任された廖承志中日友好協会会長らが重要な演説をそれぞれ行ったという。
　そして、今後は、開放都市がぞくぞく増え、多くの新しい景勝地、河川や海沿いの諸ルートも開拓されるそうである。
　日本からの受け入れも、「旅行社ベース」だけで去年は一万人余りだったのが、今年は日本からだけで三万人、世界各国からの受け入れは合計十万人になるという。その条件づくりとして、中国では今、新しいホテルの増築、交通機関の拡充、通訳陣の養成に大いに力を注いでいる。これらの条件づくりは、今年、来年がその準備段階といえよう。
　友好往来は、こうして、今や大きな発展期に際会しているのである。人間、長生きはするものだ。との感一入(ひとしお)である。

　　　　　　　　　（「風景天下に申す」といわれる桂林にて）
　　　　　　　　　　　（菅沼不二男遺稿集『叢中笑』より）

中国の指導者たちとの会見記録

『斉了！ちいら！』（斉了会）より

陳毅副総理の第四次訪中学生参観団・第四次教職員参観団への談話

　　　　　　　　1968年8月23日　北京人民大会堂にて
　　　　　　　　同席：郭沫若、趙安博

反米帝＝中日両国人民の共同事業

　まずあなたがた学生参観団と教職員参観団がいま中国へ友好参観にこられたことを深く感謝します。これは中国のプロレタリア文化大革命にたいする支持であります。友人の皆さんがたは、さきほど、中国訪問の感想を述べられ、毛主席への崇敬の気持ちと毛沢東思想の学習へのねがいを表明されましたが、これは日本人民の中国人民への支持であります。私は中国人民、中国共産党、中華人民共和国政府を代表して、友人の皆さんに深く感謝の意を表明致します。

　私はただいま皆さんからのべられたご感想にまったく賛成です。中国と日本の両国人民が今後も永遠に仲良くやってゆくべきだと言われたことに完全に同意します。
　いま、アメリカ帝国主義は日本の反動派と結託し、アジアで、アメリカ帝国主義に日本人民を奉仕させ、反中国の神聖同盟に日本を組み入れようと策謀しています。中日両国人民は、この陰謀に反対し、この陰謀を粉砕しなくてはならないと思います。アメリカ帝国主義は中国を侵略し、さらには全世界を侵略し、全世界を独占しようとしています。しかし、いまや彼らは、兵力の面で力量不足を感じ始めています。そこで日本に働きかけ、日本人をアメリカ帝国主義の戦争に動員しようとしてい

るのです。しかし、日本人民、なかんずく青年は、絶対にこれに反対であるということを、私は確信しています。(拍手)

友人の皆さんは20日間の中国旅行で中国のプロレタリア文化大革命について十分な理解をされたと思いますが、私はここでとくに、プロレタリア文化大革命の一側面について補足したいと思います。これは文革のもっとも大きな側面といえます。それは、アメリカ帝国主義の中国侵略に反対する、巨大な準備でもあるということです。今はその準備は終わりました。いつアメリカ帝国主義が侵略してきても大丈夫です。アメリカ帝国主義が中国に攻め込んでくることを、私たちは歓迎します。攻め込んでくればアメリカ帝国主義を消滅するのにつごうがよいからです。私たちは中国大陸で、アメリカ帝国主義を消滅する責任を持ちます。友人の皆さんは日本で、アメリカ帝国主義の中国侵略を阻止してください。それは中日両国人民の共同事業です。同時にまた、われわれ中国人民は、日本人民の安保反対の闘いに深い共感と連帯を表明します。私たちは、沖縄奪還、ヤンキー・ゴーホームの要求を完全に支持します。中日両国人民は永遠に友好しなければなりません。しかし友好の前にたちふさがるもの、アメリカ帝国主義とその共犯者がいます。それが中日両国人民の友好の障害物であり、これをとりのぞかないと両国人民の友好を有効に進めることはできません。学生参観団・教職員参観団の皆さんの中国訪問は、中日両国人民の友好に大きな貢献です。皆さん、お国に帰られたら、全中国人民の、日本人民への友好のあいさつを伝えてください。皆さん方の参観訪問の成功を祈ります。(拍手)

南ベトナム人民・抗米帝の有効な作戦方法を創造

ではご質問について、先ず第一のアメリカ帝国主義のベトナム侵攻の問題について、これは現代世界の大問題です。(かたわらの趙安博氏に確かめながら)南ベトナムは人口1,400万人、面積わずか15万平方キロ

にすぎません。この南ベトナムにアメリカ帝国主義およびその傀儡軍が120万以上もいます。アメリカ軍だけでも54万人をこえています。この敵を打ち負かしているベトナム人民は偉大です。このことについては詳しくお話しする必要はないでしょう。皆さん、ベトナム人民の英雄的な戦いについては、すでによく読み、研究されていますから。ただ一つだけ付け加えたいことがあります。それはベトナム人民、とくに南ベトナム人民が、アメリカ帝国主義を打ち負かすための、まとまった（「完整的」）、もっとも有効な戦い方（「作戦方法」）を創造したということです。それはわれわれ中国人民が、世界の人民と共に学ばなければならない戦い方です。その新しい戦い方は、第一に都市と農村とが結合するという方法です。第二に、主力部隊と遊撃部隊・民兵とが結合する、という方法です。第三に、都市遊撃（都市ゲリラ）部隊と都市の住民の地下活動とを結合する、という方法です。これはまったく新しい戦い方であり、英雄的なベトナム人民の、軍事上の作戦戦術における偉大な創造であります。世界でも最強を誇ってきた、近代兵器で武装されたアメリカ帝国主義の軍隊が、この新しい戦法によってベトナム人民に打ちのめされているのです。アメリカ帝国主義は必ず敗北するでしょう！　ベトナム人民は必ず勝利するでしょう！（拍手）

　アメリカ帝国主義は、いままでにいろいろなところで敗戦をしてきましたが、ベトナムではいっそう大きな、かつてない困難に陥っています。過去において、アメリカ帝国主義は中国で蔣介石を支持して中国人民を攻撃しました。しかし彼らは大陸で完敗しました。アメリカ帝国主義は、その後朝鮮人民を侵略しましたが、このときも英雄的な朝鮮人民と中国の人民志願軍によって打ち負かされました。そして今度はまたベトナムに侵略の手を伸ばしてきましたが、その手はベトナム人民にしっかりと押さえられてしまいました。彼らはベトナムでも必ず敗北します！（拍手）

日本の友人の皆さん。皆さんは日本で、アメリカ帝国主義が必ず敗北し、ベトナム人民が必ず勝利するということを宣伝する責任をもっていると私は思うのですがいかがでしょうか。一部の人々は、アメリカ帝国主義がすごい力をもっていると宣伝しています。しかし私たちは、こういう敵の宣伝を粉砕すべきです。アメリカ帝国主義はべつにたいした力をもっているのではない、ベトナムでの彼らの力は弱いのだ。事実に立ってこういうことを宣伝すべきだと思います。

相互学習を通じてゆるぎなき連帯を

多くのベトナムの戦士たちが中国を訪問されます。私たちはこれらの英雄的ベトナムの戦士たちに会っています。そして話をします。そういうとき、ベトナムの戦士たちはたいへん謙虚です。戦士たちはアメリカ帝国主義を打ち負かすことができたのも、偉大な指導者毛沢東主席の人民戦争論の戦術にもとづいたからこそである、という言い方をします。毛主席の著作を学んだ、と謙虚に言われます。しかし私たちは次のように答えます。あなたがたは、たしかに偉大な指導者毛主席の人民戦争の戦術を学び、人民戦争の戦法にもとづいて戦ったのでしょう。しかし、実際は、実践の中で、あなたがたはあなたがたの戦い方を新たに創造し、人民戦争論を新らしいレベルに引き上げた。こう私たちは考えています、と。偉大な指導者毛主席はつねに言っています。われわれ中国人民はベトナム人民に学ばなければならない。われわれはベトナム人民に学んで、アメリカ帝国主義が中国を攻撃してきたときにアメリカ帝国主義を打ち負かす用意がなくてはならない、と言っています。このように相互に学びあうことによって中国とベトナムの両国人民の連帯はゆるぎないものになっているのです。毛主席には次のような名言があります。「7億の中国人民はベトナム人民の確固とした後ろ盾であり、中国の広大な領土はベトナム人民の確固とした後方基地である」と。だから、ベトナム人民が中国を訪問されるとき、私たちは後方基地で前線から帰っ

てきた戦士を歓迎しているのです。そしてベトナムの戦士たちも、後方での私たちの支持を歓迎しています。

　もう一度申し上げるが、人民戦争の角度からベトナム戦争を理解するならば、米帝必敗、ベトナム人民必勝の信念を必ず打ち固めることができると思います。ベトナム人民はすでに22年間も侵略者と戦闘を続けています。1965年にアメリカ帝国主義が北ベトナムへの爆撃を開始してからもう3年になります。その間、敵は一貫して残酷・暴虐な手段を弄し、ベトナム人民の戦闘はきびしいものであります。そして今、勝利は目前に迫っています。ベトナム人民はその勝利を手放すようなことはあり得ません。私の接したすべてのベトナムの友人はいつも「われわれはアメリカ帝国主義をベトナム全土から追い出すまで、最後まで戦い抜く」と言っています。日本の人民・友人の皆さん。日本の革命の同志たちが、日本の国内の、アメリカ帝国主義のベトナム侵略に反対する闘いの戦場で、ベトナム人民に対するいっそうの支援をされることを、私は心から願う。日本の同志たちは今までにもこの闘いで大きな成果を上げてこられましたが、今後いっそうこの闘いを発展させることを期待します。（拍手）

ソ連修正主義のチェコ侵略に断固反対
チェコ修正主義集団は革命人民を代表せず

　つぎにソ連ら五カ国が出兵してチェコスロバキアを占領した事件について。時間の関係で詳しくお話しできないのが残念ですが、すでに本日の『人民日報』に評論員論文「ソ連現代修正主義の総破産」が載っています。これは一読をおすすめします。また、明日の『人民日報』には私たちの指導者（原文「首長」）のひとりである周総理の、この事件についてのはっきりした態度を表明した談話が発表されます。皆さんにきっと、私のこのような言い方にご不満だろうと思います。外交部長がこの人民大会堂で外交的言辞をろうしている、と思われるかもしれない（笑

声)。しかしとにかくこの二つの文献は皆さんに是非読んでいただきたいと思います。

　私としては申し上げることははっきりしています。それは、ソ連が出兵して、(趙安博氏に確かめながら)ソ連・ポーランド・東ドイツ・ハンガリー・ブルガリアの五つの国の軍隊がチェコを占領したこの出兵に、私たちは断固反対する！　これは完全なる帝国主義の行為である。断固反対する！(拍手)

　これだけはまずはっきりさせておきたい。この出兵はアメリカ帝国主義がベトナムに出兵して侵略したのとまったく同じ行為であり、断固反対あるのみであります。われわれの偉大な指導者毛主席は、1956年にフルシチョフがソ連で権力を握ってから、ソ連は修正主義の国になり、資本主義が復活したことを指摘しています。その修正主義ソ連が、ついに武力に訴えて小国を侵略するに至ったのです！　これはソ連が完全にショービニズムに堕落したことを証明するものです。わりびきなしの帝国主義の行為です。今度のソ連の出兵は偉大な指導者毛主席の予言を立証したものということができます。

　西側の国々において、西欧・北アメリカ・日本反動派のあいだで、アメリカとソ連は超大国であるとみられています。しかし、米ソはけっしてたいした力を持っているのではありません。米ソの力は大変もろいのです。アメリカ帝国主義がベトナムを侵略したのも、ソ連現代修正主義がチェコに出兵したのも、米ソの強大さのあらわれなのでなくて、その弱さのあらわれであり、その脆弱さのあらわれなのです。彼らは必ず最終的に敗北するでしょう。

　しかし、ここでつぎのことは指摘しておかなくてはなりません。それは、チェコスロバキアの共産党、チェコの政府、その指導者たちも修正主義であることにはかわりはないということです。過去において、彼らはフルシチョフに追随し、ソ連現代修正主義に追随して、フルシチョフ

やその他のソ連指導者たちと同じように悪事をはたらいてきました。その後、彼ら同士の間でケンカが始まりました。そしてチェコの修正主義者たちはソ連修正主義から抜け出して、西ドイツやアメリカ帝国主義に投降し、その中に活路を見いだそうとしていました。ドブチェク集団は決してチェコの革命人民を代表するものではありません。だからこそ、彼らはソ連の出兵にあうとすぐ降参してしまいました。彼らは恥知らずです！　私たちは彼らを支持しません！

　しかし一方においてチェコの労働者・農民・革命青年・革命的インテリゲンチアは、ソ修の強大な武力を恐れず、ソ連修正主義の手を払いのけ、自然発生的に、すすんで何千何百万の人々が立ち上がっています。私たちは彼らに全く共感するものであります。現在チェコ情勢はなお流動中であり、刻々に変化しています。

最後の勝利はチェコ人民に
ポーランドのエピソードは何を語るか

　私たちはチェコ人民への深い共感を持って事態を見守っています。チェコスロバキアの人民は、彼らの日和見主義集団の罪悪のため、十分な準備がありません。したがってソ連の強力な武力によって一時的に弾圧されるかもしれません。しかし、これはあくまでも一時的なものです。チェコの人民は最後には必ず勝利を勝ち取るでしょう。侵略者は史上の侵略者と同様、その敗北は不可避です。彼らはすべて武力によって他国を侵略し、その国の人民を抑圧していますが彼らはすべて同じように滅亡を早めます。外国を侵略する国家は、必ず自国にその反動が起こるものです。ソ連・東ドイツ・ポーランド・ハンガリー・ブルガリアの修正主義指導集団の下の人民はこの侵略に同意しないでしょう。ここで私は今入ったニュースをお知らせしましょう。出兵した五つの国の一つ、ポーランドの一方面軍が、国境へ向かう途中、ポーランド領内でポーランド人民に阻止されて、引き返したと言うことです。これは小さ

なニュースのようですが、じつは大きなニュースです。それは、侵略者が、国境の外へ出て行って侵略すると、かえって国内の革命を引き起こすものだということを示すからです。私が今、このように話していることを覚えておいてください。将来、この予言はきっと実現します。将来、ソ連人民、東欧各国の人民はきっと立ち上がってマルクス・レーニン主義を回復し、社会主義を取り戻す日がやってきます！　毛主席は教えています。「悪いことは良いことに変えることができる！」と。チェコの人民の抵抗、ポーランド人民の立ち上がりは良いことの始まりです。

　こうして友人の皆さんと北京の人民大会堂で話し合うことは実に有意義です。ご承知のように、ソ連現代修正主義は、毎日のように平和共存、平和共存とわめいていました。そして、これも平和共存、あれも平和共存と宣伝し、中国人民はその平和共存に反対しており、中国人は好戦分子だと罵っていました。しかし彼らは何をしでかしたでしょうか。軍隊を出してチェコを占領したではありませんか。彼らの毎日宣伝していた平和共存とはどういう意味なのか。大変皮肉なことになりました。これは大変良い教訓だと思います。彼らは私たちに大きな授業を与えてくれました。彼らの言う平和共存とは帝国主義的政策のひとつであり、弱肉強食のことでありました。全世界の人民は帝国主義・修正主義にあくまで抵抗して、彼らを最終的に打ち負かす用意をしなければなりません。

現在の国際情勢は世界革命の大爆発

　最後になりましたが、先ほど日本の友人は、私に国際情勢について全面的に話して欲しいといわれました。残念ながらこれも時間の関係で十分お話しすることはできません。日本の友人は国際情勢はいま大分化・大激動・再編成の時間にあると言われましたが、私はこれに一つ付け加えなければならないと思います。現在の国際情勢は世界革命の大爆発としてとらえなければならないと思います。（拍手）

教授・学生の皆さんは私よりもこの面では学習されていると思いますので、ここではこれ以上申し上げません。私の話に正しくない点があれば正してください。
　あとは郭先生に…。（拍手）
　　　　　　　　　（「第四次訪中学生友好参観団〈第四次斉了会〉記録」より）

　陳毅（1901～1972、四川省楽至県出身）
　　1949年に上海市長、1954年から副総理・中央人民政府人民革命軍事委員会副主席。1958年、副総理・外交部長。1966年、中国共産党軍事委員会副主席。

上海市革命委員会　王洪文氏講話

　　　　　　　　1969年8月18日　上海錦江飯店にて
　　　　　　　　日本側司会：佐藤ナヲ（日中旅行社）

　先ず私は米帝に反対し、ソ修に反対し、日修に反対し日本反動派に反対する前線から来られた日本の皆さんを歓迎します。

　上海の文化大革命の過程を振り返ってお話ししたいと思う。一月革命をめぐって話をすすめたいと思う。上海は全国と同じように、一月革命以前に大量の準備を進め、1967年1月、上海市委員会を乗っ取っていた走資派の手から奪権しました。準備の仕事とは、

- 毛主席、1965年、「中央に修正主義があらわれることに警戒しなければならない」と指摘。
- 1965年、毛主席自ら指導の下、張春橋、姚文元同志が『海瑞免官』を批判。
- 1966年、《五・一六通知》の中で、「われわれの身辺にフルシチョフ式の人物が眠っている」と指摘。

　以上、文化大革命の思想政治面の重要な準備である。《五・一六通知》の指し示す下に、1966年6月1日、北京大学聶同志の書いた最初のマルクス・レーニン主義の大字報を全国放送にすることを批准。6月1日以後、上海では広範な大衆運動が、農村、工場で発展した。しかし裏切り者、敵の回し者、劉少奇一味は、大衆の立ち上がりを恐れ、ブルジョワ反動路線をひき、弾圧し、大量の工作組を派遣し、学校、工場で弾圧した。目的は、すでに立ち上がった大衆運動を押さえるためであった。すさまじい勢いで盛り上がってきた大衆運動を弾圧するためであった。当時、上海市委員会の陳丕顕らは、ブルジョア反動路線を執行していた。工作組が各工場、学校に派遣されたとき、造反した労働者、学生に対し、"反革命分子"のレッテルを貼った。

1966年8月5日、大字報《司令部を砲撃せよ》、8月8日、《一六条、中共中央・プロレタリア文化大革命に関する決定》
　《一六条》　こんどの運動の重点は、ブルジョア実権派をやっつけることにある。
　このようにして、上海の広範な革命大衆は励まされた。8月中に、北京の紅衛兵は革命の大交流（串連）を行うために全国各地に行った。上海にも同じく北京から多くの紅衛兵がやってきた。当時、旧上海市委員会に巣喰っていた一握りの走資派は、紅衛兵を恐れ、たくさんの労働者を派遣して紅衛兵を弾圧した。"旧上海市委員会を守ろう"というスローガンを掲げ、労働者をそそのかし、紅衛兵に対して悪口雑言を浴びせた。「強盗！」。紅衛兵はたじろがなかった。1966年9月8日、北京から来た紅衛兵は上海の紅衛兵と一緒になって、旧市委員会に突入し、占領した。こういった紅衛兵の革命的行動は、上海の革命的大衆の支持を得た。広範な労働者と下層中農は紅衛兵と肩を並べて闘った。このときには、上海の労働者階級はだんだん盛り上がってきた。上海の労働者は各工場で、いろいろな造反隊の組織を作った。しかし、闘争は依然として複雑だった。このとき、旧市委に巣喰っていた陳丕顕一味は、必死になって革命的行動を弾圧した。彼らは、一方では、中央からの指導を封鎖し、一方では、学校・工場できちがいじみた弾圧を行い、大衆は監禁されたり、闘争をかけられたり、悪口雑言を浴びせられた。

　10月1日、『人民日報』社説"ブルジョア反動路線に猛烈な砲火を浴びせよ！"この社説は広範な革命大衆がブルジョア反動路線に猛烈な砲火を浴びせるのを助けた。これを通じて広範な人民大衆は、この運動の中心対象がブルジョア反動路線であると認識。11月6日、17の工場が革命的交流を行い、紅衛兵とともに《上海市工人革命造反総司令部》を組織した。当時、なぜ、総司令部を作ることを考えたかと言うと、運動の反復を考え、労働者が各工場に分散していたなら、旧市委をやっつけることは無理で、闘争に不利である。組織して初めて一つの"ゲンコツ"

を形づくることが出来る。旧市委に対して力強い闘いが出来る。丸二昼夜の準備を経て、この革命司令部が正式に成立する。元上海市長の曹荻秋に、成立大会に出席し、批判を受けることを要求したが、出席しなかった。革命造反司令部の成立に対して非常に恐れ、「三不主義」をとった。①不承認　②不参加　③不支持。この成立大会に黒い一味は来なかった。成立大会終了後(夜中)旧市委にデモをし、抗議することを決議した。労働者は旧市委にデモをかけ、旧市委のビルを占領し、曹荻秋に出てきて会うよう要求した。しかし曹荻秋という反革命修正主義分子は大衆を恐れ、あえて会おうとはしなかった。友誼映画館に行ったら皆に会おうと言った。労働者が友誼映画館で一時間待ったが、来なかった。人民を裏切り、ペテンにかけた。

　大衆は非常に憤慨し、毛主席に、上海市委を占領しているブルジョア反動路線を報告しようと駅に向かう。駅で交渉したが、労働者を汽車に乗せようとしなかった。最後にはしぶしぶ認めた。最初の列車はすぐに、次の列車は翌朝発車させる。始めの列車は南京までで、下車させられた。次の列車は、上海を時速90kmで出発。上海を出てまもなく時速90kmを20kmにするように指示した。列車が安亭に着いたとき、列車を別の引き込み線に入れ、ポイントに鍵をかけた。当時、列車に乗っていた労働者はもともと北京まで行くことを考えていなかった。(三不主義を聞いてから反対して北京行きを決定)、だから、衣服、金、食料をあまり多く持っていなかった。皆、張詰めた闘争を続けていたので、汽車に乗る前に食事をしていなかった。中には空腹のために気を失う人もいた。非常に憤慨して我慢できない状況の中で、あとから来た列車を安亭に止めた。

　このようにして、全国を揺るがせた「安亭事件」が始まった。元々労働者は理由なく列車を止めたのではなく、この列車に乗って、引き続き北京に行こうと考えた。止めた列車はあとで発車させた。旧市委は依然として人員を派遣してこなかった。そこで、2回目の列車を止めた。この列車は国際列車だった。旧市委は数多くの公安関係者を派遣して、労

働者の分裂をはかり、労働者を恐喝して、陰で、労働者を反革命分子の現行犯だと決めつけた。これらの一握りの反革命修正主義分子は大衆を弾圧するまでに至った。毛主席を頭とするプロレタリア革命司令部は労働者、学生を支持した。張春橋同志を派遣して安亭事件を処理するようにした。張春橋同志は、上海に着くやいなや、安亭に行き、労働者と会った。その時、大雨が降っていた。労働者と一緒に雨の中で、労働者が旧市委の罪状を明らかにするのを聞いた。11月13日、張春橋同志は上海労働者の出した五項目要求にサインした。

上海工人革命造反総司令部は革命的大衆組織である。もし平素であれば、安亭で列車を止めたことは反革命である。しかし、特殊な状況の下で、列車を止めたことは革命的なことである。このようにして、上海工人革命総司令部は日増しに発展していった。最初準備に当たったのが17工場300名ぐらいだったが、成立時は1万人、後には数十万人に達した。

張春橋同志の安亭事件に関する処置は、あとで報告した。「先に首を切って、あとで上告しても良い」という毛主席の指示は、上海の革命的大衆の闘志を大いに励ました。そして、上海工人革命総司令部は数十万人から二百万人の組織になった。以上、安亭事件について話した。これは、1966年6月1日以後、上海全市において起こった最大の事件である。

解放日報事件

長い期間にわたり、旧解放日報は修正主義の代物を宣伝してきた。特に文化大革命以来、旧市委のために宣伝し、保守派を支持し、革命派を圧迫した。旧市委が、修正主義を遂行する宣伝機関になった。このとき、紅衛兵は紅衛戦報を発行していた。これに解放日報の悪い文章を批判する文章を載せた。解放日報と同時に発行することを要求した。ところが、旧市委は真理をおそれ、紅衛戦報を解放日報と同時に発行することを許さず、紅衛兵は11月に解放日報を占領し、発行できないよう封鎖

した。上海の革命的大衆は紅衛兵の行動を支持した。労働者の隊列を派遣して、紅衛兵とともに闘った。解放日報社の中で九昼夜がんばった。当時、旧市委は赤衛隊を組織し、紅衛兵に対して、延べ百万人の包囲攻撃をかけた。しかし紅衛兵は労働者隊列とともに闘い、旧市委が紅衛戦報を解放日報と同時発行の許可を取るまでがんばった。（同時発行とは発行部数と発行場所が同一であること）この革命的行動は旧市委に巣喰っていた陳丕顕反革命分子に対して手ひどい打撃を与えた。解放日報事件は紅衛兵と労働者が結びついて闘いとった勝利である。解放日報は全国各地に発行されていたので、全国を揺るがした。一月革命に起こった第二の重大事件である。

康平路事件（旧市委の書記処のある所）

　解放日報事件以後、旧市委は座談会を開くことを口実に、最大の保守組織赤衛隊をつくった。より大きな規模で大衆をそそのかし、大衆を闘わせた。赤衛隊成立の時、80万人いるとふきちらした。彼らは赤衛隊を利用して走資派を守ろうとたくらんだ。赤衛隊は、旧市委の曹荻秋が成立させたものである。造反派の曹に対する闘争ののち、赤衛隊がプロレタリア独裁を行うと宣言した。この話の数日後、人民広場で赤衛隊の出した八項目にサインした。その中の一つは、"赤衛隊を革命組織と認める"と書いてあった。その後、広範な革命派の闘争と圧力の下、八項目のサインを覆した。赤衛隊の人は旧市委の書記処の所在地、康平路を包囲するという事件を起こした。この事件は、1966年12月28日～30日の3日間続いた。双方とも数十万人が繰り出された。旧区委が陰でそそのかしたために、数回にわたる武闘が起きた。12月30日になって上海の赤衛隊はやむなく解散した。

　これは上海で起きた第3回目の重大事件であり、大きな武闘事件であった。当時の武闘はゲンコツのみで、鉄砲は使わなかった。旧市委は赤衛隊がダメになったことを知り、別の反革命の手口を使った。それ

は、全上海市で、反革命の経済主義のよこしまな風を吹かせたことである。赤衛隊が解散させられた後、黒い会合を持った。この会合を開いたとき、反革命修正主義分子の陳丕顕は「経済面をゆるめたら、政治面で指導権を握ることができる」と言った。経済面をゆるめることは、紅衛兵だけが大交流（串連）できた《国家規定》状況の中を、誰でも大交流に出かけるときには金を出すことであった。ある工場によっては、労働者に労働賃金を余分に支払い、好きなものを買うように言った。工場に入って間もない見習い工にも追加賃金を支払った。数多くの労働者が自分の持ち場を離れ、各地に交流に行った。保守的組織に参加した大衆に、北京に行って上訴するようそそのかした。短期間に上海市で幾千万もの金が支払われた。当時、市内交通、港、鉄道、工場は、停滞状態に陥った。走資派は、保守的組織に参加した人が三停事件（停水、停電、停交通）をやるようにそそのかした。

この状況の下に、上海のプロレタリア革命派、紅衛兵はだまされていた大衆に対して、きめ細かい政治工作を行い、自分のポストに帰り、革命に力を入れ、生産を促すようすすめた。一方、彼らは「革命に力を入れ、生産を促す」という重責を自分で担った。このとき、紅衛兵の小勇将は、それぞれ、工場、農村に赴いた。労農兵としっかりと結びついた。彼らは、一方では党の政策を宣伝し、一方では「革命に力を入れ、生産を促す」という重責を労農とともに担った。広範な労農とより一層結びついた。一連の闘争を経て、上海のプロレタリア革命派は権力の重要さについて分かった。

毛主席の言葉《すべての革命闘争の根本問題は権力の問題である》《世界のすべての革命闘争は権力を奪取し、それを強固にすることである》

一握りの走資派に握られていた党・政・財・文の大権を革命派の手にしっかりと握らなければならない。そうしてこそ、プロレタリア独裁を強固にすることができる。一握りの走資派が革命的大衆を反革命分子に

したてあげられたのは、権力を持っていたからである。反革命経済主義のよこしまな風を吹かせ得たのは、権力を握っていたからである。

1966年12月末〜1月、上海のいくらかの単位は下から上への奪権闘争を始めた。1月3日、文匯報、1月5日、解放日報とあいついで奪権した。その当時、経済主義のよこしまな風がまだ吹いていた。銀行、分行に対して革命的行動＝封鎖主義を行った。

1967年1月5日、革命的大衆組織に連合して『上海市民に告ぐる書』を発表、1月9日には、『緊急通告』を発表した。

『上海市民に告ぐる書』、『緊急通告』を発表して後、経済主義のよこしまな風は止められた。1月11日、党中央、国務院、中央文化革命小組、中央軍事委から祝賀電が届いた。

同時に全国にこの二つの文章を放送することを批准した。祝賀電の中で中央は次のように指摘。

「あなた方は、革命的大連合を実現して、すべての革命的組織を連合させることを実行した。プロレタリア独裁、プロレタリア文化大革命の運命、社会主義革命の運命を自分の手に握った。一連の革命的行動は全国の革命的労働者、人民のために輝かしい手本を示した。」

電報の励ましのもとに、全上海市の奪権闘争は新しい高まりに盛り上げられた。

1967年1月16日、毛主席は中央のある会議で、上海の奪権闘争を総括した。『プロレタリア革命派は連合して、党内の一握りの資本主義の道を歩む実権派から権力を奪取しよう』全国の奪権闘争を新しい高まりに引き上げた。工場、機関、学校で、全面的奪権闘争が繰り広げられた。これが偉大な歴史的意義を持つ《一月革命》である。

この闘争の中に、重要な点が一つある。二種類の矛盾を正しく処理したということ。保守的組織、赤衛隊に参加した人は80万人いた。この人たちにいかに対処するかは重要な課題であった。われわれは毛主席の

教え《プロレタリアートは全人類を解放して、初めて自らを解放できる》にもとづいて、赤衛隊に参加した人に対して仕事を進めた。これらの保守的組織に参加した大衆は一握りの走資派にだまされて参加した。この人たちの大部分は階級的兄弟である。彼らを援助し自覚を高めて、毛主席の革命路線にもどれるよう援助してやる。実践が証明しているように非常にきめ細かく、入り組んだ政治工作の結果、自覚を高め、めざめた。めざめた人は革命組織に参加し、大量の仕事をした結果、一月革命の過程において阻止力を少なくでき、われわれの隊列を強くできた。このように反革命経済主義のよこしまな風に打ち勝ち、下から上へと奪権して勝利を収めた。上部（旧市委）の走資派の握っていた権力はまだ奪取してなかった。1月6日、全上海市の大会で旧市委を承認しないと決議し、はっきりと曹を免官することを決めた。新しい上海市委を成立させることを要求した。その後、闘争が続いたために、1月末、上海市革命委員会設立の準備を行った。

　1967年2月5日、正式に上海市革命委員会が設立した。最初は、上海人民公社と呼んでいた。上海市革命委員会という名は、あとで改められた。成立までは順調でなかった。成立時には、全上海市革命的大衆組織は38（ママ）（78？）あった。準備したのは38の組織だった。
　その時、40の組織が第2の権力機構＝上海市大連合委員会を作ろうとした。いかにしてこういった人に対処すべきか？　作ろうとしている第2の政権に対処すべきか？　あとでこの人たちを説得して、第2の権力機構を作らせないことを承知させた。以上が上海の一月革命の奪権闘争の概況です。

　一月革命の全過程から見て、「革命の根本問題は権力の問題である」ということがよく分かる。毛主席の言葉《全世界のすべての革命闘争は権力を奪取し、それを強化することである》、一月革命は終始一貫して権力を巡って闘われた。大衆に頼ってはじめて、勝利を闘いとることが

出来る。ごく少数の人に頼ってはダメである。すべての団結できる人を団結し、大衆の創意を発揮して人民戦争を行う。こうして初めてプロレタリア文化大革命の決定的勝利を勝ち取ることが出来た。この闘争はまた労働者階級の指導がなければ、革命の勝利はない。労働者階級の指導があれば、革命に勝利できることを教えている。上海の文化大革命の初期、一月革命の過程で労働者階級が重要な役割を果たしたといえる。《十六条》で指摘されたとおり、広範な労働者、農民、兵士、革命的幹部、革命的知識分子、革命的大衆はこの革命の主力軍である。革命的紅衛兵は文化大革命の急先鋒である。運動の初期、紅衛兵運動は比較的早く起こった。北京で起こり、革命的大交流により、全国に広がった。しかし、最終的に局勢（局面？）を決定するのは、広範な労働者、農民である。この問題について、運動の初期・中期において論争があった。焦点は誰が指導するか、という論争であった。はたして学生が労農を指導するのか、労働者が全てを指導しなければならないのか、という論争であった。

今回の文革が証明しているように、毛主席の革命路線の下、紅衛兵は急先鋒の役割を果たしたが、指導できない。毛主席の言葉《何が基本的な力か？　全人口の90％以上を占める労農である。何が指導部隊か？労農大衆である》、もし知識分子が労農と結びつかなければ何もすることは出来ない。こういった論争を経た後、工場、農村に赴き、そこで毛沢東思想を宣伝し、労農と結びついた。このように、労働者階級が上部構造のあらゆる分野に入り、闘、批、改を指導している。今、労働者階級の威力を見ることが出来る。今、知識分子は労・農・兵の再教育を受けると共に、労農兵の援助の下に、彼らの役割を発揮できるようにしている。今度の文革はまた「すでに勝ち取った勝利を強化するには、三結合した、革命化した臨時機構を打ち立てなければならない」ことをよく表している。もし権力機構を打ち立てるのではなく、ある一派が権力を握ったのでは、うまくいかない。三結合（革命的幹部、兵士、革命的大衆）して初めて権威がある。

質問——回答

問　革命委員会内部に修正主義の発生する可能性？
答　可能性はある。革命委員会が思想の革命化をはからなければ修正主義に陥る。
　　　毛主席は言っている、文化大革命は今回が第一回目である。帝国主義が存在し、修正主義が存在している。これらの存在は必然的に党内に反映されてくる。権力を握った後、世界観の改造に努力せず、マルクス・レーニン主義、毛沢東思想を学習しなかったら修正主義に陥る。

問　上海市人民公社から上海市革命委員会へ改名した理由？
答　将来の国家機構を全面的に考慮しなかった。山西省での三結合による革命委員会成立の経験による。

問　上海市の奪権闘争の特徴は？
答　基本的に、毛主席、中央文革小組の一貫した直接指導の下に行われてきた。
　　　二大派に分かれることがなかった。
　　　解放軍が大衆の信頼を得ていた。

問　革命委員会と共産党との関係？
答　党委員会は革命委員会の中で、中核的、指導的役割を果たす。
　　革命委員会——桃（桃子）、党委員会——桃の種（桃核）
　　　　　　（「第五次訪中学生友好参観団〈第五次斉了会〉記録」より）

　　王洪文（1935～1992、吉林省長春市出身）
　　　1952年、入党。53年上海の工場労働者となる。

文革開始とともに革命造反派のリーダーとなる。
上海市党委員会書記を経て73年党中央副主席・政治局常務委員。
76年逮捕される。

　後記：王洪文との会見記録は、随員の影山博邦氏が会場でメモを取ったものである。

郭沫若先生との会見

1969年8月30日　北京人民大会堂にて

　日本の学生の皆さんが、より一層毛沢東思想を学ぶため、プロ文革の成果を学ぶために中国に来られたことを歓迎します。自己の要求に厳しい（斗私批修）姿に感心します。

　《学生運動は人民運動の一部である。その高まりは不可避的に全人民の運動を高める》中国の例を挙げると、1919年に五四運動が繰り広げられたが、偉大な学生運動である。

　50年前に繰り広げられた五四運動は、10月革命の影響を受けたのである。五四運動の旗印は、封建主義に反対し、帝国主義に反対したものである。1921年中国共産党は毛主席自らが築き上げ、創立された。五四運動以後、全中国の人民の運動は、共産党と毛主席の指導の下に嵐のように広がっていった。30年を経て1949年中華人民共和国が成立し、中国人民は、自分の頭上にのしかかっていた三つの大きな山を徹底的に掘りくずした。

　この例を挙げてみて分かるように、そして、先の毛主席の言葉で分かるように「学生運動の高まりは不可避的に全人民の運動を高める」それ故に、私たちは日本の学生運動の高まりにより、全日本人民の運動が高められるに違いないと確信している。聞くところによると今年11月日本の学生の皆さんは学生運動の決戦―佐藤訪米を阻止するための決戦を迎えている。1970年には安保条約廃止の闘争を控えている。このような大規模な戦役が次から次へと皆さんを待っている。私は皆さんが勇敢に闘い、立派に闘い勝利を勝ち取った上に新たな勝利を勝ち取ることを祈っています。私は学生の皆さんが、必ずや全日本の人民の闘争を促進し、それを高め、日本人民の頭上にのしかかっている四つの大きな山を掘りくずすに違いないと確信しています。

今日は皆さんが中国を訪問してから19日目に当たるそうですね。皆さんの今回の長期の旅行は25,000里（12,500km）の長征を超えているのではないでしょうか。皆さんは中国の多くの所を訪問し、広州を離れてから第1分団は延安、第2分団は井崗山を訪問し、多くの人たちと接触された。多くの新しい事物を見た。少なからぬ現場からの話を聞いた。毛主席が以前歩いた道を皆さん自らの足で歩いた。皆さんが大変うらやましい。満足されたでしょうか？　私自身は皆さんをとてもうらやましく思う。文化大革命以来3年、北京に滞在してどこにも行っていません。皆さんの見聞は私より多い。皆さんは深い感想や、意見があると思う。この場は私の一人舞台にしなくて皆さんの感想や意見を出してください。皆さんの私たちに対する批判の意見を聞きたい。

聞くところによると、広州で私たち歌舞団が「がんばろう」「沖縄を返せ」を歌ったとき、修太郎の歌う歌だから歌うなという意見を出されたそうですね、また「沖縄を返せ」を踊ったとき、ハチマキを結んで出たら今の日本ではゲバ棒にヘルメットですと言ったそうですね。ゲバ棒とヘルメットは闘争精神をあらわしている。われわれ同志は、日本の闘争の認識が遅れている。意見を出してくれてうれしく思います。今日は皆さんから意見を伺いたい。多くの土地を訪問されたわけですから、毛沢東思想に合致しない部分があれば出してください。共産党員は批判を恐れません。誤りがあれば直ちに改めます。毛主席は言っています。「意見を出すものに罪はなく、聞いた人はそれを戒めとしなければならない」「もし過ちがあれば正し、過ちがなければ一層励む」

私の前置きはそのぐらいにして、皆さんの感想を聞かせてください。

横山（3班）、片岡（5班）、阿部（1班）、3名の発言。

3名の学生から感想を聞いた。感想を通じて感じたことは、聞いたこと、見たことが多いだけでなくよく考えていることがわかった。〈百聞は一見にしかず〉の諺通り、十数日のうちに見たり聞いたりした多くの

事を消化するに時間がかかる。国に帰って実践の中で消化できると思う。今日どう言うことを話そうかと、若干の問題について考えてみた。先ほど話したように、中国訪問の重要な目的は、中国革命の経験を吸収して、自己の経験することです。中国の滞在日程がつまった中から、中国革命の豊かな経験を学んだことと思う。中国革命の経験は二つに分かれる。

1. 新民主主義革命
2. 社会主義革命

　特に、現在のプロ文革の中での豊かな経験もある。すでに考慮されていると思うが、われわれがなした革命と皆さんが準備されている革命と段階的に差がある。プロ独裁の下での連続革命は毛沢東主席がML（マルクス・レーニン）主義に対してなした偉大な発展と貢献である。プロ独裁の下にあって、継続して階級闘争をやることは、マルクスの時代に考え及ばなかった。レーニンの時代には可能性があると指摘された。可能性ばかりではなく、復活の行動がある。レーニンは十月革命勝利の7年後に死亡した。レーニンはブルジョア復活が行われるという予言をしていたが、予防措置を執らないうちに死亡した。その結果はスターリンが死んだ後、フルシチョフ、ブレジネフ、コスイギンは、ソ連の党と国家権力を乗っ取り、資本主義復活を行い、世界で最初の社会主義国を、社会帝国主義国に変えた。毛主席はこれを見て《チトーが堕落してユーゴに資本主義が復活した。ブレジネフ、コスイギンの輩が革命を裏切り、ソ連が修正主義国に転落した》と指摘した。3年前の決意を固め、自ら歴史上前例のないプロ文革を起こし、指導した。《プロ文革の重点は、党内の一握りの走資派をやっつけることである》

　チトーは実権派である。フルシチョフ、ブレジネフ、コスイギンも実権派である。少数の実権派が、変質して国家の指導権をのっとったがた

めに、一度にして国の色を変えてしまった。毛主席は、危険性（歴史的教訓）を見て取り、中国にいて資本主義復活がなされないようにした。毛主席はプロ独裁下の継続革命の理論を樹立し、大規模に大衆を動員して党内の一握りの走資派と闘争を行った。3年来のすさまじい勢いの闘争を経て、すでに偉大な勝利を勝ち取った。プロ文革の中で労働者階級の中の奸賊、敵の回し者、劉少奇をつまみ出し、彼の党内外の職務の剥奪し、党を除名した。劉少奇以外の大小の実権派をつまみ出し、粛清した。プロ文革の中の一つの偉大な勝利である。もちろん、それ以外、偉大な勝利は勝ち取られているが、話す時間がない。党内の一握りの走資派を排除したため、資本主義復活が行われて、国家の変色は起こらなかった。今、革命は、プロ独裁下で、引き続き革命を行う状況にある。しかし今日、日本の革命を見ると、ブルジョア独裁下で革命を行い、いかに政権を奪うか、どういう闘争を組むかということである。

　"宮本修太郎"は議会の道を歩んでいる。議会の道は通行止めである。英国の歴史、米国の歴史、フランスの歴史は、議会の道が、ナンセンスであることを物語っている。日本の歴史的経験も示している。佐藤政府は「大学管理法」という重要な議案を、一度も参議院で審議することもなく、強行採決をした。これは、議会民主主義、議会の道に対する最もいい風刺である。一言で言えば議会の道は通行止めということである。「平和移行」はバカ者の言っている戯言に過ぎない。残されている広々とした前途をもつ道は、労農同盟に頼り武力で政権を奪取することである。

　ブルジョアの権力を打ち壊し、プロレタリアの権力を打ち立てなければならない。
　《戦略的には敵を蔑視し、戦術的には敵を重視する》

＝質問に答えて＝

1. 日本の大学をどう思うか？

　昔はドイツの大学制度を取り入れた。今はアメリカの制度である。日本の学生は不満を感じ、改革を要求している。佐藤栄作に代表される実権派は、現在の大学制度を維持しようとしている。（中国は社会主義国家として社会主義教育制度を打ち立てようとしている）資本家に奉仕する道具に造反した。工農大衆を動員して政権を覆し、プロレタリア政権を確立している。新しい大学ができる。

2. 魯迅の革命性について

　魯迅は旧思想、旧文化、旧風俗、旧習慣に不満を抱いていた。毛沢東は高く評価している。《魯迅は文化革命の主将であり、偉大な文学者であるばかりでなく、偉大な思想家であり、偉大な革命家であった》
　民主主義革命の時期、反帝、反封建の戦士であった。晩年10年ぐらいマルクス・レーニン主義者となる。プロレタリア革命を擁護し、共産党を擁護し、毛主席を擁護した。抗日戦争時期、少しも動揺することなく敵と最後まで闘い抜いた。魯迅の立場は革命的であり、思想は革命的であり、創作は革命化されたものであった。魯迅の雑文は独創性のあるもので匕首のように鋭く敵の急所をついていく弾丸であった。中国革命に果たした魯迅の大きな功績は消すことができない。

3. 文芸整風運動の現況

　現在新しいタイプの文芸工作者が、工農兵の中から大量に生まれている。皆さん！　中国の新聞に毎日載っている。〈工農兵の論談〉という工農兵の書いた哲学論文、教育改革案が載っている。新しい文芸工作者

は、社会主義の自覚を有し、文化程度を有した工作者である。旧時代から来た古い文芸界の人たちは、工農兵の再教育を受けている。ある人たちは農村、ある人たちは工場へ。その人たちは労働者、貧農下層中農と結びつくことによって、毛沢東思想で自分の頭を武装することが出来るようになりつつある。3年の期間は長く見えるが、ひとりの人間の改造は困難な過程を経なければならない。古いタイプの文芸工作者は、再教育を受けて立派に改造を受けたとき、もっと立派な作品を生み出すに違いない。

4. 思想と芸術はどのような関係であるか？

思想は第1性、芸術は第2性。
思想も良く、芸術形式も良ければ立派な作品である。思想が良くて、芸術形式が不十分な作品は引き続き手を加えていく。革命的作品は江青同志の指導の下に、何度も改められ出てきた。〈白毛女〉〈奇襲白虎団〉は改装中である。
もし思想が悪く、芸術形式がよい作品は問題が多い。芸術形式が良ければ良いほど毒草をよく流す。毒草を厳格に批判しなければならない。
毒草に対して批判し、香りのある花に比べてどこが違うかを見きわめ、批判を通して毒草を肥料にしなければならない。
思想とは何か？　マルクス・レーニン主義、毛沢東思想を規準にし、工農兵の為に、工農兵を対象にして生み出される作品が思想的に良い作品である。

5. 米帝大統領のルーマニア訪問について

米帝の外交政策は、侵略を目指す側面と、侵略、戦争政策を援護、弁護、擁護（三護）する側面がある。魔物の化けの皮である。糖衣砲弾（砂糖でくるんだ砲弾）である。今年の7月上旬、ニクソン、ロジャースの

アジア訪問前、米国人が中国に旅行する制限を緩和し100ドル以内の外貨使用を許可した。これは米帝のチョコレートである。米帝の言葉は逆の面から見ればよい。平和といえば侵略、援助とは搾取、友好とは奴隷化することである。化けの皮をかなぐり捨てて本性をさらけ出す政策を採ることもある。国連における中国の合法的地位を回復する案に対して、"重要事項指定方式"を出している。これに追随しているのが佐藤政府である。7月上旬、ロジャースが台湾に行き、中国をののしった。「中国人は（米帝の）新しいジェスチャーに対して何の反応もない。半身不随でマヒ状態である」と。米帝の新しいジェスチャーに対して全くのマヒ状態であると言えるかもしれない。小手先ではだまされない。なぜなら、今まで彼らから教訓を多くわれわれは得た。彼らの小手先にわれわれは教えられた点がある。

6. 日本における主要な矛盾は何と考えるか？

日本人民には四つの大きな敵がある。
①米帝②佐藤反動政府③ソ修④宮本修太郎
日本人民と以上四つの敵との間の矛盾です。主役は米帝、下僕は佐藤、共犯者はソ修、日修集団、共犯は主役より悪者であることもある。経験が教えている。修正主義は社民より右翼である。社会帝国主義国家は、札付きの帝国主義よりも悪質なときもある。四大家族は実際には一家族とも言える。

7. 中国革命の発展過程で、中国学生運動の果たした役割について

学生運動は人民運動の高まりを促す前衛の役割を持った。プロ文革でも同様である。紅衛兵運動の中で清華大学附属中学の学生が毛主席に手紙を出した。毛主席は自筆で返書を送った。学生運動にはプロレタリアートの指導が必要である。貧農下層中農が、労働者と同盟を結び基礎

をつくる。学生は工農大衆の再教育を受ける。プロ文革の中で、紅衛兵小勇将は、大きな功績をおさめた。

　党の呼びかけのもと辺区に行き、工農と結合し再教育を受けている。知識分子は工農と結びつかねば何も出来ない。(語録402頁—青年が革命的かどうかをみるには、何を基準にするか。何によってその人を見分けるか。それは、その人が広範な労農大衆と結びつくことをのぞみ、しかも、それを実行するかどうかを見るというたった一つの基準しかない——。)しかし日本と中国には相異がある。すなわち中国は、知識分子と工農と結びつくのは、政府が注意を払ってやっていることである。日本での結合は革命を意味する。知識人が革命を行うには、大胆に工農大衆と結びつき革命を進める。いかに結びつくかという問題ではなくて、道のないところを自分で切り開いて行くことである。

8. 66年の郭先生の自己批判について

　66年4月8日に人民大会堂で自己批判した。文芸工作に携わっていたのに、毛主席の文芸路線の理解が浅く、工農兵大衆のために奉仕していなかった。逆に工農兵大衆の作品は工農兵大衆のために奉仕している。この前提のもとに以前の作品を焼いてしまってもよいと言った。基本的には今も同じ気持ちです。しかし友人がこう言いました。「いろいろの作品を区別してみなければならない。《満江紅》は焼いてはいけない」と。私も同意した。区別して残しても良いと思う。自己批判を通じて、文芸界の人々が同じように自己批判できるようにという意味もあった。残念なことに、文芸の人々で私に続いて自己批判するものがまだない。

　ゴーリキは言った。「作家は自分の作品を偶像化してはならない」。作家は、自分の作品を何かたいしたものと思いがちである。みたところ古い文芸界の人たちの中に自分の作品を偶像化する人が多い。

　　　　　　　(「第五次訪中学生友好参観団〈第五次斉了会〉記録」より)

郭沫若（1892〜1978、四川省楽山市出身）

　1914年に日本へ留学し、第一高等学校予科で日本語を学んだ後、岡山の第六高等学校を経て、九州大学医学部を卒業。在学時から文学活動に励み、1921年に上海で文学団体「創造社」の設立に参加する。その後、国民党に参加、北伐軍の総政治部主任となるが、蒋介石と対立し南昌蜂起に参加。蒋介石に追われ、1928年2月日本へ亡命。千葉県市川市に居を構え、中国史の研究に没頭する。1937年に日中戦争が勃発すると日本人の妻らを残し帰国して国民政府に参加。

　戦後は中華人民共和国に参画して政務院副総理、中国科学院院長に就任。1950年全国文学芸術連合会主席、1954年全人代常務副委員長。1958年共産党に入党。1963年中日友好協会名誉会長。文学・史学の指導に努める。

全国人民代表大会常務委員会副委員長・中日友好協会名誉会長
郭沫若氏談話

1970年8月28日　広州迎賓館にて

　同志の皆さんごきげんよろしゅう。皆さんは8月8日に中国を訪問され、今日は8月28日になります。約20日間多くの地方・部門を訪ねられ、中国に対する見方を深めたと思います。

　今日は私は広東省に来て王首道同志をはじめとする同志たちと、皆さんにお目にかかることを嬉しく思います。明日皆さん方は中国を離れ祖国へ帰られる。全中国人民に代わって私は心から歓送の意を表したいと思う。皆さん方が北京に滞在されているとき私はいませんでした。昨日北京へ戻ったとき皆さんはもういなかった。今日私は特別機に乗って、皆さんを追いかけて広州に来た。列車より飛行機の方が速く、ついに皆さんに追いつくことができました。だから私はもっぱら誠心誠意の気持ちを抱いて、ここにやってきて皆さん方にお会いした。これによって日本の青年同志に対する真情をあらわすと共に、中日両国人民の間の長期にわたる歴史的な友情をも表します。

　友人の皆さんは私と同じく、われわれの偉大な指導者毛主席を熱愛している。だから、毛主席の言葉を皆さん方への送別の言葉としたいと思う。毛主席は青年友人の皆さんに深い関心を寄せておられる。毛主席は次のように言っておられる。

　「世界は君たちのものであり、……（毛主席語録398ページ）……希望は君たちにかけられている」私は毛主席のこの言葉を皆さん方にお会いしたときの贈り物としたい。（拍手）　友人の皆さんは日本人民の希望であるし、世界人民の希望でもある。将来、皆さんは日本の友人と共にどのような世界を作るのか、この面で「午前8時9時の太陽」である皆さんは非常に重要な役割を果たす。私は18時19時の太陽である。（笑）

この点で皆さんとは異なる。しかしながら現在の革命的原則によれば、老年・中年・青年は3結合できる。（王首道氏「中日両国人民、全世界人民は団結して、新しい世界をつくりだそう」）団結こそが力である。毛主席はわれわれに、九全大会で「団結して一層大きな勝利を闘いとろう」と教えている。団結には原則がある。泥んこをかき回すような、無原則な混ぜ合わせは団結ではない。

今日参観団の方々とお目にかかれて非常に嬉しく思うが、皆さんがた参観団は団結のシンボルである。参観団は12の都道府県、43の大学から来た。これは日本の進歩的学生の一致団結を示しており、私たちは喜びに値するものと思う。私たちは皆さんのこの団結の範囲を、ますます大きく広げられることを心から願う。日本の進歩的勢力が広範な団結を実現し、中間勢力を獲得し、皆さん方の共同の敵に当たられるよう願っている。進歩的勢力を団結させて初めて、人民日本をつくりだし、将来の新しい世界をつくりだす原動力となることができる。

敵味方をはっきりと見分けることは、非常に重要なことです。話しによれば友人の皆さんは一致して、五・二〇の毛主席のおごそかな声明を支持しておられるが、そうでしょうか。（拍手）　この声明もまた全世界の人民が団結して、米帝とそのすべての手先を打破するためのものである。米侵略者は世界の平和をかき乱す総元でありますから、全世界人民の共同の敵である。では米侵略者の手先は誰か。私たちにとっては蒋介石、お国にとっては佐藤政府であると思いますが、どうでしょうか。（拍手）　この外に手先としては修正主義者、米帝打倒に賛成せず、佐藤打倒に賛成せぬ修正主義者があります。（拍手）　お国では宮本顕治の指導する日本共産党は手先に数えられるでしょうか。（拍手）

私から言えばソ修社会帝国主義も、米帝の手先に成り下がっているところまで堕落しているが、皆さん方は賛成するでしょうか。（拍手）（大笑）　社会帝国主義という名詞は私たちの発明でなく、レーニンの発明したものである。レーニンはまだ生存していたころ、第二インターの「いにしえの」帝国主義を、「口先だけの社会主義、本当は帝国主義」と

呼んだが、それは現在のソ連政府に合致している。ソ連は最初に創られた社会主義国家である。今では米帝の手先に成り下がっているのは残念だが、これは反面の教師として警戒せねばならないと思う。

だからこそ4年前にわれわれの偉大な指導者毛主席が史上空前の文革を起こし、それを指導したのである。一番中心的なことは、プロレタリア独裁下で引き続き革命を行い、引き続き二つの道・二つの路線の闘いを行い、できるかぎり中国という社会主義国家が変色せず、あくまでも社会主義を堅持し、長期にわたってプロ独を堅持すると言うことにある。ある人は毛主席の五・二〇声明を見て、ソ修が名指しされていないと言っている。その中には明らかにソ修社会帝国主義が含まれており、どのような範ちゅうに含まれているかは皆さんもご存じである。

アメリカ帝国主義は戦争の主な根源である

今日はアメリカの状況について簡単にお話ししたい。

友人の皆さんもご存じのように、米帝の手は余りに長く伸ばし過ぎている。米帝は全世界で2,270の軍事基地を持つが、これにはベトナム南部の基地は含まれない。そのうち重要なものは300カ所の基地である。アメリカはまた120万人の軍隊が、33カ国以上の外国の領土に駐屯している。国外にある軍事基地と軍隊のため毎年500億ドルの費用を使っているが、ベトナム南部の費用は、その中には含まれない。日本の友人の方々もご存じだと思うが、アメリカはベトナム南部の戦場に、40〜50万の兵を派遣し、毎年300億ドルの金を使っている。そして米政府は一生懸命軍備拡張・戦争準備に努めている。1970年の直接間接軍事予算は1060億ドルだが、これはほとんど天文学的数字である。

このようにあまりにも手を長く伸ばしすぎ、多くの費用を費やすので、国内では多くの困難にぶつかっている。最近は米国内ですら、米国は革命が起こったのではないかと議論されている。つまり現代アメリカは、アメリカ史上で見られた三つの大きな危機が同時に発生したと思わ

れている。アメリカの歴史がどのくらいかは皆さんもご存じだと思う。その歴史は194年しかない。皆さんは驚くかもしれないが年若い国である。1776年に13州が独立宣言を発し、1976年には200周年を迎える。

　アメリカの歴史始まって以来の三大危機とは次の通りである。

① 人種の危機…1861年〜65年にかけて南北戦争が起こり、黒人奴隷解放のために戦われた。北部が勝利し、当時のアメリカ大統領リンカーンは暗殺されている。
② 社会的危機…第一次大戦前夜の危機である。米大統領ウィリアム・マッキンレーがアナキストに暗殺されている。このことはケネディーの暗殺、ケネディーの弟の暗殺と結びつけて考えられる。
③ 経済恐慌…1929年〜33年にかけて起こった経済大恐慌である。

　だからアメリカの一部の見識を持った人は、今日のアメリカは歴史上の三大危機が一緒に勃発したと言っている。人種・社会・経済危機が同時に存在するのである。今日の《人種危機》の中には、黒人の問題がある。ご承知のようにアメリカには2000万人の黒人がいて、ここ数年来目覚め、暴力を使って暴力に対抗しており、奴隷にならず人間になることを要求している。皆さんもご存じのように毎年大規模な黒人の闘争が起こり、黒人の他にも、インディアン・メキシコ人・プエルトリコ人も造反に立ち上がっている。《社会的危機》ではご存じのようにアメリカの学生運動は、すさまじい勢いで発展している。アメリカの政府側統計によっても、去年9月〜今年5月の期間に1787回に及ぶ学生運動が起こっている。この外に労働者ストライキ、兵士たちの反戦闘争がある。《経済的危機》では、アメリカは狂気じみた軍備拡張・戦争準備をやり、侵略・戦争政策をやって消耗が大きい。アメリカ国債は最も大きく3730億ドルに達している。反対に中国は内債も外債もなく、債務はゼロである。彼らには3730億ドルの債務があり、世界で最も巨大な米帝は債務を負っている。アメリカの金の貯蔵量もますます少なく、枯渇状態にあ

り、111 億ドルに下っている。ところが世界各国に流通する米ドル債券は 370 億ドルに達している。もし皆さん方の手許に米ドルの貨幣・債券があるとすれば、それを米政府に持って行くと、米政府は破産せざるを得ない。国外と国内の差額は 260 億ドルに上る。だから単にこの一側面から見ても、米の財政経済は紙の上に維持されているに過ぎないし、米は名実ともに伴う張り子の虎である。これに加えてインフレがあらわれ、貨幣の価値が下がり、人民の生活は困難を来している。話しによると米帝最大の鉄道会社ペンシルバニア・セントラル（資本金 46 億ドル）が最近破産したそうです。

　ですから事実上アメリカでは三種の危機が一度に発生したと言える。いかにしてこれに対処するかいかに抜け出すのか、いろいろな方法が考えられている。ニクソンはアジア人とアジア人を戦わせる、ベトナム戦争のベトナム化をとりだしているが、これは三種の危機がともに勃発した危険性から抜け出すためにとられたものである。その目的は戦線をすこし短くし、費用を節約して歴史始まって以来の国内の困難さを解決しようとするものである。しかしニクソンという人物はヘンテコな人であるといえる。つまり彼はベトナム南部の戦場から身を引こうとして、「ベトナム化」を叫んだが、口の泡の乾かぬうちに、戦争をラオス・カンボジアに広げた。そしてインドシナ三国との戦争になった。この人物はおもしろい人物である。イギリスのモンゴメリー元帥がニクソンをこう批判した。「ニクソンの軍事知識はゼロに等しい」。私たちから見ればゼロより小さい。（苦笑）　しかし、このような人物こそ危険な人物であり、今日は「ベトナム化」、明日は「侵略」、あさっては「世界大戦」と言えないこともない。アメリカは化学兵器や核兵器を皆さんの領土に保存しており、大きな戦争を引き起こすかもしれない。毛主席は、「新しい世界大戦の危険は依然として存在している」と言っている。米国内には、戦争を主張するタカ派が存在しているが、タカ派は経済危機についてはこう言っている。「1929 年～33 年の経済危機はルーズベルトのニューディールではなく、第二次世界大戦によって切り抜けられた。現

在の危機を切り抜けるには第三次世界大戦をやらねばならない」

　現在は70年代であり、決して30年代40年代ではない。現在日本人民中国人民も含めて、アジア各国人民の状況は30年代40年代の頃とは異なっており、アフリカ・ラテンアメリカの事情も異なっている。偉大な70年代において、たとえ米帝が第三次世界大戦を引き起こしても、自分の墓場を掘るに過ぎないことは断定できる。毛主席はかつて世界大戦の問題についてこう言っている。「世界大戦には二つの可能性しかない。戦争が革命を引き起こすか、革命が戦争を押しとどめるかである」毛主席のこの指示は、私たちに、「被抑圧人民・被圧迫民族が団結すれば、戦争を防ぎ、戦争を彼らの当然行くべき道に送ることができる」ということを示している。私たちは毛主席の指示を擁護する。友人の皆さんは毛主席の指示を擁護されるでしょうか。（拍手）

　王首道氏、「私たちは侵略戦争と反革命戦争を墓場に葬り去らねばならない」

　しかしこれと全く異なった意見を持っている人もいる。お国の佐藤栄作先生（笑）もその一人です。
　皆さん方は日本で日本の勤労大衆のごはんを二十年間食べてきた。私はお国で日本人民が、第二次世界大戦、それ以上の災難を佐藤先生の指導によって被るのではないかと心配している。このお国の状況については皆さんの方が詳しいので、私は「シャカに説法」のようなことはしない。佐藤先生の歩んでいる道は危険な道であり、私は日本の友人の皆さんがそれには賛成しないことを信じている。（拍手）
　日本の社会の状況もおそらくは、それを許しはしないと思います。

　佐藤栄作は好んで「日本は自由世界で第二位の大国になった」と口にする。去年のGNPは1600億ドルであり、今年は2000億ドルと予想さ

れる。日本の経済がこんなに発展しているのは、日本の勤労人民の知恵と血と汗とが重要な要素であると思います。しかし同時にアメリカが下心をもって日本の独占資本を盛り立てていることは否定できない。アメリカは東では日本の独占資本を育成し、西では西ドイツの独占資本を育成しているが、これは否定できない事実であると思う。朝鮮戦争の時期・ベトナム侵略の時期にアメリカは、お国をアジアの兵器工場にした。軍需のため経済発展は非情に早くなった。今年の生産高は十年前の四倍にもなっている。事実上日本は自由世界で第二の経済大国だが、佐藤先生は日本を軍事大国・政治大国にしようとし、これによって戦前の「大東亜共栄圏」の夢を見ている。

　毛主席は「問題を見るには本質を見なくてはならない」と教えている。日本のGNPは世界の第2位だが、日本の勤労大衆は世界で第何位なのか。国連調査によると日本の生活水準は第20位ということになっている。つい先頃のお国からの農村青年代表団との話では24位だと言ったし、あるものは23位と言っている。

　もう一つの数字があります。この数字は皆さんにとっては耳障りでしょうが、国連統計によると日本の年寄りの自殺は世界で第1位を占めている。私のような年寄りが日本で生活したら自殺以外に道はない。

　GNP第2位、人民の生活第24位、年寄り自殺第1位これらの数字はいったい何を意味するのだろうか。日本の社会が両極端に分化し金のあるものは多くを蓄え、金のないものは神に歩み寄る以外に道はない。

　私は1955年に日本に一度行ったことがあり、それ以来15年も行っていないが、その間の日本の変化は非常に大きいと聞いている。ふつうの人はご飯を食べず、パンを食べるようになったと聞いている。日本はだいたいそういった状況であると思う。

　佐藤の政策は、農業の発展を制限する、野菜・耕地面積を少なくする政策であり、そのため多くの農民が外へ流出している。話しによると農村はほとんど年寄り・婦人・体力の弱い人しかいないと聞く。農村人口

がおびただしく外に流れていく先は、どこかといえば、大都市の貧民窟があって、そこに300万人が住んでいる。それは東京の人口の約三分の一に当たる。ここにも東京の友人がたくさんおられるが、皆さん方にもおたずねしたい。山谷・浅草区の東・隅田川のほとりには東京で最も大きな貧民窟があってそこに15万5千人の人がいるということです。この貧民というのはほとんどが半失業労働者で、農村から都市へ流れ込んで、固定職もなく、労働者・農民になったりするものです。これらの半失業労働者は半ば不安定で、毎月の給料も職制に半分取り上げられ、工場の本工のように福祉施設には入れず、貧しい困難な生活を過ごしています。これらの労働者は労働して汗水を流して生活する以外に血液を売っている。東京には血液銀行があり、病院では200CCの血液で650円もらえるそうです。身体が非常に衰弱して、栄養不良の状態で血を売るから、失神して町で倒れていることがあるそうです。すると救急車が来て運ばれるが、救急車に乗る人間の約三分の一が半失業者であると聞いています。

このようなドヤ街が東京だけでなく、大阪・横浜・長崎にもある。日本の3000万人の労働者のうち固定職が1000万人、その他は臨時工・ドヤ街半失業工であるとのことだ。東京には銀座があり山谷があることも忘れないようにしなくてはならない。話しによると山谷に住んでいる人たちは、このような抑圧から立ち上がって、十年この方1000人以上の暴動が45回も起きているとのことだ。だからお国の新聞は山谷に「日本の活火山」の名を与えているそうだ。この活火山がより大規模な爆発を起こさないとは保証できない。

私はある資料の中から非常に喜ぶべき現象を発見したが、これによって自分の疑問が解決した。多くの大学生が労働者と生活を共にし、組織し、労働者に学んでいることを知った。

1960年に日本人民は日米安保反対の凄まじく大きな運動を繰り広げました。それによって当時アイゼンハワーは門前払いを喰わされ、岸信

介も失脚しました。これは未曾有の人民運動であったと言わねばならない。しかし70年代になると表面から見て、60年代のような凄まじい勢いの運動は見られない。六・二三には23万人からなる大衆の運動が東京で行われたが、60年代に比較すると少し劣るのではないか。しかし山谷の資料を見て次のことがわかった。日本人民の闘いは低調でなく、深く突っ込んで行われていることを悟った。沈滞しているのではない。佐藤政権がファシストの道を歩んでいる一方、日本人民の運動もしだいに力を増している。支配階級は大きな弾圧を加えるが、弾圧のあるところに必ず反抗がある。人民の力は活火山であり、私たちはその爆発を期待している。

　毛主席はかつて日本の友人にこのように言われた。「マルクス・レーニン主義の普遍的真理と日本革命の具体的実践とを結びつけること、これを真剣になしとげさえすれば日本革命の勝利はまったく疑いない」毛沢東思想はマルクス主義発展の第三段階で最も新しいレベルであると思うが、皆さんはこれに同意しますか。(拍手)

　皆さんに感謝します。皆さん方は非常に暑い季節のときに中国に来られ、真剣に毛沢東思想を学んでおられます。しかしそれは帰国後の具体的な活動と結合されなければならない。先ほど私の話した山谷についての資料からこのような理解を持っている。皆さんには、そぐわなかったかもしれないが、日本の農村に残っているのは年寄り・婦人であり、日本の労働者3000万人のうち1000万人は安定しており、2000～2500万人は農村から流れ込んで不安定である。これら半失業者は私たちの注目に値する。従って私は東京に住んでおられる友人にお願いしたい。東京に帰って山谷を訪れる機会があれば、山谷の労働者・学生たちの敬意の気持ちと、今後大きな成果を上げるように伝えて欲しい。

　私に一人舞台であったが、先ほど団長さんから話された問題について答えたい。

《日中友好をいかにやるか》
　握手でもって表現したいと思います。（と言って郭氏は団長と握手、王首道氏は副団長と握手）

《文芸問題について》
　皆さん方もよく研究されている。どうか毛主席の「文芸講話」を読んでいただきたい。話しによりますと皆さん方は毛主席の文芸思想に理解が深いそうだ。また「智取威虎山」「白毛女」を観られたと聞いた。今回は「紅灯記」その他は観られなかったそうだ。将来再びこられたときに観られるように。

　私の先ほどの話しに団長さんはどのくらいの点数を付けられるだろうか。中学の時私はマイナス20点をもらったことがある。

　──　団長：先生の貴重なお話に心から感謝したい。しかも北京からわざわざ来ていただいたことにも感謝したい。中国に来て日本の状況について教わろうとは夢にも思わなかった。山谷の仲間にも是非励ましを伝えることを約束したい。郭先生の話しには120点をつけたい──。（拍手）

　皆さん方が新しい日本を造り新しい世界を創る事業の中で、偉大な勝利を収めることを願っている。ここで主催者に食事の問題を解決してくれることを望む。（拍手）

（「第六次訪中学生友好参観団〈第六次斉了会〉記録」より）

周恩来総理との会見録　　　　　　　（関西学生友好訪中参観団40名）
　　　　　　　　　　　　　　　　1971年3月13日午後4時半～10時半
　　　　　　　　　　　　　　　　北京人民大会堂にて

　新華社十三日発、国務院総理周恩来と人民代表大会常務委員会副委員長、中日友好協会名誉会長郭沫若は今日午後、団長明貝昭二と事務局長林直樹の率いる日本関西学生友好訪中参観団の全員と会見し、彼らと談話を交わした。
　なお団員は次の通り、（略）
　会見時には関係方面の責任者呉暁達、徐明、狄文蔚、鄭玉珠、張雨、李権中、邢仁先、丁民、李福徳、許忠敬、林麗と首都大学専門学校の学生代表張玉華、劉雪嬌が同席した。

　　　　　　　　　　　　　　（1971年3月14日付、『人民日報』より）

周総理…　私は1917年に日本へ留学、日大、早大に学び、一年半ほどおりました。そして1919年に五四運動に参加しました。それからヨーロッパに渡り、4年いて、フランスで中国共産党に入党しました。ここにおられる郭沫若先生は、1914年から1922年まで日本で医学を勉強されました。
　　私は日本の新左翼の人に会うのは三度目です。
　　滋賀県の方は居ますか？　私がかつて日本に留学し帰国する途中、琵琶湖で遊んだことがあります。たいへん美しい湖であったことを覚えています。今は公害で汚されているということを耳にしました。実際の所どうですか？

N…　その通りです。沿岸を埋め立て工場が進出したので、特に南部が汚い。漁業もふるいません。今また700もの工場が進出しようとしています。われわれはそれに反対する闘争の準備をしています。

総理…長髪の人が多いですね。日本の左翼の学生は皆そうですか？
　数ヶ月前にあった英国の友人も髪が長かった。西欧から入ってきたものですかね。ひげを生やしている人はすぐ男だと分かりますが、そうでない人は男か女かもよく分からない。（笑）中国の青年は遅れているのかな。

団結こそ力

　中国と日本は歴史的にも非常に親しい間柄であります。ラテンアメリカ諸国のように領海200海里説をとれば、日本と中国の領海はくっついてしまい公海はなくなります。ラテンアメリカ諸国が200海里説を団結して主張していることをご存じですか？　アメリカ帝国主義の漁船がラテンアメリカ近海に漁に来て乱獲をしています。それで自分たちの漁業を守るために、ペルー、エクアドル、コロンビア、チリ、ベネズエラの五カ国が主張しました。この主張がひろまり、ブラジル、アルゼンチン、ウルグアイも主張し、パナマからメキシコに至る中米諸国も加わり、ジャマイカ、ハイチ等の島国も参加しました。内陸国であるボリビア、パラグアイもこれに参加しました。キューバは締め出されてこれに参加していません。ギニアは参加していません。一部に強硬意見がありました。アメリカ帝国主義の漁船が犯してくれば、拿捕し、罰金を科しています。アメリカ帝国主義は困り、アメリカの議会決定で保証金を出す羽目になりました。このことはいったい何を示すのでしょう。団結こそ力であり、帝国主義は張り子の寅にすぎないのです。これは、日本人民も60年安保のときに経験済みでしょう。あのとき、日本人民が団結して闘ったので、アメリカ帝国主義の頭目、アイゼンハワーは来日できなかったではありませんか。

共産党はセクト主義であってはならない

　この闘争で樺美智子さんが犠牲になりました。当時日共は、樺さんを、どのように評価していましたか。どなたかご存じの方は教えてください。

H…僕が答えましょう。「トロッキスト」だと言って排斥しました。
総理…どうしてでしょうか。
H…二つあります。一つは議会主義に陥ったことです。もう一つは「唯我独尊」で、他の党派を認めず、ごりごりのセクト主義になってしまったことです。
総理…そうですね。そのとおりです。
　樺美智子さんは日本の民族的英雄です。なぜなら、彼女の後ろには何百万という決起した人民大衆がついており、その中で英雄的な犠牲となったからです。私たちは当初からこのような立場を明らかにしてきました。しかし、日共宮本修生主義はそれを認めず、彼女をトロッキストだといって非難しました。この非難は当たっていません。もうすぐパリコンミューン百周年記念日です。パリコンミューンは、アナーキスト・ブランキストが指導しました。彼らはパリ占領後、ベルサイユを攻撃しませんでした。だから百日あまりでつぶれました。マルクスは当時ロンドンにいてこの失敗を予測していました。しかし彼はパリコンミューンを熱烈に支持しました。彼は参加者の態度であらゆる援助を惜しみませんでした。いくつかの欠点もありましたが、アナーキスト・ブランキストだからといって支持しないわけにはいかなかったのです。マルクスは、労働者が武力で政権を奪取したことを賛美し、支持しました。そしてこの影響が続くことを予想しました。パリコンミューンは世界最初のプロレタリア政権でした。パリコンミューンの原則は不滅です。この原則は十月革命の勝利・中国革命の勝利へとうけつがれました。毛主席は述べています。《マルクス・レーニン主義の普遍的真理と日本革命の具

体的実践を結びつけること、これを真剣に成し遂げさえすれば日本革命の勝利は全く疑いない》

　社会党の浅沼稲次郎氏の死を賞賛します。社会党の浅沼稲次郎先生は日中友好に尽くされ、中国を三度も訪問されました。その時、次のように述べられました。「アメリカ帝国主義は日中両国人民の共同の敵である」と。この見解は当時正しかっただけでなく現在も全く正しいのです。だから日本のファシストは右翼の青年を使って浅沼先生を殺したのです。浅沼先生はマルクス・レーニン主義者ではありません。しかし反帝闘争の中で犠牲となりました。だから中国は去年の十月に、北京で浅沼先生を記念する集会を開きました。それより少し遅れて浅沼未亡人を中国へお招きしました。トロッキスト・社民云々はこの際余り問題ではないのです。要は反帝・反修の闘争をやるか、やらないかの問題です。ただし、修正主義者は相手にしないのです。かれは昔から、マルクスの頃からそうなのです。皆さんが革命の道を進みさえすれば私たちは支持し、皆さんの来訪を歓迎します。共産党はセクト主義であってはならないのです。

三大差異をなくす

　さて、皆さんは、二十数日間中国を旅行してこられたわけですが、率直な感想はいかがですか？　中国には革命の真理はありましたか、ありませんか？　誰かどうぞ。

Ｗ…中国ではっきり革命の真理を見ました。
総理…どういう点ですか？
Ｗ…三大差異はまだ存在するが、それをなくそうという方向で努力していること。
　《鉄砲から政権が生まれる》という毛主席の教えに従い真剣に戦争に備えていることです。

総理…たしかに三大差異はまだあります。都市と農村の差はかなりあります。

　近郊農村は都市の程度に近いが、山間部はまだまだです。これらをなくしてこそはじめて共産主義が実現できるのです。日本は三大差異はひどいでしょう。とくに、農業切り捨てをやっています。食糧は自給できません。日本の農業はかつて英国の道を歩んでいます。非常に危険です。ソ修は農業問題を解決できません。24回党大会で解決すると言っています。中国では制度を改革したあと、農業を基礎とし工業を導き手としてきました。近郊農村は都市に近づいていますが、郊外の農村は、差が大きいのです。人民公社化で意識は高まりました。しかし、最終的に都市との差をなくすには農業の機械化を実現しなければなりません。今は人民公社化を通じ、人間の積極性に頼っています。物質万能ではダメです。どんなに高い技術でも、人間の要素がすべてを決定すると信じています。

　日本民族は偉大な民族です。昔、「元」はインドシナからモスクワ、朝鮮まで侵略しましたが、日本は二度この侵略を撃退しました。このときは民族的統一が成し遂げられかけました。19世紀、中国より少し遅れて、米、英、オランダ、ロシアが押しかけ、民族統一の機会が出来ました。
　あの明治維新をことごとく反動的なものと決めつける見方がありますが、これは誤っており一面的です。明治維新は二面性を持っています。これは、史的唯物論の見方です。進歩的な一面とは、民族統一と西欧文化を吸収して資本主義を発展させたことです。
　同時期の中国はアヘン戦争以来列強に次々と侵略され、分割されだんだんと半植民地・半封建の社会になっていきました。日本と中国から二人の海軍軍人が英国に留学しました。ひとりは厳復で、ひとりは伊藤博文です。伊藤博文は帰国後、海軍力を増強しました。一方厳復も軍艦を

建造しようとしましたが、西太后はその金をつぎ込んで人民公園（頤和園）を造ってしまいました。この差が日清戦争の結果にあらわれたのです。1894年当時毛主席は2歳、郭先生は3歳、私はそれから4年後に生まれました。

復活した日本軍国主義

総理…『週刊読売』の「ああ満洲」特集を見ましたか？
一同…読んでいません。
総理…日露戦争は、初期の日本帝国主義がロシア帝国主義に勝利した戦争です。

　これは中国の東北地方の奪い合いでした。しかし今日皆さんがごらんになった軍国主義映画「日本海大海戦」は歴史を歪曲しております。さらに許されないことには、日本帝国主義のスパイの口を借りて、偉大な革命の教師レーニンを誹謗・中傷しています。レーニンの革命事業を東郷が支援していたなどという事実無根のでっちあげをしています。ソ修が「東宝」に抗議したというのは聞いたことがありません。私たち中国共産党はレーニンに成り代わって「東宝」に断固抗議したい気持ちでいっぱいです。

　日本帝国主義は1910年に「日韓併合」をやりました。それより前、西郷隆盛は征韓論を唱えましたが、時期が早すぎて下野しました。しかし、この「日韓併合」以後、彼は英雄としてまつりあげられました。たしか、東京に彼の銅像が立っていたように思います。私の記憶が正しければ……。

H…はい、あります。犬を連れたものです。
総理…ああ、それそれ。軍国主義が復活した今、反動派は、東郷・乃木・山本・東条らを英雄にまつりあげようとしているのです。

清朝最後の皇帝、偽満洲国皇帝の溥儀についてお話ししましょう。彼はソ連軍に捕まり、そののち中国で思想改造を受け、1957年に解放されました。政治協商会議の委員となり社会主義建設に尽くしましたが、惜しいことに数年前亡くなりました。彼も傀儡だったのです。溥儀の『私の前半生』という本がありますが、お読みになりましたか？

一同…いいえ、読んでいません。
総理…南郷三郎という日本のブルジョアジーが、解放後中国に来て毛主席にわびたところ、毛主席はこういわれました。「わびる必要はありません。われわれはかえって日本に感謝したいくらいです。日清戦争だけでは十分に中国人民を教育できなかった。抗日戦争で目覚め、解放を勝ち取ったのです」と。

　日本軍国主義の復活については、朝鮮の同志の方が早く指摘していました。昨年4月朝鮮を訪問したとき、金日成同志は多くの事実をあげて説明してくれました。私はそれに賛成し、共同声明に盛り込んだのです。帰国後、日本の友人と会ったときの共同声明にも書き込みました。
　日本軍国主義者は反動的世論工作をしています。例えば、軍国主義映画、『週刊読売』「三島事件」などです。佐藤栄作は盾の会のために「魂」と書いて与えました。東京の真ん中で「天皇」の展覧会をやったりしています。元旦の初詣で、明治神宮には数十万人の参拝客がありました。
　4次防の軍事費は1～3次防の合計より多い。4年ということだが、1～2年で完成するのではないだろうか。軍需工場への切り替えは簡単です。戦艦、飛行機、大砲等の製造はアメリカと結託しています。今、防衛庁などと言っていますが、「国防省」に変えるのはたやすい。アメリカの国防計画は4次防にあわせて72～76年となっています。米日反動の結託は明らかです。軍国主義映画『山本五十六』は次のように教えています。「アメリカにたてつくのは良くない。」

民族独立の任務がある

　最近、日本独立の自立性が強まったことは認めますが、しかしまだ多くの面で米帝に依存しています。資源・市場等はとくに、米帝との間にも矛盾があります。日本の資本主義は奇形的に発展しています。資源は海外に依存しています。鉄鋼、石炭、石油、金属、綿花、食糧は以前は自給していました。アメリカは国内に資源が多い。資源の供給を通じて、日本は、アメリカに依存している。これは民族独立の運動と矛盾しています。日中両国が友好的にやれば互いに援助できます。しかし、佐藤政府はダメです。台湾を認めています。皆さん方には民族の完全独立の任務が控えています。日本人民の立ち上がりに期待します。

革命は自分でやり　自国の人民に頼る

　日中国交回復の暁には、平和五原則に則った条約を結びますが、その場合、日本の革命闘争支援と矛盾しないかというあなた方の質問を国際旅行社の方から聞いていますが、それについてお答えします。この二つは矛盾しないと考えます。革命には二つの面があります。一つは外からの思想的影響で、もう一つは自己の圧迫に反抗することです。後の方が主であり、革命的労働者・農民・知識人が革命を求めているからこそ、革命思想が影響を与えられるのです。それも実践と結びついてこそはじめて生きるのです。
　昔、革命を求めて日本へ留学した青年に二派ありました。一派は改良派——梁啓超、康有為、もう一派は革命派——孫中山などでした。中国人民自身で革命をやったのです。思想は西から来ましたが、毛沢東思想として革命に成功したのです。
　中国共産党は幾度か失敗を犯してきました。第一次国内革命戦争期で、陳独秀が党書記をしていた時、第二次国内革命戦争(土地革命戦争)期の三度にわたる「左」翼日和見主義など。これらの日和見主義に対し

ては、毛主席の指導できたえられ、遵義会議で解決しました。抗日戦争期は王明の右翼日和見主義に毒されました。これは武装力の発展・拡大で問題を解決しようとするものです。抗日戦争勝利後は、アメリカ帝国主義の近代兵器を持ちソ連とも交流のあった500万の国民党軍に100万の人民解放軍が完勝し、解放を勝ち取りました。解放後も党内に誤りが生じ、修正主義の影響を受けました。しかしプロレタリア文化大革命の勝利により、それらは一掃されました。革命は自分自身に頼らねばなりません。

　5年来のプロレタリア文化大革命は毛沢東思想の発展です。多少の混乱はありましたが、なぜプロレタリア文化大革命が勝利できたかというと、まず人民大衆が必勝不敗の毛沢東思想で武装したこと、次には政権を握った上で人民が防衛の武装をしたからです。

　毛主席は十月革命からフルシチョフ・ブレジネフへ至る修正主義化の経験を正反両面から総括して、自らプロレタリア文化大革命を指導しました。大衆が毛沢東思想を身につけ運用するようになると、もう向かうところ敵なしです。幹部も自分の誤りを正せるようになりました。どうしても悔い改めない根からの走資派はごく一部だけでした。すでに12の省で、党代表大会が開かれ、新しい党委員会が選出されますが、党から追い出された幹部は1％にすぎません。ほとんどは正しいか、改造しうる幹部だったわけです。かといってメンバーはほとんどが元のままかというと、そうではありません。新しい血液、青年も注入しました。中国では35歳以下を青年と呼んでいます。しかし青年だけではダメです。彼らは生気はつらつとしていますが、経験はあまりありません。指導機関にはやはり老年・中年・青年の三結合が必要であります。

　解放時、700万国民党軍の大部分は捕虜にして家に帰し、幹部は監獄に入れて改造しました。蒋介石一味が台湾へ連れて行ったのは100万ほどでした。農村は土地改革をし地主・富農から土地を奪い、地主・富農

に貸しました。シベリア追放というソ連の方法は採りませんでした。中国では地主・富農は農村人口の7％を占めておりました。解放時の農村人口は4億人ですから、全国で、2800万人の地主・富農がいました。これだけの者を追い出すわけにいきません。彼らにも土地を分けて労働させました。中国の各農村に分散させました。特に若い人はよく改造されました。だから農村はわりに安定しました。プロレタリア文化大革命の最中も安定し、毎年増産を続けました。

しかし、都市は複雑でした。資本家・小商人・職人・プチブル・技師・教師もいます。国民党の残りかすも居ました。その中の反動分子が攪乱工作をやりました。表面は革命を装ってました。いったいどうしたらいいでしょうか。私たちは乱れるだけ乱れさせました。そして解放軍に頼りました。解放軍は革命的伝統を持っており、井崗山の闘争からずっと人民を保護し続けてきました。解放軍は大衆の中に入っていき、セクト主義になり対立している大衆をだんだん団結させていきました。解放軍が大衆の中に入っていくとき五つのしてはならないことがあります。

　　①腹を立ててはならない
　　②ののしらない
　　③なぐらない
　　④発砲しない
　　⑤武器を持たない

こうしておおいに大衆を起ち上がらせ、一握りの走資派を孤立させました。

私たちは20年前、国民党の残した人を受け入れました。資本家とは公私合営企業という形で、レーニンの買い戻し政策を実施しました。レーニン自身は実現できなかったものです。彼らの資本は24億元、毎年5％の利子を十年間払いました。プロレタリア文化大革命以降払っていません。資本家の中に事件を起こしたものも居ました。国民党の特務

やスパイや蒋介石軍の大佐や少将で労働者になっていたものもおりましたが、見抜けませんでした。彼らが数年間動きまわり、騒ぎを大きくしていく中で、暴露されました。しかしまだすっかりきれいになったわけではありません。

　私はこのひとつの道理を言いたかったのです。「革命は自分でやらなければならない。革命は自国の人民に頼らねばならない」。
　思想には国境がありません。マルクス主義・レーニン主義・毛沢東思想は一様に各国に伝えられます。また革命は自国の人民に頼るのです。
　中日国交回復の暁には平和共存をやります。両国の間の往来は盛んになり、思想はどんどん交流するでしょう。中国が思想的にしっかりしておりさえすれば、反動的な映画もどんどん受け入れて、批判して利用していきます。立派な反面教師になります。また中国から日本へどんどんと先進的な思想が入っていきます。マルクス・レーニン主義、毛沢東思想が入っていきます。革命人民がそれを求めさえすれば——。そうなれば、日本の革命人民にとって利益でしょう。

入管体制について

総理…私ばかりしゃべりすぎました。皆さんも何か言ってください。
W…総理は日本の出入国管理体制についてどうお考えですか？
総理…先日も日本の新左翼の方からお聞きしましたが、まだよく分かりません。あなたの方から教えてください。
W…反動派が侵略戦争をはじめようとするとき、自分たちだけでは出来ませんから、大衆をだまして侵略に駆り立てるのですが、そのために世論工作を行います。世論工作は二通りあって狭い意味での世論工作と広い意味での世論工作があります。狭い方はさきほど周総理が話されたような、映画・マスコミ・教科書・三島事件等です。広い意味での世論工作の一つに入管体制があります。こ

の入管体制は直接的には日本にいる外国人、とくに朝鮮人民、中国人民を弾圧するものですが、同時に日本人民をも抑圧しています。さらに日本人民に差別感情を植え付け、日本人民、中国人民、朝鮮人民が互いに団結するのを妨げています。

　在日中国人、朝鮮人にはブルジョア人権さえありません。特にアメリカ帝国主義と日本帝国主義に反対する正義の政治活動をするとひどい弾圧を受けます。悪くすると強制収容や強制送還が待っています。強制送還される先はといえば、朴一味の南朝鮮と蒋一味の占領する台湾です。私たちと、在日中国人、朝鮮人は異なった立場に立つわけですから、私たちの方から安易な連帯は求められません。

総理…違う法律の下では違う活動が好ましい。少数の人が正面切ってやるのも良い面ではあるが、やはり深く入ってやることが必要です。

H…現在、日本にいる朝鮮人、中国人は何も好きこのんで日本に来たわけでなく、そのほとんどが日本帝国主義の侵略によって生活手段を奪われ、しかたなく流れてきたか、安い労働力として強制連行されて来た人たちとその子孫です。強制連行されてきた人々は日本人のいやがる仕事、つらい仕事をやらされ、多くの人が傷つき、飢え、死んでいきました。日本政府はそれらの人々に対して詫びて償いをしなければなりませんが、詫びるどころか、「入管令」でかんじがらめにしばっています。

M…都合の良い時だけ「日本人」としてつれてきて、こき使い、敗戦後元の国籍に戻し、もう日本人でないから、日本で生活する権利もないと言い出したわけです。入管当局のある役人は「外国人は煮て食おうと焼いて食おうと自由」とまで言いました。

総理…（在日朝鮮人・留日華僑）どういう職業についていますか？

M…下層労働者、零細企業主、これはプチブルというより、前途のない労働者生活に見切りを付けた人たちで、むしろ労働者以上にしぼりとられているともいえるでしょう。それに水商売などですね

……。

総理…留日華僑の中で中国に帰りたがっている人がいますか？

A… はい、います。（略）

H… 帰りたいと言っても家族の中で一致しない場合があり、それが問題です。（略）

M… また、別の問題もあるわけです。在日華僑の人が日本人と結婚して子供が居るという例も多いのですし、非常に微々たるものであるにしろ、生活基準は日本にあるわけでして、祖国に帰りたくてもそこまで踏み切れない人が実際多いのです。そこで華僑は、祖国往来の自由、国籍選択の自由、日本での在住権を求めて闘っています。

H… 先月18日、日本を離れる前日ですが、ある台湾出身の華僑青年と話をしました。彼は、「たとえ三ヶ月でも中国に滞在し、ひとめ解放された祖国を見たい」と言っていました。そして最後に、「日中国交回復ができたらなあ」ともらしていました。（略）

総理…こういう問題に思いをはせてもらって感謝します。（略）

H… 周総理の深い思いやりを華僑の人々に伝えたら、たいへんよろこぶでしょう。

総理…ありがとう。

　　　日本は物価が高いんでしょう。アルバイトをしている人がほとんどだそうですね。食費は1ヶ月いくらぐらいかかりますか？

M… 1万4〜5千円です。下宿や寮の場合です。

W… 1万2〜3千円です。自宅通学です。

F… 2万円かかります。

総理…2万円も！　いったいどんなものを食べているのですか？　ホテルの食事と比べてどうですか？

F… ずっと落ちます。

総理…皆さんは夕食をもう食べましたか？

一同…まだです。

総理…あっ、まだですか。私は昼食も食べていません。よかったらあとで一緒に食べませんか。女の人は何人いますか？　立ってみてください。（4人立つ）

総理…あっ、4名ですか、さっきからひょっとしたらそうじゃないかと思っていたのですが。最初は3名しかいないと思いこんでいました。（笑い）

スターリンの功績は多く、失敗は少ない

T…周総理におたずねしたいのですが、ソ連はいつから修正主義化したかということに関連して、スターリンの評価についてお聞きしたいと思います。

総理…私たちの見解は、「プロレタリア独裁の歴史的教訓について」という文章の中で明らかにしています。

　スターリンの功績は多く、失敗は少ないと思います。われわれは史的唯物論に立ってものごとを見なければなりません。現在からものごとを見てはいけません。

　レーニンの死後、ソ連は困難な時期にあったのです。当時、一般に右翼思想、たとえばブハーリンなどが強く、またトロツキーは「形は左、実際は右」の「左」翼日和見主義の立場に立っていました。彼は一国内で社会主義が建設できることを信じず、ソビエトを重視しませんでした。彼は労働者のみに頼ろうとし、農民を信じなかったのです。しかし実際のロシアは非常に農民が多かったのです。

　あのとき、スターリンがこういった誤った傾向と闘わなかったら、たいへんなことになっていたでしょう。スターリンは新経済政策を堅持し、農業協同化を推進し、計画経済を実行しました。党内を固め、困難を切り抜け、国家を維持しました。スターリンは当時すでに「農業を基礎とし、工業を導き手とする」という方針を打ち出していました。今の

中国のようにすっきりした形ではありませんが。

　スターリンは外国の資本を大胆に導入しました。ソ連の技術水準が低かったからです。しかし、外国資本の攪乱工作を発見するやいなや、それと手を切りました。

　スターリンは早くから独ソ戦を準備していた。イギリスはミュンヘン会談で、ドイツファシストにチェコを売り渡した。フランスは早くも降参してしまった。スターリンは戦争を遅らせようとしましたが、できませんでした。これはイギリス・フランスのせいです。ファシズム戦争を大きく変えたのはスターリンです。1941年から44年まで、つまりノルマンディー作戦まで、ソ連はほとんど独力で戦いました。あの戦争を導き得たのはスターリンだけです。

　ソ連の赤軍が大きな責任を果たしました。国内の社会主義建設農業共同化という第一段階で、ソ連が社会主義を実現していなかったら、ドイツファシストにモスクワを奪われていたでしょう。

　あのとき、もしソ連が負けていたなら、第二次世界大戦はどうころんでいたかわかりません。中国革命も遅れていたでしょう。そうなったら誰が喜ぶでしょうか？　ヒトラー・ムッソリーニ・東条英機が大いに喜びます。だからスターリンの功績は偉大です。ソ連を20年間指導しました。この間の功績は抹殺できるものではありません。ロシアに対してはもちろん、世界に対してもです。

　スターリンにはいくつかの誤りがありました。ですからレーニンには及びません。もしそうでなければ、死後すぐフルシチョフが飛び出してくるようなことはなかったでしょう。　スターリンは哲学思想の面で誤りがありました。ときとして事物を絶対化してみることがあったのです。レーニンほどには唯物弁証法に通じていませんでした。毛沢東同志の『矛盾論』はこの問題を発展させ、解決しているものです。社会主義社会にも矛盾と階級闘争は存在し、共産主義社会にも矛盾はあります。どの階級でも常に右派、中間派、左派が生まれるのです。矛盾こそ社会の発展の原動力です。スターリンも初期にはこれを認めていたのです

が、五カ年計画を二度やって頭がのぼせてしまったのです。スターリン憲法を出して、矛盾と階級闘争は消滅したと決めつけてしまいました。そして理想を絶対化したため、その後のソ連の哲学に悪い影響を与えました。

スターリンのやった反革命粛清は正しかったのです。しかし拡大しすぎました。偉大な指導者毛主席は教えています。「粛清をやる際には、拡大はするな。主だったものとそうでないものを区別せよ。われわれは人を殺して支配するのではなく、反革命分子に対して独裁をやるが、活路を見いだしてやる」。実際、私たちは地主には若干の土地を6年間与え、ブルジョアには公私合営企業を10年やって、子弟が職に就けるようにしました。

スターリンは粛清の規模を拡大しました。処刑・逮捕が多すぎました。だから毛主席はこの経験をくんで「殺しすぎてはいけない」と教えました。この面での誤りが幹部に影響を与えました。

また、スターリンはブルジョア生産管理を取り入れました。工場責任性、物質刺激、利潤論等です。これによって指導層に特権が生まれ、修正主義化の温床となりました。

『ソ連の社会主義経済問題』(スターリン)をみても晩年、根本的過ちを正していません。だから没後間もなく、フルシチョフのような人物がとびだして来たのです。彼は宮廷クーデターのやり方で政権を奪取しました。彼も結局、ブレジネフに同じやり方で政権を奪われたわけです。

I…スターリン憲法をどう見ておられますか？
総理…優れた面は、祖国防衛、前進した憲法ということです。

欠点について言いますと、過去のものを残しすぎています。また将来の見通しが甘く、社会主義社会で階級闘争を見落としています。さらに、プロレタリア独裁憲法はブルジョア独裁憲法と違うべきであるのに、ブルジョア憲法に譲りすぎた。たとえば、三権分立をうたっており

ますが、こんなものはブルジョア独裁でもプロレタリア独裁でもあり得ないのです。ひとつの権力しかあり得ません。先日もケネディーが暗殺される映画を観ました。ケネディーはジョンソンの手先によって殺されたのです。しかし犯人はうやむやのうちに分からなくなってしまいました。司法と行政は分離しているはずですが、実際はこのとおり同じ権力に属するのです。しかし、この点がなければ、ソ連は世界中の反対を受けたでしょう。当時社会主義は一国しかなかったのですから。

1954年に中国の憲法ができました。これは思想的な階級闘争を重視していますが、一部にスターリン憲法の形式も取り入れました。私たちはこれが過渡的憲法であることを認め、その中で過去を総括し、将来を見つめています。

現在、新しい憲法を起草しています。もっと実事求是の精神でやっています。この憲法が発表されるや、ブルジョア国家から一斉に反対されるでしょう。日本の新聞には、もうわれわれの憲法草案が載ったそうですね。耳が早いな。中国は二度目の人工衛星を打ち上げました。私たちはまだ発表していないのに、日本の新聞はもうかぎつけて記事にしています。

社会主義社会における個性とは

S… 社会主義社会における個別性(個性)と共通性の問題について、どのようにお考えですか?

総理…共通性があるから個別性があります。個性があるから共通性も存在できるのです。これは対立面の統一です。私たちの共通性・個別性はあくまで社会主義のそれです。百家争鳴、百花斉放でなければなりません。

世界的にみて、まだ資本主義や修正主義の国が多いですから、修正主義の攪乱の危険は非常に多いのです。また私にしても弁髪をゆい、孔子

を習い、日本のもの、西洋のものを学んできました。封建教育やブルジョア教育が私の身体の中に染みついてしまっています。また革命後21年しかたたず、個性というものをブルジョア自由主義と考えがちです。ブルジョア退廃主義——現象的抽象画、身体をくねらすダンス、もろもろの堕落した文化——に反対します。

社会主義集団教育の中で個性を伸ばしていきます。現在具体的にうまく示せませんが、社会が発展し、共産主義社会になれば、もっともっとのびのびとした天地が広がると思います。共産主義社会では生活の心配はありませんから、人間は自然に向かってよりひろびろと活動できます。自然に対する闘争ではなく自分の頭の中の闘争が主要なものになります。

しかし、現社会では一日何時間か、生活のためにエネルギーを費やします。個人の才能を伸ばすにも限度があります。皆さん方が中国に来るに当たっては、アルバイトをやったり、借金をされたそうですね。帰国されてからもそういうことで縛られるだろうということを考えると心配です。私も若い頃経験がありますので、その気持ちはよく分かります。今の中国の若い人たちに話してもなかなか分かってもらえないでしょうね。借金して何かやるということは……。

自然界にしてもまだまだ未知数だらけです。たとえば、医学について言うと、人間の身体の仕組みもよく分からないところが多い。人間の身体は複雑で大きな工場のようなものです。治せない病気もまだまだ多いのです。

人工衛星を打ち上げるに当たっても、宇宙は分からないことだらけです。この地球について分かっているのは皮にあたる部分だけです。これらには無限の発展の可能性があります。今のところ、ユートピアとしてしか頭に浮かびませんが、このことだけは言えます。「歴史の発展法則を認識すれば主動性をつかめる。必然の王国から自由の王国へ」

個性と普遍性は対立面の統一です。どうですか？　おわかりいただけましたか？

S…はい、だんだんはっきりしてきました。これからも自分なりに考えていきたいと思います。

国連を中小国の闘争の場に

F…中国の国連に対する見方と、中国の国連に対する姿勢をお聞かせください。
総理…今後の国連には二つの可能性があります。一つは米ソの世界支配の道具であり、もう一つは中小国の闘争の場です。

　前の可能性について言いますと、米ソ二大国は、国連をうっちゃって国連の外側で話し合いをやり、もう国連には興味が無くなっているようです。25周年記念集会で、ウ・タントはお祭り騒ぎをしようとしましたが、主観的願望通り行かず、多くの国の元首は会場へ顔を見せませんでした。佐藤は米帝とソ修の消息に通じていませんでした。グロムイコの後に演説を申し入れたのです。グロムイコは演説後、アメ帝の頭目たちと話し合うことになっていたのです。佐藤はそれを知らなかったわけです。佐藤登壇後、拍手するものもなく、演説のスピードもあがったという話しです。佐藤は彼らの目下です。同僚ならば消息情報を教えていたはずですが、情報が入らなかったのですね。こういうやり方でいけば、国連は破綻するしかありません。かつての国際連合〔ママ〕の道をたどるしかないでしょう。中国がそのようなところに入ると、アメ帝は中国を「五つ目の超大国」と呼ぶでしょう。しかし中国はそうは呼ばれたくありません。絶対超大国にはなりたくありません。超大国とはすなわち強権政治のことですから……。

　後の可能性について言いますと、中小国家が日増しに増え、勢力も増し、目覚めつつあり、超大国のいいなりにならなくなっています。十二海里説に制約されずに、ラテンアメリカ人民は二百海里説を主張しています。国連の情勢を変えつつあります。どの国でも平等に、そうなれば

中国の国連加入は有益です。中国は中小国家と肩を並べ、中小国家側に立って闘います。超大国の言うことは聞く必要はありません。超大国の人口をプラスしてもせいぜい5億です。世界を代表できるはずがありません。しかも、その国の人民をも正当に代表しているとは言えないのです。国連の方向を変えなければならないと思います。私の見解では世界の国が同じ立場に立ってやれば超大国の勢力は弱くなります。

F…　それでは中国が国連に復帰すれば、常任理事国には入らないのですか？
総理…「アルバニア案」というのは、現在の国連を規約通りに戻そうという提案なのです。

　中国は国連の常任理事国ということになっています。だから元のあるべき姿に戻そうと言うことなのです。日本の提案（注──重要事項指定方式）そのものが規約違反です。中国は革命を経て政権が交代したのです。エジプトが共和制になったとき、アラブ連合を結成しましたが、問題は起こらず、また分離するときも問題は起こりませんでした。

インドネシア共産党の失敗

M…　インドネシア共産党の失敗（9.30クーデター）をどう総括しておられますか？
総理…北京にもインドネシア共産党の代表がいますが、国内とは連絡すら取れません。だから私も詳しいことは知りません。知っている範囲でお答えします。

　戦後、イタリア・フランスの共産党と似た誤りを犯しています。インドネシア共産党とスカルノは統一戦線の関係にありました。弾圧は何も9.30にはじまったものでなく、1948年、モリフェン弾圧事件というの

がありました。党の指導者が内閣の首班にまでなったのですが、反動派に弾圧されてしまいました。その原因は、あまりにスカルノを頼りすぎていたことです。人民大衆に依拠しなかったのです。第二次大戦前後の王朝の誤り——「すべては統一戦線に従う」と同じ過ちを犯したわけです。統一戦線にすべてを任せ、党の独自性を失いました。クーデターによりもろく失敗したわけです。スカルノも事前に知っていたようですが、なすすべもなかったらしく、彼自身失脚してしまいました。

都市と農村の差をどのようにして解消していくか

K…ぼくの見てきた限りではまだ都市と農村の差異はかなりあると感じましたが、将来どのようにして解消していかれるのですか？
総理…ご指摘の通り、まだ差があります。

　その差をなくすために二つの方法をとっています。一つ目はこうです。工業の集中している都市にこれ以上工業を発展させる必要はありません。農村地帯において開発します。もっと合理的な工業配置にしていきます。奥地にも交通機関を利用して広げていけます。今よりもずっと分散させるわけです。
　二つ目は、工業は中小規模を主とするということです。その方が建設の期間が短く、生産・運転の面でも有利だからです。分散と中小工業を重視することによって、労働者は農村から来るようになり、これ以上都市人口は増えません。

　教育についても同じような事が言えます。以前はソ連式でした。主に都市から大学生を集め、卒業後、国家が分配するわけですが、主として都市に集中しました。また給料も高かったわけです。たとえ農村出身の学生がいても、都市に居残ってしまいがちでした。
　66年から70年の5年間、大学は学生を募集しませんでした。毛主席

の決定は正しかったのです。プロレタリア文化大革命以前、400 も大学があり、毎年 20 万人も卒業していました。これは多すぎます。

　解放後、大学卒だけで 300 万人、専門学校、高校は 1000 万人以上です。インテリはこんなにたくさん要りません。今はもっと整理しています。文革の過程で 500 人ものインテリが農村へ入っていきました。

　バースコントロールも必要です。計画出産は良いことです。皆さんの中には既婚者はいますか？

M…（随員のK氏の方をみて、未婚・既婚を確かめたうえ）一人もいません。
総理…そうですか。それはいいですね。晩婚は良いことです。この質問は大変良い質問です。また重要な問題でもあります。もしこの問題に答えられなかったら、私は今度開かれる人民代表大会でクビになってしまうでしょう。また党もこの重要な問題を処理できない私なんか必要とはしないでしょう。
　──皆さん、食事に行きましょう。

(完)

　このあと私たちの宿舎である新僑飯店で夕食を共にしました。お帰りになったのは 12 時半でしたから、延々 8 時間もつきあってくださったわけです。食事の時、「調子に乗ってこんなに遅くまでつきあわせてしまって、貴重な時間をお取りしたようで申し訳ない。お仕事に支障をきたしませんか」と言ったところ、「いやいや、外国のお客さんを接待するのも私の仕事ですよ」という答えでした。忙しい中を、名もない学生参観団のために時間を割いてくださる。まったく感激しました。こんなところにも中国の姿勢の一端が表れているように思います。(『斉了！ちいら！』──編集者記)

（「関西学生友好訪中参観団・関西斉了会記録」より）

周恩来（1898 〜 1976、江蘇省淮安市出身）
　　中国共産党委員会中央委員・中央政治局委員・中央政治局常務委員会委員・中央委員会副主席・中華人民共和国国務院総理・中国人民政治協商会議全国委員会主席
　　1917 年、日本留学。20 年、渡仏。
　　初代中華人民共和国国務院総理（1949 年 10 月 1 日 － 1976 年 1 月 8 日）
　　初代中華人民共和国外交部長（1949 年 － 1958 年）
　　第 2 代中国人民政治協商会議主席（1954 年 12 月 － 1976 年 1 月 8 日）

　随員を務めた影山氏によれば、周恩来総理との会見を希望していましたが、実現するかどうか直前まで分かりませんでした。会見当日、午前は中日友好協会に張香山氏を訪ねた後、ホテルに戻り待機していました。午後3時を回った頃、中国国際旅行社の随行員から「人民大会堂に行きます」と言われ、到着すると、周総理に会えることが判り、興奮の渦に包まれたそうです。
　通常、会見の内容は録音・メモはとれませんが、若いというか、学生たちの熱心さで、影山氏ともう一人で、必死に会談メモをとったそうです。話の途中に通訳が入るので、比較的時間の余裕があり、メモは取りやすかったといいます。会談終了後、二人でメモをつきあわせ確認しましたが、「本当はメモをまとめた時点で、周総理にこれで正しいかどうか確認の必要があったのだが…、住所も電話も分からないし…」。
　上記、会談内容は訪中団の人たちがまとめたものです。

資料集

日本と中国の往来

年度	日本から中国へ 団体数	人数	中国から日本へ 団体数	人数	
1949	1	6	0	0	
50	0	0	0	0	日中友好協会成立
51	5	9	0	0	
52	11	50	0	0	
53	16	139	0	0	
54	21	192	1	10	
55	52	847	4	100	A・Aバンドン会議（周恩来・高碕会談）
56	108	1,182	7	142	
57	133	1,243	16	140	
58	不明	594	5	93	長崎中国国旗侮辱事件
59	20	191	0	0	
60	42	629	1	13	
61	30	557	12	85	
62	32	619	10	78	LT貿易発足
63	79	1,752	23	280	
64		1,844		489	中国専業旅行社3社創立 海外旅行自由化
65		3,806		397	
66		2,869		503	プロレタリア文化大革命
67		1,526		150	
68		1,170		11	
69		661		16	

70	1,447		139	
71	5,176		283	
72	8,052		994	日中国交正常化
73	10,238		1,991	
74	12,990		3,161	日中航空協定調印、発効
75	16,655		4,441	
76	18,825		4,018	
77	23,446		4,039	
78	40,571		5,951	日中平和友好条約締結
79	50,074		11,622	パッケージ旅行解禁

資料… 1. 『新中国年鑑』（極東書店）1964 年版
　　　2. 法務省資料に基づく国土交通省の集計「数字が語る旅行業」（JATA）

邦人の海外渡航

　終戦による連合国軍の進駐期間中の邦人の海外渡航もすべてGHQの支配下におかれたが、当時の国内事情を反映し海外渡航者は昭和二十一年八人その翌年は十二人という有様であったがその後昭和二十五年三、二九一人、同二十六年八、七三七人と漸増した。昭和二十七年サン・フランシスコ平和条約成立とともに海外渡航邦人も逐年目覚しい増加のすう勢を示している。これを計数について見れば別表のとおり昭和二十七年度の一三、六一四人以後年ごとに30％以上の増加率をもつて進み、昨三十一年度は三四、七七九人に達し、本年度は四万数千人を上回る見込みである。最近数年間における渡航者の目的別内訳は永住者がトップに立ち、以下商用、文化関係、公務出張等がこれについでいる。

　　　　　　　　　　　（外務省『外交青書』「昭和 32 年版わが外交の近況」）

昭和27年（1952）以降旅券発給状況

年別	本省発行旅券									在外公館発行旅券	総計
	公用旅券		一般旅券								
			ギャランティー				特別	一般	支店	役務		
	外交	公用	文化	商用	永住	その他	外貨	外貨	設置	契約		
1952年	489	669	1378	1180	5346	369	1538	1660		812	2239	15,680
1953年	562	1070	1557	1239	6031	1091	2088	2246	31	1486	1593	18,994
1954年	637	1708	1271	903	7607	1273	2499	1226	559	1764	1218	20,665
1955年	668	1972	2429	1145	9769	858	3448	1196	680	2368	1586	26,119
1956年	759	1938	2730	1595	14051	1471	5683	1903	996	2567	1245	34,938
1957年	845	2064	4024	1237	13136	2861	6869	2023	1168	2490	2853	39,570
1958年	991	1837	3597	1251	12876	2881	6569	2510	1378	2756	1650	38,296
1959年	1109	2010	3709	1793	12406	3333	9298	4017	1640	3184	1157	43,656

（外務省『外交青書』「昭和35年版わが外交の近況」）

広州交易会参加状況及び輸出成約額　金額単位：億ドル

回数	年度	世界からの参加人数	日本からの参加人数(人)	交易会輸出額	年間合計	対外貿易輸出総額	対外貿易輸出額比(%)
第1回	1957年春	1,200人					
第11回	1962年春	2,500	110	1.17			
第12回	1962年秋	2,600	160	1.45	2.62	14.9	17.58
第13回	1963年春	2,800	182	1.49			
第14回	1963年秋	3,300	228	2.09	3.58	16.5	21.30
第15回	1964年春	3,700	296	2.42			
第16回	1964年秋	4,400	433	2.80	5.22	19.2	27.19
第17回	1965年春	5,000	470	3.25			
第18回	1965年秋	5,600	602	4.32	7.57	22.3	33.95

第19回	1966年春	6,000	688	3.60			
第20回	1966年秋	7,000	750	4.81	8.41	23.7	35.49
第21回	1967年春	7,800	850	4.18			
第22回	1967年秋	8,700	930	4.06	8.24	21.4	38.50
第23回	1968年春	8,000	900	3.96			
第24回	1968年秋	8,500	911	4.80	8.76	21.0	41.71
第25回	1969年春	7,000	700	3.35			
第26回	1969年秋	8,500	900	4.28	7.63	22.0	34.68
第27回	1970年春	10,000	1,050	4.03			
第28回	1970年秋	10,000	1,150	5.09	9.12	22.6	40.35
第29回	1971年春	16,000	1,450	5.05			
第30回	1971年秋	20,000	2,300	6.95	12.00	26.4	45.45
第31回	1972年春	21,000	2,200	7.93			
第32回	1972年秋	23,000	2,650	10.79	18.72	34.4	54.42
第33回	1973年春	26,000	2,750	13.81			
第34回	1973年秋	25,000	2,400	15.87	29.68	58.2	51.00
第35回	1974年春	25,000	2,450	10.97			
第36回	1974年秋	25,000	2,500	12.67	23.64	69.5	34.01
第37回	1975年春	25,000	2,600	12.47			
第38回	1975年秋	24,000	2,700	14.20	26.67	72.6	36.73
第39回	1976年春	25,000	2,900	13.33			
第40回	1976年秋	25,000	2,650	15.89	29.22	68.6	42.59
第41回	1977年春	26,000	2,500	15.47			
第42回	1977年秋	30,000	2,800	16.82	32.29	75.9	42.54
第43回	1978年春	38,000	3,000	18.83			
第44回	1978年秋	39,000	3,400	24.48	43.31	97.5	44.42
第45回	1979年春	25,000	3,900	24.32			

(『国際貿易』1986年9月23・30日合併号)

資料1

◎旅券法（抜粋）　法律第二百六十七号　［昭二六（1951）・一一・二八］

　（目的）
第一条　この法律は、旅券の発給、効力その他旅券に関し必要な事項を定めることを目的とする。

　（定義）
第二条　この法律において、左の各号に掲げる用語の意義は、それぞれ当該各号に定めるところによる。

一　公用旅券　国の用務のため外国に渡航する者及びその者が渡航の際同伴し、又は渡航後その所在地に呼び寄せる配偶者、子又は使用人に対して発給される旅券をいう。

二　一般旅券　公用旅券以外の旅券をいう。

三　各省各庁の長　本邦から公用旅券によつて外国に渡航する者(その者が同伴され、又は呼び寄せられる配偶者、子又は使用人である場合には、その者を同伴し、又は呼び寄せる者)が所属する各省各庁(衆議院、参議院、裁判所、会計検査院並びに内閣、総理府、法務府、各省及び経済安定本部をいう。以下同じ。)の長たる衆議院議長、参議院議長、最高裁判所長官、会計検査院長並びに内閣総理大臣、法務総裁、各省大臣及び経済安定本部総裁をいう。但し、その者が各省各庁のいずれにも所属しない場合には、外務大臣とする。

四　都道府県　本邦から一般旅券によつて外国に渡航する者の本籍地又は住所若しくは居所の所在地を管轄する都道府県をいう。

五　都道府県知事　前号に定める都道府県の知事をいう。

六　交付官庁　一般旅券の交付、書換交付又は再交付をした都道府県知事をいう。

（一般旅券の発給の申請）
第三条　一般旅券の発給を受けようとする者(その者が同伴する十五才未満の子を含む。)は、左の各号に掲げる書類及び写真を、国内においては都道府県に出頭の上都道府県知事を経由して外務大臣に、国外においてはもよりの領事館(領事館が設置されていない場合には、大使館又は公使館。以下同じ。)に出頭の上領事官（領事館の長をいう。以下同じ。)に提出して、一般旅券の発給を申請しなければならない。但し、国内において申請する場合において、急を要し、且つ、都道府県知事又は外務大臣がその必要を認めるときは、直接外務省に出頭の上外務大臣に提出することができる。

一　一般旅券発給申請書一通
二　身元申告書二通
三　戸籍謄本又は戸籍抄本（提出の日前六月以内に作成されたものとする。）一通
四　申請者の写真（提出の日前六月以内に撮影された五センチメートル平方形又は名刺形の無帽、且つ、正面上半身のもので裏面に氏名を記入したものとする。）二葉
五　健康診断書一通
六　渡航費用の支払能力を立証する書類一通
七　領事官が発給した呼寄、再渡航等に関する証明書又は渡航先の官憲が発給した入国に関する許可証、証明書、通知書等を申請書に添付することを必要とされる者にあっては、その書類
八　前各号に掲げるものを除く外、渡航先及び渡航目的によつて特

に必要とされる書類
　九　その他参考となる書類を有する者にあっては、その書類

2　前項第二号、第三号、第五号及び第六号に掲げる書類は、外務大臣が特に指定する場合に該当する場合において、国内においては都道府県知事（直接外務大臣に提出する場合には、外務大臣）が、国外においては領事官が、第二号及び第三号に掲げる書類についてはその者の身分上の事実、第五号に掲げる書類についてはその者の健康状態が良好であること、第六号に掲げる書類についてはその者が渡航費用の支払能力を有する事実がそれぞれ明らかであると認めるときは、提出することを要しない。

　（旅券の効力）
第十八条　旅券は、左の各号の一に該当する場合には、その効力を失う。

　一　旅券の名義人がその発行の日から六月以内に本邦を出国しない場合には、その六月を　経過したとき。
　二　旅券の名義人（数次往復用の旅券の名義人を除く。）が本邦に帰国したとき。
　三　数次往復用の旅券の名義人が、その発行の日から二年を経過した日において、国内にある場合にはその二年を経過したとき、国外にある場合にはその後初めて帰国したとき。

　（手数料）
第二十条　国内において一般旅券の発給、渡航先の追加、書換発給又は再発給を受けようとする者は、当該一般旅券の交付、渡航先の追加、書換交付又は再交付を受ける際、左の区分に従い国に手数料を納付しなければならない。

一　一般旅券の発給を受けようとする者　　　　　千五百円
二　数次往復用の一般旅券の発給を受けようとする者　三千円
三　一般旅券の渡航先の追加を受けようとする者　　　五百円
四　一般旅券の書換発給を受けようとする者　　　　　五百円
五　一般旅券の再発給を受けようとする者　　　　　　千円
六　数次往復用の一般旅券の再発給を受けようとする者　二千円

2　前項の手数料は、旅券受領証に収入印紙をはつて納付するものとする。
3　国外における一般旅券の手数料に関しては、政令で定める。
4　書換発給を必要とする原因が関係官庁の過失に因つて生じた場合には、前三項の規定にかかわらず、手数料を納付することを要しない。
5　永住を目的とする外国への渡航その他特別の事由がある場合には、政令で定めるところにより、第一項の手数料を減額することができる。

（査証）
第二十一条　旅券の査証を必要とする国へ渡航しようとする者は、当該国の官憲から必要な査証を受けなければならない。

資料2

データベース『世界と日本』
日本政治・国際関係データベース
東京大学東洋文化研究所　田中明彦研究室
［文書名］　第1次日中民間貿易協定

［場所］
［年月日］　1952年6月1日
［出典］　日本外交主要文書・年表 (1)，518－519頁．日中関係基本資
　　　　料集，43－4頁．
［備考］
［全文］
　中国国際貿易促進委員会主席　南漢宸 (これを甲と称する) と，国際経済会議日本代表　高良とみ，日本中日貿易促進会代表　帆足計，中日貿易促進議員連盟理事長　宮腰喜助 (これを乙と称する) は，中日人民間の貿易を促進するために，双方で協議したのち，平等互恵の原則の上に下記のごとく協定する。〈中略〉

　　国際経済会議日本代表　　　　高良　　とみ
　　中日貿易促進会代表　　　　　帆足　　　計
　　中日貿易促進議員連盟理事長　宮腰　　喜助
　　中国国際貿易促進委員会主席　南　漢　宸

資料3

第061回国会　外務委員会　第22号
昭和四十四（1969）年七月二十四日（木曜日）
○旅券法の一部を改正する法律案（内閣提出、衆議院送付）

参考人：日本交通公社常務取締役　兼松学

○参考人（兼松学君）　私、兼松学でございます。
　御指名によりまして、実務的な見地から今回の旅券法の改正案につきまして簡単に意見を申し述べたいと存じます。
　私は日本国際旅行業者協会の役員といたしまして、また、現実に交通公社の役員といたしまして、日常海外旅行に対するあっせん業務をいたしておるものでございますが、その見地から今回の旅券法の改正の御趣旨を拝見いたしますと、多くの点において旅行者に便宜を与えられるようになったと考えております。
　御高承のように、昨年は三十三万人の日本人が海外に渡航いたしましたが、このうちで数次往復の旅券を持った者はきわめて限られておりますので、九割以上の三十二万余人が一般旅券の発給を受けたことになるわけでございます。
　現在、海外旅行が自由化されたと申しましても、ただいまのところ、海外渡航の手続はかなり複雑でございまして、まず第一に、御承知のとおりに、外貨の申請をいたしまして許可を受けなければならない。このような書式を出さなければならないわけでございます。そして、その外貨の許可も、今日では七百ドルまでは簡単でございますけれども、それをこえますと、かなりまた手数と日数を要しますが、その上で、ここにございますように申請書に戸籍謄本または抄本と写真を貼付いたしまして都府県庁にお届けすることになるのでありまして、この書式には、皆さん御案内のように、こまかく国名別にすべてしるしをつけて提出を

していただくことになっております。しかも、その申請に対しましては、本人が申請のときに確認のために出頭し、また旅券の交付を受けるときには再度出頭していただくことになっておるわけでございます。また、共産圏及び東欧圏につきましては別に規定がございまして、共産圏渡航趣意書というものを五部ないし十五部、国によって違いますけれども、出さなければならないことになっている。これが都府県庁の所在地に住んでいる場合には簡単でございますけれども、県の広いような場合には、申請にまる一日を要します。また、受領にまる一日を要するというような事例も決して少なくはございません。今回の改正案では確認が一回で済むことになりますので、代理人が申請を一括いたしましてやることも可能になりました。受領のときのみ本人が出頭して確認を受ければいいということにもなりますので、現在の場合よりはたいへん便宜になるのではないかと思われます。

また現在は、数次往復旅券につきましても期間が二年に限られておりまして、そのつどまた手続を必要といたしましたが、今回は原則として五年有効の数次旅券が可能となりました。また、ことに従来特別の業務のみに認められておりました数次往復の旅券が、観光渡航にも適用を受けられるようになりますので、旅行者の受けます便益というものは非常に大きいと考えられます。また同時に、これによって負担する国家事務の簡素化にも役立つのではないかと思います。

さらに、従来は、ここにある紙のように、行き先国別に詳細に規定いたしまして申請することになっておりますので、一応、かりに数次往復旅券を持っておりましても、違う国に行くときには、あらためて国名追加の申請が必要でございます。また、旅行の途中で何らかの理由で他国に行く場合には、あらためて在外公館に出頭いたしまして追加をしていただく必要が出てまいりますが、今度の改正では地域等による表示になりますので、その点でも事務の簡素化、またしたがって、旅行者の便宜が得られるものと考えております。

また、従来共産圏諸国につきましてはすべて一度限りの旅券をいただ

いたわけでございますが、今後、数次往復旅券が出される場合が多くなるように聞いておりますので、この点から見ましても、現行法に比べてかなりの前進があるのではないかということを確信いたしております。

現在、これらの旅券申請、受領等の手続の大部分は旅行業者がお手伝いすることになっておりますけれども、都府県庁へは本人御自身が出頭されなければならないのでございまして、その際には旅行業者等に同行を求められることが少なくございませんが、これらの出費はやはり渡航者の負担にも相なりますわけで、そういう意味で渡航者の負担軽減に役立つことも多大であると思うのであります。——以下省略

明治大学教授　　　宮崎　繁樹君

○参考人（宮崎繁樹君）　旅券法の一部を改正する法律案について意見を申し述べます。
　〈中略〉
　第一は、改良と見られる点でございます。この点につきましては、すでに立法趣旨の説明などにも詳しく述べられてございますし、両参考人からすでに述べられましたので、簡単に要約いたしますと、

　　一、数次往復旅券——マルティプル旅券——制度を拡大し、一般旅行者に対しても発給できることにしたこと
　　二、その有効期間を二年から五年にしたこと
　　三、渡航先を一括記載できることにしたこと
　　四、旅券発給事務の地方分散をはかったこと
　　五、旅券の代理人による申請を可能にしたこと
　　六、旅券の合冊を可能にしたことなどでございます

以下省略

資料4

第063回国会　予算委員会第二分科会　第2号
昭和四十五（1970）年三月十二日（木曜日）
出席分科員
　　　主査　大野　市郎君
　　　　　　小澤　太郎君　　　賀屋　興宣君
　　　　　　川崎　秀二君　　　田中　正巳君
　　　　　　中野　四郎君　　　楢崎弥之助君
　　　　　　赤松　　勇君
　　出席国務大臣
　　　　　　外　務　大　臣　愛知　揆一君

○川崎（秀）分科員　佐藤内閣は、先般の衆議院総選挙のほぼ中盤戦に差しかかるころに、総理が仙台で演説をされまして、一九七〇年代の課題は中国問題の解決である、ことに外交上の最重大案件である、こういう表現をされまして、従来とは変わった積極的な日中改善の態度を打ち出されたのであります。自来、国会におきまする総理大臣並びに外務大臣の御答弁の中には、いろいろそのときどきに応じまして起伏があることは当然のことでございますが、この総選挙の御言明からしますれば、かなり後退した印象を一般の国民に与えておるということはまぎれもないことでございます。しかし、先週に至りまして、旅券の問題であるとかあるいはまた航空機の問題などに対して、再び一つずつ具体的に改善をしていきたいという傾向がほの見えますことは、われわれ長年にわたりまして日中改善の問題に取り組んでおります者にとりましては、私どもの意を得たところであるとともに、国民もまた近来相当に大きな関心を寄せ、政府の政策の前進を期待しておるように見受けられるのであります。

　そこで、本日お伺いをしたいことは、外務大臣並びに総理大臣もしば

しば言われているように、日中国交回復前の問題としては、何としても人文の交流、これを従来よりは大幅に行なっていかなければならぬ。また、貿易ももちろんでございます。そういう基本的な態度につきまして一応伺いました後、具体的に一つずつ御質問申し上げたい、かように思っております。〈中略〉

○愛知国務大臣　こまかい手続の点はあとでまた補足して御説明いたしたいと思いますが、いまお話が出ましたまず第一は、日本人の未承認国に対する出国の問題でございますが、これについては先ほど申しましたように、手続を簡素にしたい、そうして相手国が日本人に対して入国を認めます場合には、できるだけそれを許可するという気持ちで手続を簡素化したいということを方針にしていこうと思っております。ただ未承認国と申しましても、中国がありあるいは北朝鮮があります。北ベトナムがあります。あるいは東ドイツもございます。やはり相手国によりあるいはそれぞれの事情によって個別審査を適切にやっていく必要がございますから、一律に、一がいにこれを自由にするとかなんとかというわけではございません。

　そこで、たとえば未承認の共産圏の国に対しては、第一に渡航趣意書というものを現在は十五部もとっておるわけですが、十五部を少なくとも半分くらいにはしてあげたい。それから、渡航趣意書を旅券の発給の申請の前にうんとさかのぼって相当長期間前にとって、それから旅券の審査ということになっていたわけですけれども、渡航の趣意書を旅券発給の申請と同時に受け付けるということにする。それから旅券の発給がありました場合に、現在はこれらの国に対しては手続が三週間かかっておりますが、三週間というようなものをできるだけ早くこれを日数を縮める、こういうようなところからまず入っていきたい。これが一つでございます。これが日本人に関する場合です。

　それからいま覚書事務所のお話がございましたが、これは領事事務を代行させるというところまでは考えておりません。ただ現に覚書事務所

の職員等に対して取り扱っておりますように、これを覚書事務所が委託を受けるというような形で、わざわざ本人が香港まで出向かなくても手続ができるようにするというくらいのことは具体的な措置ができるのではなかろうか、こういう点を中心に事務的に検討いたしております。この内容、措置については、先ほど申しましたように、専門的といいますか、技術的な御説明はあとで補って御説明いたしたい。

　それからもう一つは、これはもういま御説明するまでもございませんが、広州交易会に参加したいという在日華僑の問題がございましたが、これは個別審査をして、申請者三十四人ございましたが、二十一人に許可することに、これは関係省庁の協議がまとまりまして、そのことを関係者に御通知をいたしました。かような関係になっております。

以下省略

[資料5]

データベース『世界と日本』
日本政治・国際関係データベース
東京大学東洋文化研究所　田中明彦研究室
［文書名］　周恩来中国首相の対日貿易3原則に関する談話

［場所］
［年月日］　1960年8月27日
［出典］　日本外交主要文書・年表（1），1041－1042頁．中共対日重要
　　　　言論集第6集，171－4頁．
［備考］
［全文］
　　－周恩来総理，鈴木一雄日中貿易促進会専務理事会見記録

（一九六〇年九月十三日　人民日報）

　あなたは多くのことを話されたが，私もここで，中国の日本に対する貿易政策について話しをしよう。日本人は「三原則」という言いかたをよろこんで使っている。私もここで，中日貿易の三原則についてのべたい。この三原則は，岸信介の中国敵視政策との闘いの発展のなかから生れたものである。これまで中日双方は，民間団体の協定を結び，民間協定によつて，中日貿易を発展させようと考えた。岸政府の期間を通じて，このようなやり方ではやつてゆけないことが証明された。岸信介は民間協定の実施を認めず，これを保障せず，中国を敵視する政策をとつてこの協定を破壊した。われわれは，こうした行動を容認できず，中日間の貿易往来を二年半停止するよりほかなかつた。中日両国人民のねがいにもとずいて中日貿易をしだいに再開することができるならば，両国人民にとつて非常によいことである。しかし，池田政府の態度が，どん

なものであるか，われわれはなお観察しなければならない。われわれがここに提出する三原則というのは第一に政府間協定，第二に民間契約，第三に個別的な配慮である。

　まず最初に，すべての協定は今後，双方の政府が締結して，はじめて保障がえられる。なぜならば，過去の民間協定は日本政府が保障しようとしなかったからである。政府間協定はどうしても，両国政府が友好の方向に発展し，正常な関係を樹立するなかではじめて調印されるものである。さもなければ，調印はできない。両国政府の関係については，劉寧一同志が東京に滞在中，すでに非常にはっきりとのべたとおり，やはり，これまでわれわれがのべてきた政治三原則を堅持するもので三原則は決して日本政府に対する過酷な要求ではなく，非常に公正なものである。すなわち，第一に，日本政府は中国を敵視してはならないことである。なぜなら，中国政府は決して日本を敵視していないし，さらに，日本の存在を認めており，日本人民の発展をみてよろこんでいるからである。もし双方が話し合いをすすめるとすれば，当然日本政府を相手方とするものである。だが，日本政府は中国に対しこのような態度では臨んでいない。かれらは新中国の存在を認めず，これとは逆に，新中国を敵視し，台湾を承認し，台湾が中国を代表するとのべている。また日本政府は新中国政府を会談の相手方にしようとはしていない。第二は米国に追随して「二つの中国」をつくる陰謀をろうしないことである。米国で今後大統領が民主党から当選するにせよ，また共和党から当選するにせよ，すべて「二つの中国」をつくることをたくらむであろう。香港にある台湾系の新聞の報道によると，共和党の「二つの中国」をつくるたくらみは消極的で，待って見ていようとするものであり，一方，民主党が政権をとれば，「二つの中国」をつくるたくらみが積極的であり，主動的であろうとのべている。これはある程度道理にかなっていると思う。米国がこのように行ない，日本がこれに追随すれば，われわれはもちろん反対である。第三は中日両国関係が正常化の方向に発展するのを妨げ

ないことである。われわれのこの三原則はきわめて公平であり，これを裏返してみればよくわかると思う。第一に，中国政府は決して日本を敵視せず，日本との友好を望んでいる。第二に，中国は一つの日本を承認しているだけであり，二つの日本をつくろうなどとはせず，交渉にあたってはかならず日本政府を相手方とする。第三に，われわれは一貫して，中日関係が正常化の方向へむかって発展することを励まし，支持し，援助してきた。なぜ，日本政府はこのようにやるわけにはいかないのであろうか。新しい日本政府については，池田首相にせよ，小坂外相にせよ，最近のいくつかの談話はよくない。われわれはもうしばらく観察する。一九五七年，私が外交部長であったときと，一九五八年，陳毅副総理が外交部長になってからの二回にわたつて，岸信介政府の対中国政策を非難したが，これらはいずれも，岸信介が中国を敵視する数多くの行動にもとづいて発表したものである。したがつて，現在，池田政府に対しても観察したいと思う。以上の状況からして，われわれはつぎのような結論を得ることができる。すなわち両国間のどんな協定も，政府によつて締結されるべきであり，民間の協定では保障がえられない。この協定には貿易，漁業，郵便，輸送などが含まれる。

　つぎに，協定がなければ，両国間で取り引きをすることはできないだろうか。そうではない。条件が熟すれば取り引きをすることができ，民間契約を結ぶこともできる。たとえば日本のある企業と中国のある公司が，お互いに友好を示しあい，そして双方の必要にもとづいて会談し，契約を結び，一定期間の取り引きをすることができる。もし契約がよく履行され，双方の関係もよく，両国の政治関係もよい方向に発展していくならば，短期契約を比較的長期の契約に変えることもできる。これは今後の発展を考えて言つたことである。第三は，個別的な配慮についてであるが，これはすでに二年間行なわれてきた。中小企業に特別の困難がある場合，日本の総評と中華全国総工会が労働者の利益から考えて，あっせんすることは正しいことである。今後も引き続き配慮を加えるこ

とができ，また，必要に応じて，数量をいくらか増すこともできる。この点については劉寧一同志がすでに東京で回答した。

あなたがた日中貿易促進会は，以上の中日貿易の三原則に基づいて，みなさんからみてこれが友好的であり，双方にとって有利でしかも可能な取り引きであると思われるものを紹介してくれればよいと思う。そして，わが国の国際貿易促進委員会と連絡してくれればよい。かれらはこの原則についてよくわかっている。個別的な配慮については，中華全国総工会と話し合えばよいだろう。鈴木氏が帰国後，日中貿易促進会に関係ある会社の友人にこのことについて話してもさしつかえない。

ここでもう一言つけ加えたいのは，われわれが引き続き日米安保新条約に反対する，ということである。この条約は中ソを敵とし，東南アジアを脅やかし，極東とアジアの平和にとつて不利だからである。日米安保新条約に反対し，独立，平和，民主，中立の日本をうちたてるために進めている日本国民の闘争をわれわれは支持する。日本国民に対する中国人民の敬意と支持を鈴木氏から伝えてほしい。

（外務省中国課注：周恩来総理の鈴木一雄氏会見は六〇年八月二七日，その会見記録が，同年九月十日，周恩来に会見した穂積七郎，吉田法晴，長谷川敏三氏に手交されたもの。）

参考文献・資料

（社）日中友好協会編『日中友好運動五十年』（東方書店）2000年
斉了会『斉了！ちいら！』2002年
日中貿易逸史研究会編著『黎明期の日中貿易』（東方書店）2000年
島田政雄・田家農著『戦後日中関係五十年』（東方書店）1997年
中華人民共和国国家旅游局編『中国旅游統計年鑑2005』（中国旅游出版社）
　　　　　　　　　　　　　　　　　　　　　　　　　　　　2005年
何光暐主編『中国旅游業50年』（中国旅游出版社）1999年
中国国際旅行社総社編『輝煌50年中国国際旅行社総社簡史』（中国旅游出版社）
　　　　　　　　　　　　　　　　　　　　　　　　　　　　2004年
中国図書進出口総公司編訳『中国現代史年表』（図書刊行会）1981年
中国研究所編、中国年鑑1989年版別冊『現代中国年表1949年～1988年』（大修館書店）
張香山著『日中関係の管見と見証』（三和書籍）2002年
張香山著『日本回想―戦前・戦中・戦後―』（自由社）2003年
劉徳有著『郭沫若・日本の旅』（サイマル出版会）1992年
王琰氏の論文「中国における旅行業の展開過程」『現代社会文化研究No,34』
　　　　　　　　　　　　　　　　　　　　　　　　　　　　2005年
亀井勝一郎著『中国の旅』（講談社）1962年
北條秀司著『北京暖冬』（青蛙房）1968年
千葉俊二編『谷崎潤一郎 上海交遊記』（みすず書房）2004年
井上靖著『異国の旅』（毎日新聞社）1964年
大谷瑩潤著『新中国見聞記』（河出書房）1955年
野上弥生子著『私の中国旅行』（岩波新書）1959年
小島晋治著『近代日中関係史断章』（岩波現代文庫）2008年
毛利和子著『日中関係 戦後から新時代へ』（岩波新書）2006年
厳家祺・高皋著『文化大革命十年史』〈上・中・下〉（岩波現代文庫）2002年
週刊朝日編『続・値段の風俗史』（朝日新聞社）1981年
『月刊しにか』1990年6月号（大修館書店）

『アジア遊学 No.40』（勉誠出版）2002 年
安藤正士・小竹一彰編『原典中国現代史・第 8 巻 日中関係』（岩波書店）
1994 年
小島晋治・丸山松幸著『中国近現代史』（岩波新書）1986 年
「トルコから正倉院へ・シルクロードの旅」『文藝春秋デラックス』（文藝春秋）
1975 年
『日中のかけ橋百人集』（長城《香港》文化出版公司）1990 年
「中国旅行 No,1 〜 27」（日中平和観光）1974 〜 1980 年
『北京旅游手冊』（北京出版社）1980 年 1 月
『中国旅行』（日中平和観光）1979 年 6 月
家近亮子編『中国近現代政治史年表―1800 〜 2003 年―』（晃洋書房）2004 年
菅沼不二男遺稿集『叢中笑』1984 年
『中国』（集英社）1979 年
『中国の旅 1 北京とその周辺』（講談社）1979 年
吉野明著『ナイスタイム中国』（新声社）1982 年
「わが外交の近況」『外交青書』第 1 〜 25 号（外務省）
「中国旅行案内」（日中平和観光）1975 年
「日中旅行社解雇事件・裁判記録」1969 年
金冲及主編『周恩来伝』〈上・下〉（岩波書店）2000 年
大阪府日本中国友好協会創立 50 年史『日中友好の半世紀』2000 年
『日中貿易必携 1993』（日本国際貿易促進協会）1992 年
『中国民航』（中国民航雑誌社）2009 年、第九期・第十一期
中国航空集団公司主管主弁『国際航空報』2009 年 9 月 21 日〜 27 日
『太陽』「11 月号、No.199」（平凡社）1979 年 10 月 12 日
『サンデー毎日』（毎日新聞社）1965 年 4 月 11 日
機関紙『日本と中国』日中友好協会（正統）中央本部
機関紙『国際貿易』日本国際貿易促進協会
『人民中国』1978 年 8 月号、2001 年 1 月号
呉徳広編著『新中国誕生紀実 1945―1951』（東南大学出版社）2009 年 6 月
『桑原武夫全集 6』「四川紀行」（朝日新聞社）1968 年

孫平化著『中国と日本に橋を架けた男』（日本経済新聞社）1998年8月7日
宮崎世民著『宮崎世民回想録』（青年出版社）1984年6月30日
古川万太郎著『日中戦後関係史』（原書房）1981年
古川万太郎著『日中戦後関係史ノート』（三省堂）1983年2月25日
近代日中関係史年表編集委員会編集『近代日中関係史年表』（岩波書店）
2006年1月25日
林代昭著・渡邉英雄訳『戦後中日関係史』（柏書房）1997年11月30日
袁徳金編著『陳毅』（四川出版集団・四川人民出版社）2009年4月
安藤彦太郎監訳『廖承志文集』〈上・下〉（徳間書店）1993年6月

おわりに

　(株) 日中旅行社で多くのことを学んだ。特に中国について教えてもらった。政治・経済も勉強したが、それ以上におもしろかったのが歴史・文化であった。中国は歴史を大切にする。司馬遷の『史記』から連綿とつづく王朝ごとの正史が残されている。このような国は他にないであろう。

　わたしは歴史・文化に興味をもったが、他のスタッフは政治や経済に関心を抱くもの、また毛沢東思想に夢中になっているもの、とにかく中国に興味を持つ人たちが集まった少し変わった会社であった。その日中旅行社が2008年解散してしまった。時勢なのか経営者の責任なのか定かではない。ただ、そこで働いていたスタッフは間違いなく優秀であった。やっている仕事に誇りを持っていた。なんといっても「民間外交」という合い言葉があった。政府間交渉が途絶えているさなか、労働者が行き、学生が行き、教職員も行った。団長、副団長、秘書長を決め、日本人として、胸を張って中国の指導者に会った。毛沢東・周恩来・陳毅・郭沫若・廖承志などそうそうたるメンバーと会見した。変わったところで、"四人組"の王洪文にも会ったという。

　取材では、多くの人たちのお世話になった。日中平和観光の岩田直樹大阪支店長が、1974～81年までの会社発行の『中国旅行』(No,1～29) が押入の段ボールにあったと持ってきてくれた。中国国家観光局大阪駐在事務所の楊強所長 (現・ソウル事務所所長) からも貴重な資料提供をうけた。日中旅行社OBの斎藤和弘、佐藤ナヲ、臼井潔の3氏は40年以上前の思い出を3時間以上も語ってくれた。その他先輩、日中友好協会、日本国際貿易促進協会などの友好団体、商社で長く中国貿易に携わった人たち、名前を挙げればキリがない。ただただ、感謝するのみである。

皆の協力で資料は十分すぎるほど集まった。どれを採り、どれを外すか迷った。自分の感性を信じて、また渡航する人たちが欲した情報を……、心のフィルターに残ったものだけを掲載した。

香川大学の間嶋潤一教授、広島大学の佐藤利行教授、京都大学の道坂昭廣准教授、本にしようか迷ったとき、口をそろえて「残すべき資料である」と言って勇気づけられた。そして、佐藤教授に出版社・(株)白帝社を紹介してもらった。本当にありがたかった。あらためてお礼を申し上げたい。

執筆にあたり、極力、個人的な意見を抑えた。文献や資料からの引用を中心とした。年表にエピソードを挿入して、できるだけ、現場を体験した人たちの生の声を取り入れ、その時代を再現したかった。文面に流れなどない。年代だけは順を追っている。資料集として利用していただければ満足である。掲載にあたり著作権者との折衝に努力したが、所在の分からぬ方もあり、お詫び申し上げたい。

出版に至るまで、多くの人たちの協力を得ることができた。(社)日中友好協会の村岡久平理事長からの序文、画家の木村美鈴先生は表紙カバーの絵を、香川大学の秋山智教授が表紙デザインを担当していただいた。わたしにとって思いも寄らない人たちからの申し出であった。また、経済面では中国国家観光局、福山銀河孔子学堂から援助をいただいた。この場を借り、皆に感謝の気持ちを伝えたい。

最後に、わたしの好きな言葉に「温故知新」がある。これは『論語』為政第二にでてくる孔子の有名な成句である。故(いにしえ)を温(たず)ねて新しきを知る。故とは歴史のことで、温はスープのように煮詰めエキスをだすことをいう。

日中の貿易額が日米を上回った今日、「日中の井戸を掘った人たち」が忘れられつつある。しかし、未来を予想するときは過去を見つめ直す必要がある。旅行についても同じことが言えよう。歴史は残さなければならないと。

2010年8月31日
大谷育平

大谷育平（おおたに　いくへい）
　1952 年、和歌山県生まれ
　株式会社　西日本日中旅行社　代表取締役社長
　広島県日本中国友好協会　副理事長
　福山銀河孔子学堂　理事
　広島ペンクラブ　会員
　1978 年、株式会社　日中旅行社　入社
　1989 年、株式会社　西日本日中旅行社　創立
　現在に至る
　中国渡航歴：200 回以上

執筆歴：
『人生に素風有り　入谷仙介先生追悼文集』「蜀と日本人」
　（研文出版、2005 年）
『中国税理士会報』…「古代の相撲」（中国税理士会、2005 年 3 月）
『Hiroshima』「視点」（広島商工会議所、2003 年 3 月）
『中国新聞』…「中国論壇」「緑地帯」「晴読雨読」「でるた」
『朝日新聞』…「旅のコラム」
『ペン』（広島ペンクラブ）「一人っ子政策と儒教」「縦書き・横書き」「贋作」など

日中旅行史 30 年（1949～1979）

2010 年 10 月 1 日　初版発行

編著者　大谷育平
発　行　福山銀河孔子学堂
　　　　〒720-0805　広島県福山市御門町 3-6-5
　　　　電話：084-971-3350
　　　　FAX：084-971-3351
発　売　白帝社
　　　　〒171-0014　東京都豊島区池袋 2-65-1
　　　　電話：03-3986-3271
　　　　FAX：03-3986-3272（営）　03-3986-8892（編）
組版／（株）柳葉コーポレーション　印刷／（株）平文社　製本／カナメブックス

Printed in Japan 〈検印省略〉
＊定価はカバーに表示してあります